Andreas Andresen

Die deutschen Maler-Radirer (Peintres Graveurs) des neunzehnten

Jahrhunderts

Nach ihren Leben und Werken

Andreas Andresen

Die deutschen Maler-Radirer (Peintres Graveurs) des neunzehnten Jahrhunderts
Nach ihren Leben und Werken

ISBN/EAN: 9783743601420

Hergestellt in Europa, USA, Kanada, Australien, Japan

Cover: Foto ©ninafisch / pixelio.de

Manufactured and distributed by brebook publishing software (www.brebook.com)

Andreas Andresen

Die deutschen Maler-Radirer (Peintres Graveurs) des neunzehnten Jahrhunderts

DIE

DEUTSCHEN MALER-RADIRER

(PEINTRES-GRAVEURS)

des

neunzehnten Jahrhunderts.

Bearbeitet von

ANDREAS ANDRESEN

Dr. phil.

Dritter Band. — ~~Erste Hälfte.~~

LEIPZIG,

VERLAG VON RUDOLPH WEIGEL.

1869.

DIE

DEUTSCHEN MALER-RADIRER

(PEINTRES-GRAVEURS)

des

neunzehnten Jahrhunderts,

nach ihren Leben und Werken.

Bearbeitet von

ANDREAS ANDRESEN

Dr. phil.

Dritter Band.

LEIPZIG,

VERLAG VON RUDOLPH WEIGEL.

1869.

Herrn

Dr. Freiherr Hans von und zu Aufsess

Gründer und Ehrenvorstand

des Germanischen Museums

in Nürnberg

vom

Verfasser.

FRITZ GAUERMANN.

Oesterreichs genialer und hochgefeierter Thiermaler
erblickte den 20. September 1807 in Miesenbach, einem
vielbesuchten Dörfchen in der Nähe des Schneeberges,
das Licht der Welt. Sein Vater, Jac. Gauermann,
der aus Schwaben eingewanderte Kammermaler des
Erzherzogs Johann, lebte hier fern vom Geräusche der
Hauptstadt in ländlicher Sommerfrische gern seiner
Kunst. Er hatte die Tochter eines Müllers geheirathet,
der ein kleines Landgut besass, welches später in seinen
Besitz überging. — Der junge Fritz, der jüngste von
vier Kindern, von klein auf schwächlich und kränkelnd, brachte, um in frischer Gebirgsluft zu erstarken,
die meist Zeite bei seinen Grosseltern in Miesenbach
zu; was er lernte, eignete er sich mehr spielend an,
von einem geregelten Schulunterricht blieb er bis in
sein zehntes Jahr verschont. — Schon in frühester
Jugend offenbarte er ungewöhnliche Neigung zur Kunst,
Zeichnen war seine liebste Beschäftigung und bereits
in seinem 13. Jahre hatte er es so weit gebracht, dass
er ein Bild in Oel nach der Natur ausführen konnte;
der Vater, welcher sich öfters in Miesenbach aufhielt,
leitete seine ersten Uebungen; seine eigenen Zeichnungen und die bewunderten Radirungen des Malers
J. A. Klein waren die ersten Vorbilder des Knaben. Bald

III.   1

trat das unmittelbare Studium nach der Natur als wesentlicheres Element hinzu und es ist zu bemerken, dass sein Sinn schon frühzeitig für das Thierfach geschärft wurde; er besass in Miesenbach völlig eine kleine Menagerie: Adler, Geier, Füchse, Luchse, Hirsche, Rehe etc., studirte unablässig die Gewohnheiten, den Knochenbau dieser Thiere, zeichnete und protraitirte sie; bringen wir daneben die landschaftlichen Schönheiten der Naturumgebungen Miesenbachs in Anschlag, so sehen wir im Knaben schon den Grund für seine spätere glänzende Laufbahn gelegt. Als er nun herangewachsen war, ward beschlossen, dass er die Landschaftsschule der Akademie in Wien besuchen sollte — er ging auch hin, aber es währte nicht lange, denn er war noch so klein und schmächtig, dass er kaum die hohe Eingangsthür des Gebäudes öffnen konnte, auch schien er sich, gewöhnt an die freie Natur, in den akademischen Räumen nicht behaglich zu fühlen, ja schwankte sogar eine Zeitlang zwischen Kunst und Gewerbe, indem er grosse Neigung in sich trug Landwirth zu werden. — Ueberaus glücklich, des akademischen Zwanges überhoben zu sein, stützte er seine Zukunft auf seine eigene Kraft, bildete sein Talent durch das Studium der Natur und läuterte seinen Geschmack so wie seine Technik durch das Studium der alten Holländer; zur Sommerzeit zeichnete er in Miesenbach und durchstreifte die schönen Gebirgsgegenden Niederösterreichs; den Winter über kopirte er in den Gallerien Wiens die besten Bilder des Ruysdael, Potter, Roos, Berghem, Wouwerman u. A. So erstarkte allmälig sein Talent; bereits in seinem fünfzehnten Jahre fand er Käufer für seine Bilder, die freilich noch zu bescheidenen Preisen weggingen; es findet sich in seinem Tagebuch vom Anfange des Jahres 1822 eine Notiz, wonach er ein kleines Bild mit einem alten Manne, welcher ein

Paar Ochsen über eine Brücke treibt, für vier Gulden verkaufte.

Sein weiteres Leben ist arm an bemerkenswerthen äusseren Ereignissen, es ging ganz in seine Kunst, in seinen Umgang mit Freunden, in energischen Wetteifer mit gleichstrebenden Genossen auf. Wir wissen von wenig Anderem zu berichten als von Studienreisen, die er fleissig in die Alpen von Steyermark, Tirol und des Salzkammerguts unternahm. Dort holte er die Motive zu seinen Bildern, denen es eigen ist, dass sie stets Figuren- und Thiermalerei mit der Landschaft verbinden. Nur wenige Künstler Oesterreichs verfolgten in jener Zeit diese Richtung, die Mehrzahl trennte was in der Natur verbunden ist und ein grosser Theil beschränkte sich auf die einfache Vedute; Gauermann ist der Vedute nie hold gewesen, er ging stets von einem malerischen Grundgedanken aus und verschmolz Landschaft, Menschen und Thier zu einem wirksamen, in sich gesättigten und redenden Gesammtbild.

Verfolgen wir an der Hand seines Tagebuches seine Studienreisen und denkwürdigen Lebensbeziehungen

Seine erste grössere Reise machte er im Frühjahr 1825, sie war auf Triest gerichtet. Im Mürzthal war noch Alles öde, wüst, wie ausgestorben; in Laibach entzückte die Aussicht nach Obersteyer, die Gegenden um Marburg und Cilli boten nichts Fesselndes; in Adelsberg wurden die merkwürdigen Höhlen mit ihrem Wasserfall und See besichtigt, das wüste Krain erweckte Langeweile. Erst auf der Höhe bei Triest fühlte sich Gauermann gehoben, er sah zum ersten Male das Meer und unter sich die schöne Stadt mit ihrem Hafen und Mastenwald. Eine Woche dauerte der Aufenthalt in Triest und seinen Umgebungen. Dann ging es auf Udine zu; es war ein schöner Frühlingsmorgen als die kleine Reisegesellschaft in die alte Stadt einzog und es gewährte einen herrlichen Anblick, die Gebirge und und Gletscher Südtirols von den ersten Strahlen der Morgensonne beleuchtet zu sehen. Nun ward die Rückreise durch die armen Thäler Kärnthens angetreten.

Im Hochsommer desselben Jahres machte Gauermann eine zweite Studienreise in die malerischen Gebirgsgegenden Oberösterreichs, nach St. Pölten, Melk und Steyer; Kremsmünster besass eine Bildergallerie, aber Gauermann fand sie ebenso schlecht als das Mittagsessen. Je näher er der Alpenwelt kam, desto höher stieg seine Ungeduld und als er endlich den Traunstein in Abendglanze aufleuchten sah, jubelte seine Seele vor Vergnügen; Gmunden mit seinem See überraschte durch seine Schönheit, wogegen der Traunsteinfall in malerischer Hinsicht die Erwartungen nicht befriedigte. Nun wurden Ischl, Hallstadt und Aussee besucht; Admont fesselte weniger; die Rückkehr nach Miesenbach geschah durch das interessante Mürzthal. Das Jahr 1826 verlebte der Künstler zum grössten Theil mit Ausnahme kleiner Ausflüge in Miesenbach. Das folgende Jahr war dem Studium der Gebirgswelt des Salzkammerguts geweiht. Am 3. Juli ward zu Fuss von Miesenbach aufgebrochen; die Gegenden von Mariazell, Weichselboden, Wildalpen boten Stoff für die Mappe; das Gesäus, auf welches sich Gauermann schon lange gefreut hatte, befriedigte gar nicht, es ist eine nackte von der Enns durchströmte Felsenlandschaft mit Nadelgehölz. In Admont wurden Studien gemacht, in Aussee zwei Tage auf Oelskizzen verwandt; acht Tage waren für Hallstadt bestimmt, wo am See und am Waldbach Strub fleissig gemalt wurde. Von Hallstadt ging es ins Gosauthal, der Dachstein und die hohen Felsenwände des Donnerkogels wurden gemalt. Die Umgebungen Gollings fesselten weniger, in Hallein ging es lustig zu, es war Jahrmarkt da und Gauermann sah

zum ersten Mal eine bunte Fülle malerischer Gebirgs-
trachten; Salzburg und Berchtesgaden mit dem Königssee boten reiche Motive für das Skizzenbuch, die schönen Eichen, Linden und Ahornbäume dieser Gegenden
mannigfache Gelegenheit zu gründlichen Baumstudien.
Vier Wochen währte der Aufenthalt in den Umgebungen
Salzburgs, dann ward die Rückreise durch Oberösterreich über Ischl, Gmunden, St. Pölten angetreten und
Gauermann traf im Anfang Septembers wieder in Miesenbach ein.

Im Herbst 1828 besuchte Gauermann Dresden; sein
Aufenthalt währte zwölf Tage, in welchen er fleissig die
Gallerie besuchte und manche Bilder zeichnete. Die
Ruysdael und Wouwerman, besonders der Kirchhof des
ersteren, fesselten ihn in ungewöhnlichem Grade. Die
Ateliers der dresdener Künstler zogen ihn weniger an
als die Bekanntschaft und Gallerie des kunstliebenden
Herrn v. Quandt.

Im Juni des folgenden Jahres stattete Gauermann
der bayerischen Hauptstadt einen Besuch ab, er fand
seine Jugendfreunde, Schwind, Binder, Schaller,
Schulz dort und verlebte glückliche Tage. Auf der
Rückreise machte er in Salzburg halt, malte ausgeführte
Studien und kehrte nach einem weiteren Aufenthalte in
Hallstadt durch Steyermark nach Miesenbach zurück.
Bald nach seiner Ankunft entriss ihm der Tod seinen
älteren Bruder Karl, welcher sich ebenfalls der Land-
schaftsmalerei gewidmet und ihn gewöhnlich auf seinen
Ausflügen und Studienreisen begleitet hatte.

Das folgende Jahr ward keine grössere Reise unternommen, nur im Hochsommer in Gesellschaft Pollacks
ein Ausflug in die Umgebungen Guttensteins gemacht;
in Hohenberg, Lilienfeld, Besingthal, Nasswald fleissige
Alpstudien gesammelt: alte Tannen, umgestürzte Buchen,
vom Blitz zerschmetterte Bäume, schöne Aussichten auf

das Steyerische Gebirge. — 1831 war Gauermann mit
Höger abermals in Salzburg; drei Wochen wohnten
sie am Königsee, wo sie an Hofmaler Stieler von
München, Kummer und Castell aus Dresden ver-
gnügte Gesellschafter fanden. Das Wetter war dieses
Mal wenig günstig, erst in Hallstadt, wo Gauermann
mit Vorliebe weilte, klärte sich der Himmel. Fischbach, die beiden Steinfeld, Welker und Gruber
waren da, Tags über wurde fleissig nach der Natur
gezeichnet, Abends bei Sang und Klang lustig gezecht
und getanzt. — 1832 wohnte Gauermann einige Wochen
in Berchtesgaden, 1833 durchwanderte er mit Höger
einen Theil von Nordtirol, 1834 begleitete er seinen
Freund Wirth bis München und nahm den Rückweg
über Parthenkirchen, Rosenheim, Chiemsee und Berchtesgaden, 1835 strich er mit Höger abermals in den Alpen
des Salzkammerguts umher. — 1836 hatte er die Ehre
zum Mitglied der Akademie der Künste ernannt zu
werden. Vom Mai bis August abermals im Salzkammer-
gut, Höger, Barbarini und Gust. Reinhold seine
Studiengenossen. — Am 25. November 1838 trat Gauermann in den Stand der Ehe. — Im Mai des folgenden
Jahres reist er mit Reinhold wiederum nach Salzburg,
ein Ausflug nach München verschafft ihm die Bekanntschaft Rottmann's; Innsbruck wird besucht, und zum
ersten Male Südtirol. Er bewundert die schöne Lage
von Meran, überall malerische Schlösser an den Bergen,
umgeben von den schönsten Kastanien- und uralten Nuss-
bäumen, das Landvolk so gut und treuherzig. Weniger
gefiel ihm die öde kahle Landschaft um Finstermünz
und im Oberinntbal, mit ihren Abgründen und Berg-
kolossen, er hatte nur Sinn für die belebte Landschaft.
— Die beiden nächsten Jahre wurden keine grösseren
Ausflüge gemacht, Gauermann erfreute sich vieler und
bedeutender Aufträge und hatte Motive genug in seinen

Mappen. — Erst im Juni 1840 greift er mit Höger
wieder zum Wanderstab, ein kurzer Aufenthalt in
München verfliegt rasch im belebenden Umgang mit
Rottmann, Morgenstern und Bürkel, dann wer-
den Studien in Berchtesgaden gesammelt und auf der
Rückreise Freund Fischbach in Salzburg besucht.

Die Kunstverhältnisse Wiens waren in den ersten
vierziger Jahren nicht die besten, Gauermann klagt
über geringe Theilnahme von Seiten der Liebhaber, über
Zerfahrenheit in den Bestrebungen der Künstler selbst.
In der Landschaft hatte bis dahin Steinfeld den Ersten
gespielt une viele Nachahmer gefunden. Sein Vortrag
war elegant, brillant, oft grell, aber ohne Poesie, ohne
Gedankeninhalt. Die Ausländer, besonders die Münchener, welche durch Arthaber seit 1836 und die
Kunstausstellungen in Wien zur Geltung gekommen
waren, verfolgten eine entgegengesetzte Richtung, indem
sie weniger auf den Vortrag als auf den Gedanken und
eine poetisch ausgeführte Idee hielten. Ihre Werke
fanden ungleich grösseren Beifall als die Leistungen
der Steinfeldschen Schule; allmälig vollzog sich auch
in Wien eine Geschmacksänderung und die Malerei
nahm eine andere Richtung.

Im Sommer 1841 war Gauermann vier Wochen lang
in Karlsbad, wo er die Bekanntschaft des Fürsten
Rohan machte. Er reiste über Pilsen und Linz mit
dem Dampfschiff nach Wien zurück. Als nächste Aufgabe hatte er sich die vier Jahreszeiten gestellt, Scenen
aus dem Landleben mit passender Landschaft; „eine
Handlung die recht characteristisch eine jede Jahreszeit anzeigt und sich für die ganze Welt klar ausspricht."
Neben selbsschöpferischer Thätigkeit ist er bescheiden
genug, alles Bessere nicht blos anzuerkennen, sondern
auch für seinen Gewinn nutzbar zu machen, er kopirt
noch jetzt, wie z. B. den schönen Wouwerman in der

Gallerie Liechtenstein und begründet dieses Verfahren
mit Göthe's Worten, welche für ihn wie aus der Seele
gesprochen waren. „Man sieht, der junge Mann hat
Talent, allein dass er Alles von selbst gelernt hat, des-
wegen soll man ihn nicht loben sondern schelten. Ein
Talent wird nicht geboren, um sich selbst überlassen
zu bleiben, sondern sich zur Kunst und zu guten
Meistern zu wenden, die dann Etwas aus ihm machen!"

1842 war Gauermann zu einer zweiten Kur in Karls-
bad. Höger begleitete ihn. Die Rückreise geschah
durch Bayern über Regensburg und München nach dem
Pinzgau. Zell am See, St. Johann, Golling waren
Ruhepunkte, in welchen fleissig nach der Natur in
Wasserfarben gemalt wurde. —

Im März 1843 verlor Gauermann durch den Tod
seinen Vater, im Mai trat er mit Gust. Reinhold
eine Reise nach Oberitalien an, über Triest, Venedig
nach Mailand, zurück über den Comosee, Bormio und
das Stilfser Joch, wo noch tiefer Winter war. — Das
folgende Jahr weilte er eine Zeitlang auf dem romantischen Schlösschen St. Bartolomä bei Berchtesgaden
und fing sein Bild für Fürst Rohan an: Wildschützen,
welche ihre Beute in einem Kahn auf stürmischer See
in Sicherheit bringen. Die Figuren malte er unmittelbar nach der Natur. Im Sommer 1845 war er abermals in Berchtesgaden, Höger war in's Bad Gastein
gegangen, Reinhold krank, er malte wenig und reiste
durch Steyermark zurück. Den Sommer 1846 brachte
er in Miesenbach zu, malte Skizzen und fing einige
seiner besseren Bilder an, wie das Bild für Fürst
Auersperg mit dem erlegten Bär, der von Hunden auf-
gefunden wird. Sie wurden den Winter über in Wien
vollendet. —

Hier schliesst das Tagebuch des Künstlers. Ueber
sein ferneres Leben liegen keine Aufzeichnungen vor.

Es war der Kunst, seinen Studienreisen, seiner Familie und seinen Freunden geweiht und ohne bemerkenswerthe äussere Ereignisse. Er beschloss dasselbe am 7. Juli zu 1862 Wien.

Oesterreich nennt mit Stolz Gauermann seinen besten Thiermaler. Die Natur hatte ihn mit aussergewöhnlichen Anlagen ausgestattet, gründliche Studien nach älteren Meistern und nach der Natur förderten seine Entwickelung. Lebendige Auffassung bei grosser Naturwahrheit und scharfer Charakteristik, harmonische Tiefe und Kraft mit Klarheit verbindende Färbung und vollendete Durchführung zieren seine Werke. Sie sind zahlreich, in weiten Kreisen verbreitet, selbst vom Ausland wiederholt anerkannt. Der König von Holland zeichnete ihn mit dem Orden der Eichenkrone aus. Als Landseer, Englands grösster Thiermaler, Bilder seiner Hand gesehen hatte, beschenkte er ihn mit einem Exemplar seiner sämmtlichen Radirungen, welches Geschenk Gauermann mit einer Naturstudie erwiederte.

Anfangs gab Gauermann nur Bilder aus seinem heimatlichen Thal, als er die Höhen zu besteigen begann, in den Alpen seine Motive holte, gewannen seine Bilder grösseren Umfang, grössere Mannigfaltigkeit und einen gediegeneren Vortrag. Eigentliche Thierstücke hat er so wenig gemalt, als eigentliche Veduten, er ging stets von einem malerischen Grundgedanken aus und vereinigte im Bild zu einem Ganzen, was er in der Natur ebenfalls vereint sah. Er schilderte die belebte Landschaft, Thier und Mensch in ihren heimischen Wohnstätten, mit ihren durch Luft und Boden bedingten Eigenheiten; er liebt den im Felde mit seinen Thieren beschäftigten Bauer, das Volk der Hirten in den Thälern und auf den Alpen, den frischen Jäger im feindlichen und friedlichen Zusammentreffen mit der Thierwelt.

So schlicht wie die Stoffe waren, welche er verar-
beitete, so schlicht und einfach war sein eigenes Wesen.
Eine stille harmlose Natur, welche sich nur in der
Zurückgezogenheit, in ländlicher Ruhe, im bescheidenen
Kreise vertrauter Freunde glücklich fühlte. Das feine
Leben der höheren Gesellschaft war ihm in der Seele
zuwider; er mied ihre Vergnügungen, ihre Auszeich-
nungen, weil er sich Zwang anthun musste und Lebens-
formen erblickte, welche er nicht verstand. — Von
ganzem Herzen gutmüthig, war er die Bescheidenheit
selbst, er begriff nicht, was man so Grosses in ihm
finden wollte und fühlte seine Uebermacht gar nicht;
Reflexion, kritisches Urtheilen und Vergleichen war
ihm fremd, die Erkenntniss des Guten in den Werken
Anderer mehr ein Produkt seines feinen Gefühls als
seines Verstandes. Gauermanns Bilder sind in reicher
Auswahl durch Stich und Lithographie vervielfältigt
worden. Um Wiederholungen zu vermeiden, verschmelzen
wir die Aufzählungen derselben mit dieser Vervielfältigung.

Stiche.

1) Die Heimkehr im Sturm (früher bei Arthaber in
   Wien). Wiener K. V. Blatt. *J. Passini sc.* gr. qu. fol.
2) Die Ernte. *Idem sc.* W. K. V. Blatt. gr. qu. fol.
3) Heimkehr der Thiere bei Gewitter. *A. Petrak sc.*
   W. K. V. Blatt. gr. qu. fol.
4) Landschaft mit Figuren und Vieh. „Wie Morgen etc."
   C. Rahl sc. gr. fol.
5. Liegender Hund. *J. Passini sc.* Radirt. qu. 8.
6. Der Adler bei dem verendeten Hirsch. Anonyme
   Radirung. fol.

Lithographien.

1) Der Gosausee mit dem Dachstein. (Bei Prinz C. Rohan). *Hanfstängl lith.* Prager K. V. Blatt. gr. qu. fol.
2) Der Fuchs. *Idem lith.*
3) Kühe bei der Tränke. *Idem lith.* fol.
4) Ruhe nach der Gemsjagd, mit dem Erzherzog Johann und Gefolge. *L. Brunner lith.* gr. qu. fol.
5) Der Brunnen in Zell am See. (Bei Graf Beroldingen in Wien). *Idem lith.* gr. qu. fol.
6) Thor von Meran. Gegenstück zum vorigen Bl. *Idem lith.* gr. qu. fol.
7) Die Zurückkunft von der Alpe, bei Berchtesgaden. (Bei Graf Barkoczy). *Idem lith.* gr. qu. fol.
8) Der Schiffszug. (Bei Herrn J. Omorovitza). *Idem lith.* gr. qu. fol.
9) Jäger mit Hund in einer Landschaft. *Idem lith.* gr. fol.
10) Die Rast bei dem Bauernhaus, am Rottenmanner Tauern in Steyermark. (Bei Fürst A. Liechtenstein). *Weixelgärtner lith.* gr. qu. fol.
11) Eine Alpe im Regen, in der Secau bei Berchtesgaden. (Bei L. v. Brevillier). *Idem lith.* gr. qu. fol.
12) Tiroler Scheibenschiessen, bei Meran. (Bei Fürst A. v. Schwarzenberg). *Idem lith.* gr. qu. fol.
13) Kämpfende Hirsche in der Brunstzeit. (Bei E. v. Horvath in Pesth). *Idem lith.* gr. qu. fol.
14) Eber, von Wölfen überfallen. *Idem lith.* gr. fol.
15) Am Gmundener See. *Idem lith.* qu. fol.
16) Füchse mit ihrem Raub. *Idem lith.* gr. fol.
17) Der beendete Trieb. *Idem lith.* gr. fol.
18) Abtrieb von der Alpe. (Der Dachstein von Altaussee). *Idem lith.* gr. fol.
19) Auf der Alm. *Idem lith.* gr. fol.

20) Ave Maria. *Idem lith.*

21) Der erlegte Hirsch, Gegend bei Altaussee mit dem Dachstein. (Bei Fürst P. Esterhazy). *Idem lith.* gr. fol.

22) Heueinfuhr bei nahendem Gewitter. *Idem lith.* qu. fol.

23) Der Postillon. *Idem lith.* qu. fol.

24) Eberfamilie. (Bei Kaiser Franz Joseph I.). *Idem lith.* gr. fol.

25) Gemsjagd in den Geschirrmäuern bei Seewiesen. (Ebenfalls bei Kaiser Franz Joseph I.) *Idem lith.* gr. qu. fol.

26) Nach der Bärenjagd. *Idem lith.* gr. fol.

27) Ein Dorf im Regen, mit Viehheerde *Idem lith.* gr. qu. fol.

28) Die Heimkehr der Viehheerde, am Attersee. (Bei Prof. Schuh in Wien). *Idem lith.* gr. qu. fol.

29) Die überraschten Wilddiebe. *Idem lith* gr. fol.

30) Landmanns Mittagsruhe. *Idem lith.* qu. fol.

31) Der ackernde Landmann. *Idem lith.* qu. fol.

32) Der Schafstall. *Idem lith.* qu. fol.

33) Die Hauswiese. *Idem lith.* qu. fol.

34) Wasserjagd, Scene am Chiemsee. *Idem lith.* qu. fol.

35) Die Abfahrt. *Idem lith.* gr. qu. fol.

36) Der Sturm. *Idem lith.* gr. qu. fol.

37) Schiffspferde. *Idem lith.* gr. qu. fol.

38) 4 Bl. Die Jahreszeiten. Gegenden bei Aussee, Salzburg, am Königssee und im Weichselboden. *Idem lith.* qu. fol.

39) 2. Bl. Gemsjagd und erlegter Hirsch. *Idem lith.* fol.

40) Eine Fuhrt. *Idem lith.* fol.

41) Der Geier. *Idem lith.* gr. fol.

42) Bärenfamilie. *Idem lith.* gr. fol.

43) Die Tränke. *Idem lith.* gr. qu. fol.

44) Heimkehr von der Alpe. (Bei Baron Ans. v. Rothschild.) *Idem lith.* gr. qu. fol.

45) Der Klosterbrunnen in Salzburg. (Bei. Freih. v. Arnstein). *Strassgschwandtner lith.* gr. qu. fol.
46) Adler um einen verendenden Hirsch. *Idem lith.* gr. qu. fol.
47) Der Kohlenmeiler, Buchbergerthal mit dem Schneeberg. *Idem lith.* gr. qu. fol.
48) Der aufgejagte Hirsch. (Bei Fürst V. v. Auersperg). *A. Kaiser lith.* gr. fol.
49) Der Gemsjäger auf Besuch. (Bei Herrn C. Leistler.) *Idem lith.* gr. qu. fol.
50) Die Mittagsruhe. *Idem lith.*
51) Der Regen. Landschaft mit Vieh. *Idem lith.* qu. fol.
52) Ländliche Ruhe. *Idem lith.* gr. qu. fol.
53) Der gehetzte Hirsch. *Idem lith.* gr. fol.
54) Lämmergeier mit dem Gemsbock. (Bei Fürst V. v. Auersperg). *Idem lith.* gr. fol.
55) 2 Bl. Der Sommer und der Winter, Gegenden bei Salzburg und im Weichselboden. *J. Wölffle lith.* qu. fol.
56) Eine Viehweide. *Idem lith.*
57) Rehfamilie. (Bei Baron v. Schloisnigg). *F. Eybl lith.* gr. fol.
58) Edelwild und Wölfe. (Bei Mr. Scheepshanks in London). *A. Schrödl lith.* gr. fol.
59) Die Ruine. *Idem lith.*
60) Ein Gewitter auf dem Nassfeld bei Gastein. *Idem lith.*
61) Heimkehrende Landleute. *Idem lith.*
62) Die Dorfschmiede. (Bei Herrn C. Böhlmeyer). *Idem lith.* gr. qu. fol.
63) Rehbock, Gais und Kitz. *R. Hoffmann lith.* fol.
64) Viehheerde am Königssee. *Idem lith.* gr. qu. fol.
65) Edelwild am Futterplatz. *Idem lith.* gr. qu. fol.
66) 2 Bl. Die Beute (Wolf und Hase), der Stall (eine Kuh). *L. Müller lith.* qu. fol.

67) 6 Bl. Thierstudien. *J. Gerstmeyr lith.* fol.

68) Die Papageimärchen. Von *M. Wickenhäuser.* Mit 8 Skizzen. Leipzig 1857. 8.

69) Ein Viehmarkt. (Bei Baron Ans. v. Rothschild). *Novopacky lith.* gr. qu. fol.

70) Erntescene. Farbendruck von *Storch* und *Kramer* in Berlin. gr. fol.

71) Der Frühling. Gegend bei Aussee. *Straub lith.*

72) Bauernhochzeit in Steyermark, (Der Gang zur Kirche). *Sandmann lith.* qu. fol.

73) Auffindung eines erlegten Bären. *Idem lith.* gr. fol

74) Ruhende Rehe. *Idem lith.* gr. fol.

Stöber hat Gauermanns Portrait radirt, Kriehuber und Eybl haben es lithographirt.

DAS WERK DES FRITZ GAUERMANN.

Radirungen.

Eine neue Ausgabe derselben erschien unter dem Titel: Original-Radirungen von F. Gauermann. Commissions-Verlag von F. Kaeser, Wien. 21 Bl. Die beiden grossen Blätter sind nicht dabei.

1. Die beiden Ziegenköpfe.
H. 1" 2''', Br. 1" 6'''.

Kleines Studium. Die Köpfe sind auf der rechten Hälfte der Platte, in Profil nach rechts gekehrt; oben der Kopf eines Bockes, der nochmals in Contur grösser angelegt ist, in der Mitte derjenige einer Ziege, und unten der eines Schafes, welcher aber nur mit Stirn, Auge und Nasenbein angedeutet ist. Einige Striche, wie es scheint angefangene Einfassungslinie, schliessen auf den Seiten und oben diese Köpfe ein. Die linke Hälfte der Platte ist leer und trägt, namentlich oben, etwas Liniengekritzel. Ohne Bezeichnung.

In der neuen Ausgabe ist dieses Liniengekritzel abgeschliffen.

2. Das liegende und das stehende Pferd.
H. 1″ 9‴, Br. 2″ 8‴.

Zwei Bauerngäule in einer Landschaft, welche durch Gebüsch geschlossen ist. Das vordere in Profil nach rechts gekehrt, liegt auf dem Bauche, das andere hinter diesem, steht in halber Wendung nach links. Rechts ist ein Stück Zaun oder Verschlag. Links unter dem Grase das Zeichen F. G. 1821.

3. Der laufende Fuchs.
H. 1″ 6‴, Br. 2″ 5‴.

Das Thier, in Profil nach links gekehrt, ist in vollem Laufe dargestellt; der sumpfartige Boden ist links und rechts mit Schilf bewachsen und links ist ein kleines Gewässer. Ohne Bezeichnung.

4. Die ruhenden Ziegen.
H. 2″ 6‴, Br. 3″.

Sie liegen in einer leicht skizzirten Landschaft ohne Hintergrund; der gehörnte Bock, in Profil gesehen links, die Ziege gegen rechts vor dem Bock und hinter der Ziege ein Schaf, von welchem aber nur der gegen den Beschauer gerichtete Kopf sichtbar ist. Unten links das Zeichen F. G. 1822.

5. Der Ziegenkopf.
H. 3″ 2‴, Br. 2″ 7‴.

In Profil, nach links gekehrt. Unten rechts auf der Platte: *Fritz Gauerm.*

In den Abdrücken der neuen Ausgabe ist dieser Name bis auf ganz schwache Spuren gelöscht.

6. Die beiden Gäule.

H. 2" 4''', Br. 3" 8'''.

Zwei alte Gäule schreiten von hügelichtem Terrain zu einem Wasser herab, das sich rechts befindet. Man sieht beide in Profil und das hintere bereits mit den Vorderfüssen im Wasser. Unten links: f. F. G. 1821.

7. Der Stierkopf.

H. 4" 3'''. Br. 2" 11'''.

Er ist in halber Wendung nach rechts gekehrt, hat kurze Hörner und kurzes zottiges Haar. Das Auge ist ganz offen. Unter dem Maule: *F. Gauermann f.* 1822.

8. Derselbe Kopf.

H. 3", Br. 3" 6'''.

In derselben Haltung aber etwas kleiner, das Auge ist fast halb geschlossen und man sieht mehr vom Hals des Thieres. Unten links das Zeichen F. G.

9. Die beiden Ziegen vor der Planke.

H. 2" 3''', Br. 3" 3'''.

Vor einer Planke oder einem hölzernen Verschlag befindet sich ein Ziegenpaar, der in Profil gesehene, nach links gekehrte Bock steht, die gegen die Beschauer gerichtete Ziege liegt und zwar in der Mitte vor den Vorderbeinen des Bocks Unten links: *Friz Gauermann* 1822.

10. Der Pferdekopf und der Kuhkopf.

H. 2" 6''', Br. 4" 1'''.

Beide, jener links, dieser rechts, sind nach links gewendet, der Pferdekopf ganz in Profil, der wiederkäuende Kuhkopf nur halb. Jener ist gezäumt. Unten rechts die Buchstaben F G.

Die ersten Abdrücke sind von der grossen Platte, welche 7" 10''' breit ist.

11. Die Landschaft mit der grossen Eiche.

H. 4" 6''', Br. 3" 1'''.

Links vorn steht eine grosse Eiche bei einer Wasserpfütze, in welcher zwei Schweine sich befinden. Im Grunde rechts erblicken wir eine strohbedeckte Bauernhütte, von einem Gebüsch und einem hölzernen Zaun umgeben. Oben an der Luft fliegt ein Reiher. Unten das Zeichen des Künstlers.

In den späteren Abdrücken ist das Zeichen herausgenommen. Die Linien an der Luft sind vermehrt und verstärkt.

12. Der Steinadler.

H. 4" 5''', Br. 3" 7'''.

Der Vogel sitzt auf dem Vorsprung eines sich rechts erhebenden Felsens, sein Körper ist nach links gekehrt, sein von vorn gesehener Kopf ein wenig nach rechts. Hinter dem Felsvorsprung wächst etwas Gestrüpp und oben rechts fliegt ein zweiter Adler. Links Fernsicht auf einen See. Man liest in der Mitte unten am Fels die Widmung: „Meinem Fink".

Die Probedrücke sind vor verschiedenem Ueberarbeitungen am Kopf und an den Krallen des Adlers; der Kopf ist etwas schwach geätzt und das linke Auge nicht klar ausgedrückt. Der Horizont über dem See ist unter der Brust des Vogels zwischen dem Fels und dem Gestrüpp mit wagerechten und Regen andeutenden senkrechten Strichen bedeckt. Diese Striche sind in den vollendeten Abdrücken auspolirt, so dass nun der Horizont an der bezeichneten Stelle weiss erscheint.

III. 2

13. Das ruhende Ziegenpaar, vor dem Fels.

H. 3" 6''', Br. 5" 9'''.

Vor einem felsigen Hügel liegt rechts der Bock mit
grossen gebogenen Hörnern, er schläft und hat den Kopf
auf den Boden gelegt. Er ist von der Seite nach links gekehrt dargestellt, während die links dicht hinter seinem
Kopfe liegende Ziege vom Rücken gesehen wird. Ohne Bezeichnung.

14. Das ruhende Ziegenpaar, in der Ebene.

H. 3" 8''', Br. 5" 7'''.

Dasselbe Ziegenpaar in anderer, in flacher Landschaft.
Der von de Seite gesehene Bock liegt hier links, die eben-
falls vom Rücken gesehene Ziege dagegen rechts.   Ohne
Bezeichnung.

15. Der Bär.

H. 3" 8''', Br. 4" 10'''.

Das gegen den Beschauer gewendete Thier steht in der
Mitte und wendet den Kopf etwas nach links.   Der Hintergrund ist durch einen Fels geschlossen.   Rechts stehen zw e
Nadelbäume zwischen welchen der Stamm eines umgestü
dritten liegt.   Links unten an einem mit Brombeergesträuch
bewachsenenFelsstück der Name *F. Gauermann* 1835.

16. Der Fuchs mit der Ente.

H. 4" 11''', Br. 3" 10'''.

Ein stehender, nach rechts gekehrter Fuchs verzehrt eine
Ente, der er in den Hals beisst.   Er befindet sich vor seiner
Höhle, die rechts in einem schroffen Fels ist.   Links oben
öffnet sich ein Stück Wald, zwei an dem bemoosten Rand

des Felsens wachsende Bäume sind umgestürzt. — Eines der schönsten Blätter des Meisters. Ohne Bezeichnung.

17. Der Hund bei dem verendeten Hirsch.
H. 4″ 8‴, Br. 5″ 11‴.

In der Mitte an einem bewaldeten Hügel liegt ein verendeter grosser Hirsch, hinter welchem ein wachender Jagdhund sitzt. Der Hund wendet den Kopf nach links. Vorn links ist ein Gewässer, in welchem ein Paar Steine liegen und welches zum Theil mit Schilf bewachsen ist. Der Hügel zur Rechten ist mit dicken Bäumen bewachsen. Vorn rechts im Grase das Zeichen F. G. Dieses Blatt hat Einfassungslinien.

18. Der Widder und die beiden Schafe.
H. 7″, Br. 5″ 4‴.

Die Thiere ruhen neben einem hölzernen Zaun, hinter welchem eine blühende Distel steht. Der Widder halb nach rechts gekehrt, liegt auf dem Bauche, das eine Schaf, welches den Kopf senkt, steht, das andere liegt hinter dem Widder dicht am Zaun. Unten links das Zeichen F. G.

19. Der ruhende Jäger.
H. 7″, Br. 5″ 2‴.

In einer Berglandschaft ruht in der Mitte vorn an einem freien Hügel ein Jäger mit zwei Hunden, er ist gegen den Beschauer gewendet und hat sein Gewehr im Arm. Berge erheben sich im Hintergrund, ein mit Tannen bewachsenes Thal zieht sich links in den Mittelgrund hinein. Vorn links ist ein Gewässer, an welchem ein vermodernder Baumstamm liegt. Unten rechts der Name *Gauermann*.

2*

20. Der schützende Baum.

H. 5" 4''', Br. 7".

Unter einem grossen zur Linken stehenden Baum hat ein Ackersmann Schutz gegen ein aufsteigendes Unwetter gesucht; er liegt, vom Rücken gesehen im Gras vor dem Stamm; sein ängstlich sich umsehender Hund steht bei ihm und eins aus zwei Pferden bestehendes Pfluggespann auf der anderen Seite des Baumes; ein Fohlen schmiegt sich gegen die Brust der Pferde. Links im Hintergrund nehmen wir auf einem Hügel eine Gebirgshütte wahr. Vorn links im Grase der Name.

Rogizanski hat dieses Blatt von der Gegenseite copirt.

21. Der Ziegenhirt.

H. 6" 4''', Br. 8" 2'''.

Partie von der Fernleit-Alpe im Salzburgischen. — Unvollendete Platte. — Eine zahlreiche Ziegenheerde ruht in der Mitte am Fusse eines Berges, der Hirt sitzt in ihrer Mitte und melkt eine Ziege. Links oben vor einer Gruppe von drei Nadelholzbäumen steht eine Kuh, ein Stier liegt in ihrer Nähe. Ein hoher nur in Umrissen angedeuteter Berg erhebt sich rechts im Hintergrund und vorn auf dieser Seite ragt die Ecke einer hölzernen Aelplerhütte in das Blatt herein. Vorn links ist ein Wasser, in welchem der Name *Fritz Gauermann* 1838 steht.

22. Der von Wölfen angefallene Eber.

H. 13" 5''', Br. 10" 6'''.

Bergiges Terrain mit Waldesdickicht sperrt den Hintergrund. Vor einem umgestürzten dicken Baum ist in der Mitte ein schwarzer Eber, der von vier Wölfen angefallen wird. Zwei dieser Bestien sitzen dem Eber im Rücken, der dritte ist durch die Klaue des Ebers zu Boden gehauen, der vierte stürzt auf der linken Seite hervor wie es scheint, um den Eber von vorn zu packen. Vorn rechts ist eine von Schilf, Gras und Kräutern eingefasste Wasserpfütze. Links unten: *Fritz Gauermann.*

I. Vor der Schrift und von der Originalplatte.

II. Mit der Schrift und von der galvanisch für das Wiener Künstler-Album vervielfältigten Platte. Oben: WIENER KÜNST-LER-ALBUM. Unten: EIN EBER VON WÖLFEN ANGE-FALLEN etc.

23. Die Steinadler bei dem verendenden Hirsch.

H. 10″ 4‴, Br. 12″ 1‴.

Auf dem felsigen Ufer eines Gebirgssees, welcher sich links in die Ferne erstreckt, liegt rechts vorn im Schilf ein angeschossener Hirsch, er wendet seinen Kopf gegen einen hinter ihm auf einem Felsvorsprung sitzenden Adler um, welcher mit ausgebreiteten Flügeln in Begriff ist, sich gegen einen zweiten Adler zu vertheidigen; in der Mitte sitzt ein dritter Adler, welcher einen vierten beobachtet, der links in der Luft herbeizieht. Unten rechts der Name. — Gauermann radirte die Platte für den Wiener Kunstverein.

Lithographien.

24. Ein Rudel Edelwild.

H. 7″ 6‴, Br. 10″ 2‴.

Bei zwei dicken Bäumen, welche links an einem mit Schilf bewachsenen Sumpf stehen, ruhen in der Mitte im Grase drei Hirschkühe; der Wache haltende Bock, in Profil und nach rechts gekehrt, steht dicht hinter ihnen. Unten rechts im Boden: *F. Gauermann* 1838. Im Unterrand: EIN RUDEL EDELWILD. *Erfunden und auf Stein gezeichnet von Friedr. Gauermann etc.*

I. Vor dieser Unterschrift. Nur mit der Adresse: „Gedr. bei Joh. Höfelich.“

25. Das Reh am Bach.

H. 8" 3"', Br. 6" 8"'.

Ein Reh schreitet, sich ängstlich nach rechts umblickend, vor einem beleuchteten Fels über einen vermodernden Baumstamm hinweg, in Begriff einen sich im Vordergrund ausbreitenden Bach zu durchschreiten. Dichter Baumwuchs bedeckt den rechten Hintergrund. Unten rechts im Wasser das Zeichen F. G. verkehrt.

Das Blatt gehört in das „Album der Künstler Wiens in eigenhändigen Zeichnungen (auf Stein). Verlag der Kunsthandlung H. F. Müller.

26. Hirsche im Sommer.

Eine Landschaft mit Hochgebirg im Hintergrund; zur Linken ein See in welchen sich ein Hirsch stürzt. Am Ufer steht gegen links ein anderer Hirsch, hinter welchem drei Kühe ruhen. Unten der Name *F. Gauermann*.

I. Vor der Schrift, vor der Tonplatte und vor der Adresse.

II. Mit der Unterschrift: „Auf Stein gezeichnet von Friedrich Gauermann". Mit der Tonplatte, welche 14½" hoch und 19" breit und mit der Adresse des F. Paterno in Wien.

III. Ebenso, aber mit der Unterschrift „Hirsche im Sommer."

INHALT

des Werkes des Fritz Gauermann.

Radirungen.

Lithographien.

ADOLPH VOLLMER.

Adolph Friedrich Vollmer, tüchtiger Marinemaler, erblickte den 17. December 1806 in Hamburg das Licht der Welt. Sein Vater war Handlungsbuchhalter und hatte auch den Sohn für das kaufmännische Geschäft bestimmt. Aber dieser fand mehr Lust am Zeichnen als am Rechnen und entschied sich gegen den Willen des Vaters, welcher wie soviele Väter in der Kunstübung nur eine elende, brotlose Existenz erblickte, für die Malerei. Damals machte Professor Suhr mit seinen Panoramen auf dem Continent grosses Aufsehn, Vollmer, der einen Blick in diese neue Wunderwelt, in das mit Bildern gefüllte Haus Suhr's gethan, wünschte Nichts sehnlicher, als in dessen Haus und unter seine Leitung zu kommen. Sein Wunsch ward erfüllt, leider nicht zu seinem Frommen, denn er verlor drei seiner schönsten Lebensjahre. Suhrs Schüler lernten alles Andere, nur nicht das was sie wünschten, Malen; anderthalb Jahre hatte Vollmer bereits mit nichtsnutzenden Beschäftigungen verloren, als der Bruder Suhrs mit seinen Panoramen aus Russland zurückkehrte. Wir kennen diese Reise bereits aus Morgenstern's Leben, welcher ja als Famulus und Gehülfe sie hatte mitmachen müssen, wir kennen die Klagen Morgenstern's über die rohe und brutale Behandlung,

die er erfahren; da Morgenstern die zweite Rundreise
nicht mehr mitmachen wollte, so wurde Vollmer aus-
ersehen, an seine Stelle zu treten. Mit Widerstreben
gab er dem Andrängen Suhrs nach, er wusste was ihm
als Famulus bevorstand, aber er war nicht im Stande,
die Verhältnisse zu ändern. Anderthalb Jahre durchzog er Deutschland, Berlin, Leipzig, Weimar und andere
Städte mit dem Guckkasten; den Bedienten spielen,
Gläser und Lampen putzen, Zimmer und Bilder reinigen
und andere unwürdige Knechtsarbeiten verrichten, das
war seine unerfreuliche Aufgabe, die ihm obendrein
nicht wenig durch das brutale und rohe Wesen Suhr's
erschwert und verbittert wurde. Für die Kunst, für
seine Ausbildung gewann er Nichts. Kein Wunder,
dass er endlich dieses unnatürliche Verhältniss löste.
Als Suhr nach Paris und London weiter zu reisen in Begriff stand, nahm Vollmer seinen Abschied und kehrte
in die Heimat zurück. Die Gunst Suhr's hatte er freilich für alle Zeiten verloren.

In die Schule des als Maler und Lehrer gleich tüchtigen S. Bendixen zu treten, war nun sein heisses Verlangen. Sein Freund Morgenstern genoss bereits
diese Gunst. Aber es wollte Vollmer nicht gelingen,
da er das geforderte Lehrgeld nicht erschwingen konnte
und so kam er zum alten Rosenberg in Altona in
die Lehre, der ihm die erste Anweisung in der Oelmalerei ertheilte. Zwei kleine Bilder, die von Harzen
angekauft wurden, erwarben ihm 1826 das Wohlwollen
des kunstsinnigen Freih. v. Rumohr, der ihn nebst
Morgenstern einlud, den Sommer auf seinem Gute
Schenkenberg im Lauenburgischen zuzubringen. Dort
fanden sie den Vertrauten Rumohrs, den Maler Nerly.
Wohl wurden eifrige Studien nach der Natur gemacht,
ästhetische und kunsttechnische Fragen erörtert, dennoch aber trug Vollmer anfangs keinen rechten Gewinn

davon; es fehlte ihm an der festen Grundlage zur Ver-
arbeitung und richtigen Anwendung der ihm von seinem
Gönner in Hast und Eile aufgedrungenen Theorien.
Rumohr, der sein Talent erkannt, ermüdete nicht in
seiner wohlwollenden Leitung; als er den Herbst 1829
in Hamburg zubrachte, liess er Vollmer ein kleines
Bild unter seiner Aufsicht ausführen, das seine Zufriedenheit erlangte und vom Kunstverein angekauft
ward.   Den Winter musste der junge Künstler bei ihm
auf seinem Landgut Rothenhausen zubringen und für
die Bilder, die er dort malte, brachte Rumohr ihm
Käufer. — 1831 machte Vollmer seine erste Studienreise, sie war nach Kopenhagen gerichtet und galt vorzüglich Marinestudien, für welche er in Professor
Eckersberg einen bewährten Meister fand.   Im Herbst
1833 wanderte Vollmer nach dem Süden Deutschlands,
um in München seine künstlerische Ausbildung zu
vollenden.   Sechs Jahre weilte er in der bayerischen
Hauptstadt, längere oder kürzere Ausflüge wurden von
hier in die Alpen, an den Bodensee, nach Venedig unternommen; wie wohlthätig dieser Aufenthalt mit ihren
Ausflügen auf seine Entwickelung eingewirkt, mag uns
die lobende Anerkennung seiner Bilder jener Zeit bezeugen.   Nach Hamburg zurückgekehrt, begann er nun
in der Fülle seiner Kraft eine fruchtbare und segens-
reiche Wirksamkeit zu entfalten; seine Arbeiten, all-
gemein anerkannt, fanden eifrige Käufer, denn Vollmer
hatte den Ruf eines tüchtigen Landschafters und des
besten Marinemalers Hamburgs.

Vollmer ist seit 1855 zum zweiten Male verheirathet,
ein reicher Familiensegen hat sein Familienglück erhöht.
Aber leider ist dem wackeren Künstler die Quelle des
Lichtes versiegt und wandelt er jetzt, zur Unthätigkeit
verdammt, in Finsterniss einher; vor acht Jahren erblindete das eine seiner Augen unheilbar, was ihn jedoch

nicht am Arbeiten hinderte; im Frühjahr 1866 ist auch
das andere Auge verdunkelt und ihm jetzt nur noch ein
schwacher Schein des Lichtes geblieben.

Vollmer war der Maler des ruhigen Wasserspiegels,
in Fluss- und Strandbildern aus den Elbgegenden Hamburgs hat er Treffliches geleistet. Seine Oelbilder wie
seine Aquarellen sind zahlreich und meist in Privatbesitz übergegangen. Wir nennen: der Niederbaum mit
dem Blockhaus in Hamburg, zwei Ansichten von Helgo-
land, Waldpartie bei Reinbeck, auf der Hamburger
Kunstausstellung 1831; Ostseehafen mit Schiffen
1835, in der Gallerie Speck-Sternburg in
Lützschena; Schiffe und venetianische Schifferbarken
auf bewegter See, Marine bei aufsteigendem Gewitter,
auf der Leipziger Ausstellung 1837; die Lagunen
in Venedig, Lughäusl am Bodensee 1839; Hamburger
Hafen, bei Dr. Hartmeyer in Hamburg, Kanal in
Hamburg, bei Senator Johns daselbst; Einfahrt beim
Oberbaum im Hamburger Hafen, 1846; am schleswig-
holsteinischen Kanal bei Holtenau 1849; — der Stangen-
mühlen Grund im Sachsenwalde 1852 und eine Marine,
beide in der Hamburger Gallerie; Ostseestrand
und Schiffe auf der Elbe bei Blankenese, in den
Dresdener Kunstausstellungen 1864 und 1865;
Motiv am Blankeneser Ufer in Abendbeleuchtung, zwei
Landschaften bei der Aumühle und Kuhmühle, auf der
Hamburger Ausstellung 1866.

Nach Vollmer's Zeichnungen wurden lithographirt:
1) Missionshaus in Hermannsburg. Steindruck von
   E. Ritter. qu. fol.
2) Kirche in Hermannsburg. Steindruck von *E. Ritter*.
   qu. fol.

Beide Blätter widmete Vollmer zum Bau des Mis-
sionsschiffes der Hermannsburger Gemeinde.

DAS WERK DES A. VOLLMER.

Radirungen.

1. Elbestrand mit einem Zweimaster im Hintergrund. 1826.
H. 2″ 3‴, Br. 3″ 2‴.

Erster Versuch. Die Elbe, deren ruhige Fläche fast ganz weiss ist, strömt durch den Mittelgrund. Auf seinem flachen Ufer steckt vorn zwischen Schilf eine Jolle im Schlamm, drei andere Boote liegen rechts und links dicht am Wasser und zwischen ihnen in der Mitte bewegen sich zwei kleine Figuren. Ein Zweimaster liegt hinten auf der ruhigen Wasserfläche, ein Boot mit drei Segeln fährt in seiner Nähe. Oben links in der Ecke das Zeichen, die Jahrzahl 1826 und die No. 1 in Spiegelschrift.

2. Der Reiter vor dem Gehölz. 1826.
H. 2″ 1‴, Br. 3″ 1‴.

Einsame Landschaft, deren Mittelgrund ein Gehölz trägt, das in der Mitte eine Lichtung hat. Ein Bach rieselt von links nach rechts durch den Vorgrund. Ein Reiter überschreitet links vor dem Gehölz diesen Bach. Im Unterrand links das Zeichen 1826, in der Mitte einige Nadelproben.

3. Der Jäger am Waldrand.
H. 2″ 10‴, Br. 4″ 3‴.

Links vorn krümmt sich eine Strasse um einen hellbeleuchteten Hügel, hinter welchem sie sich zu einem waldigen Grunde hinabsenkt; ein aus hohen, schlanken Bäumen bestehendes Gehölz sperrt rechts die Aussicht in den Hintergrund; vor diesem Gehölz schreitet, von einem Hund begleitet, ein Jäger nach links. Ohne Bezeichnung. Das Blatt befindet sich ursprünglich auf einer Platte mit dem Folgenden. Die Platte ist 5" 6'" h. und 4" 3'" br.

Die Aetzdrücke sind vor den Einfassungslinien und vor vielen Ueberarbeitungen am Terrain und an der Luft. Die grosse, links am Himmel stehende Wolke der vollendeten Abdrücke ist noch nicht vorhanden.

4. Strandbild bei Mondbeleuchtung.

H. 4" 3'", Br. 2" 8'"

Mit dem vorigen Blatt auf einer Platte. — Elbestrand. Der Fluss, von Schiffen verschiedener Grösse belebt, dehnt sich links in die Ferne. Auf dem Strand liegen vorn links Steine und gegen rechts stehen zwei Männer, welche sich mit einem dritten, in einem Kahn befindlichen, unterhalten. Der Mond steht zwischen Gewölk in halber Höhe des Horizontes. Ohne Bezeichnung.

Die Aetzdrücke sind vor den Randlinien und vor vielen Ueberarbeitungen.

5. Die kleine hamburger Hafenansicht. 1826.

H. 4" 10'", Br. 6" 11'".

Die stille Wasserfläche bedeckt fast, mit Ausnahme des Vorgrundes, die ganze Fläche des Blattes; der Strand vorn ist mit kleinen und grösseren Steinen bedeckt und in der Mitte befinden sich zwei junge Leute, von welchen der eine auf einem Stein sitzt. Ihre Aufmerksamkeit scheint durch einen vom Rücken gesehenen Mann gefesselt zu werden, welcher links in einem Kahne sitzt. Ein Hund löscht in der Nähe seinen Durst. Der Hafen mit seinem Mastenwald erstreckt sich rechts in den Hintergrund hinein. Unten rechts im Boden das Zeichen 1826.

6. Elbansicht mit einem Gehölz zur Linken.
H. 3″ 5‴, Br. 5″ 10‴.

Elbestrand bei Ovelgönne. Landschaft mit weiter Ferne, in welcher rechts die von Segelbooten belebte Elbe sichtbar ist. Den flachen Strand entlang schlängelt sich ein Weg, der links hinter einem Gehölz verschwindet. Rechts auf diesem Wege schreitet ein Wanderer und in der Mitte ein zweiter neben einem Reiter.

Wir kennen nur einen Probedruck, welcher ohne Bezeichnung ist. Die Einfassungslinien sind noch nicht gezogen, die Stichränder nicht regulirt und abgeschnitten. Die Platte mit ungehörigem breiten Unterrand ist etwa 5″ h. und 6″ 4‴ br.

7. Das Fischergeräth bei den Weidenbäumen. 1826.
H. 4″ 7‴, Br. 6″ 2‴.

Alstergegend unterhalb Harvestehude. Ein Fluss, die Alster, schlängelt sich in gras- und schilfbewachsenem Wiesengrund aus dem rechten Hintergrund gegen links vorn. Rechts sind bei einigen Weidenbäumen zwei Reiffangnetze zum Trockenen aufgehängt und zwei Fischer ruhen im Gras in unmittelbarer Nähe. Der linke Hintergrund ist durch ein Gehölz geschlossen. Unten rechts im Gras das Zeichen 1826.

8. Die heimkehrende Heerde. 1827.
H. 4″, Br. 5″ 5‴.

Gegend bei Pinneberg. Dichter Eichenwald mit einem Bauernhaus links vorn. Der Hof ist durch eine Planke von der Strasse geschieden, ein Bauer steht in der offenen Einfahrt dieser Planke und erwartet seine Kuhheerde, welche rechts auf der Strasse daher kommt. Ein Mann und Knabe schreiten in der Mitte unmittelbar an der Planke. Die Platte hat oben eine Einfassungslinie.

Vollmer radirte dieses Blatt für die von S. Bendixen herausgegebenen „Radirungen Hamburger Künstler."

Die unvollendeten Probeabdrücke sind vor dem Monogramm und der Jahrzahl.

9. Die Kuhtränke. 1828.
H. 4″, Br. 5″ 7‴.

Eichenwald bedeckt den linken Mittel- und Hintergrund. Am Saum dieses Waldes und am Fuss eines Hügels befindet sich vorn rechts ein kleines Gewässer, durch welches ein Hirt fünf Kühe treibt. Vorn links schreitet ein Wanderer in der Nähe eines am Boden liegenden abgesägten Baumstammes. Im Unterrand gegen die Mitte das Zeichen 1828.

Die unvollendeten Probedrücke sind vor dem Zeichen und der Jahrzahl und vor verschiedenen Arbeiten auf dem Terrain.

10. Die Landstrasse im Gehölz.
H. 4″ 8‴, Br. 6″ 2‴.

Partie bei Reinbeck. — Eine breite Strasse krümmt sich von vorn gegen hinten durch ein dichtes Gehölz, welches beide Seiten bedeckt. Links fährt ein zweiräderiger, mit einem Pferd bespannter Karren, der Fuhrmann sitzt auf dem Pferde; rechts in einiger Entfernung kommt von einem Hund begleitet ein Reiter des Weges daher. Das Blatt ist ohne Bezeichnung.

Der uns vorliegende Abdruck scheint nicht ganz vollendet zu sein, oben fehlt die Einfassungslinie und rechts ist die Radirung nicht bis zur Einfassungslinie fortgeführt.

11. Die Eichenpartie am Bach.
H. 4″ 8‴, Br. 6″.

Ein ziemlich breiter Bach, dessen Ufer mit Schilf bewachsen sind, krümmt sich um eine Erdzunge gegen links vorn, er bespült einen Hügel, der im Mittelgrund eine umfängliche Eichengruppe trägt. Auf der Höhe dieses Hügels schreitet rechts

die Figur eines Jägers und am Rande erhebt sich ein abgebrochener Baum vor einem andern Baum.

Der vorliegende Abdruck, wie es scheint ein unvollendeter
Probedruck, ist ohne Bezeichnung.

12. Die beiden Häuser hinter dem Teich.
H. 4″ 4‴, Br. 6″ 7‴.

Die Stampfmühle bei Kopenhagen. — Ein Teich bedeckt
fast den ganzen vordern Plan, er ist vorn links durch Schilf,
rechts durch Bäume eingefasst. Zwei Häuser, von welchem
eines mit Stroh bedacht ist, liegen zum Theil durch Bäume
verdeckt hinter diesem Teiche. Vorn rechts schwimmen fünf
Enten in einigen Entfernungen von einander. Ohne Bezeichnung.

13. Der Waldeingang. 1832.
H. 3″, Br. 4″ 4‴.

Ein Wald bedeckt den rechten hintern Plan, ein Weg zieht
sich aus dem linken Vordergrund ein wenig ansteigend in denselben hinein. Ein vom Rücken gesehener Reiter entfernt sich
im Eingange des Waldes. Vorn rechts liegt, zum Theil von
Epheu bewachsen, ein abgesägter Baumstamm am Boden. Oben
links in der Luft das Zeichen und die Jahrzahl.

Die unvollendeten Probedrücke sind vor vielen Ueberarbeitungen: vor den Einfassungslinien, vor dem Baum links vorn
am Rande etc. Auch ist die Staffage eine andere, an Stelle
des Reiters, der hier hinten, unter den Bäumen angedeutet ist,
nehmen wir im Eingang ein sich unterredendes Männerpaar
wahr, von welchem der eine sitzt.

14. Die Felsenküste mit dem runden Thurm. 1839.
H. 1″ 11‴, Br. 3″ 7‴.

Schroffe und kahle Felsen, von der See bespült, erheben sich

im rechten Hintergrund, gegen vorn, ebenfalls auf felsigem
Terrain erblicken wir mehrere Häuser, welche von einem hohen
runden Thurm, auf welcher eine Fahne flattert, beherrscht
werden. Drei Figuren scheinen einen Kahn an's Land zu ziehen. Links erstreckt sich die See in die Ferne, wo ein Zweimaster segelt und gegen vorn sind drei Fischer in einem Boot
beschäftigt. Oben links in der Luft das Zeichen 1839.

I. Unvollendeter Probedruck. Vor dem Fischerboot links
vorn, vor den Einfassungslinien. Die Platte ist auf den
Seiten grösser, 4" 2''' br. und hat im rechten Rand Nadelproben.

II. Vollendeter Abdruck. Mit dem Fischerboot. Die Platte
ist beschnitten und nur 3" 8''' breit, jedoch noch vor der
Einfassungslinie, die nur oben angedeutet ist.

III. Gänzlich, aber nicht zum Vortheil der Platte überarbeitet.
Die Einfassungslinien sind gezogen. Das Meer sondert sich
links in der Ferne vom Horizont ab, was zuvor nicht der
Fall war.

15. Elbansicht mit zwei Segelfahrzeugen.
H. 2" 1''', Br. 3" 3'''.

Der Fluss bedeckt die ganze Fläche des Blattes, nur in der
Ferne ist etwas Küste sichtbar. Zwei kleinere Segelfahrzeuge,
ein Ever und eine Jolle, segeln in der Mitte vorn neben einander. Links vorn schwimmt eine Signaltonne, zwei Vögel fliegen
in ihrer Nähe. Oben links in der Luft das Zeichen. Ohne
Einfassungslinien.

16. Fischerboote am Strande.
H. 2" 4''', Br. 3" 11'''.

Ostseestrand auf Seeland. — Das Meer erstreckt sich links
in die Ferne, auf seinem Strand liegen in der Mitte vorn mehrere
Boote, zwei von ihnen mit aufgespannten Segeln. Ein Fischer
ist rechts mit dem Trocknen von Netzen beschäftigt, vier

III.   3

am Mittelgrund liegende Hütten verdecken die Fernsicht auf
dieser Seite.   Unten rechts im Boden das Zeichen.

17. Canale Grande in Venedig. 1839.
H. 7" 11''', Br. 10" 4'''.

Für das Album deutscher Künstler, Düsseldorf bei Buddeus,
radirt. — Die breite Kanalfläche ist auf den Seiten durch Gebäude und links hinten durch St. Markus eingerahmt. Vorn
ist ein Quai, von welchem sieben Stufen zum Wasser herabführen.
Mehrere Figuren sind auf diesem Quai, ein Herr mit zwei
Damen scheint in Begriff zu sein in ein Boot zu steigen und
ganz vorn ist ein Fischer mit der Ausbesserung eines Netzes
beschäftigt.   Schiffe verschiedener Grösse und Form beleben
den Kanal, eines, ein Kriegsschiff, im rechten Mittelgrund,
zeichnet sich durch seine Grösse aus.   Vorn links im Wasser
der Name und die Jahreszahl.

    I. Probe- oder Aetzdruck. Vor aller Schrift im Unterrand.
      Vor der zweiten oder der horizontalen Strichlage auf der
      Bluse am Rücken des rechts vorn sitzenden Fischers, der
      das Netz ausbessert. (Wahrscheinlich giebt es noch frühere
      Probedrücke).

   II. Vollendet. Mit dieser Strichlage, aber noch vor aller
      Schrift.

 III. Mit den Adressen des Jul. Buddeus und der Druckerei
      Schulgen-Bettendorf links und rechts im Unterrand.

 IV. Ebenso und mit dem Namen Vollmer in der Mitte des
      Unterrandes.

  V. Ebenso, doch fehlt die Adresse der Druckerei, die wegge-
      schliffen worden ist.

18. Andere Ansicht dieses Kanals. 1840.
H. 7" 9''', Br. 10" 6'''.

Das Wasser ist von einer grösseren Anzahl Schiffe belebt
und nur die rechte Bildseite ist durch Häuser eingerahmt.

St. Markus erhebt sich rechts hinten. Links vorn ist ein Quai mit fünf männlichen Figuren. Ohne Schrift. Unten rechts im Wasser das Zeichen 1840.

I. Erster Aetz- oder Probedruck. Vor dem Zeichen und vor vielen Arbeiten. St. Markus liegt ganz fern am Horizont und erhebt sich nur fünf Linien über dem Horizont. Auf dem Quai sind acht Figuren, Männer und Frauen, in drei Gruppen und Fischernetze sind zum Trocknen aufgehängt. Zur Seite des Quai's liegen zwei Gondeln, während in den vollendeten Abdrücken nur eine bemerkt wird.

II. Zweiter Aetzdruck. Mit den Ueberarbeitungen, aber noch vor dem Zeichen. St. Markus, der sich jetzt 1 Zoll über den Wasserspiegel erhebt, ist näher gerückt und die Staffage wie Umgebung des Quais ist in der oben beschriebenen Weise abgeändert.

III. Vollendeter Abdruck. Mit dem Zeichen.

19. Die grosse Hamburger Hafenansicht. 1840.
H. 7" 8''', Br. 9" 9'''.

Schiffe verschiedener Form und Grösse beleben bis in den fernsten Horizont hinein die glatte Wasserfläche. Rechts ziehen sich die Waarenspeicher bis in den Hintergrund hinweg. Drei Figuren entladen vorn rechts einen Kahn, ein zweiter Kahn mit fünf Figuren sticht in Fluss, ein dritter, ebenfalls mit fünf Figuren, fährt diesem von links her entgegen. Vorn links im Wasser das Zeichen und die Jahreszahl. Ohne Schrift.

Die Aetzdrücke sind vor dem Zeichen und vielen Ueberarbeitungen. Die Luft ist fast noch ganz weiss und ist nur noch oben durch horizontale Linien und ein kleines Wölkchen angedeutet.

20. Das ehemalige Hamburger Baumhaus.
H. 5" 10''', Br. 8" 3'''.

Hafenansicht mit kleinen Fahrzeugen, Jollen, Ewern und Kähnen, im Hintergrund durch Häuser geschlossen. Das

sogenannte Baumhaus liegt zur Linken, es ist ein zweistöckiger
Bau und trägt auf dem Dach einen von einer Gallerie umgebe-
nen Aufsatz mit Satteldach.   Vorn links im Wasser der Name.
Ohne Schrift.

I. Erster Probedruck. Vor dem Namen und vor vielen Ueberarbeitungen.   Den ganzen Horizont bedeckt eine unruhige
   Wolkenmasse.

II. Zweiter Probedruck. Diese Wolkenmasse ist zum grössten
    Theil wegpolirt. Nur ihre obere Hälfte ist stehen geblieben,
    die Luft über den Häusern und hinter den Masten der Fahr-
    zeuge erscheint nun weiss.   Mit dieser Politur der Platte
    ist aber zugleich ein Thürmchen verschwunden, das sich
    gegen die Mitte hinter den Häusern erhob.

III. Dritter Probedruck. Dieser Thurm ist wieder einradirt;
     die Luft hat abermals die Wirkungen des Polirstahls er-
     leiden müssen, von der zuvorgenannten Wolkenmasse sind
     nur noch Bruchstücke übrig geblieben.   Das Gewölk,
     welches links vom Baumhaus den Himmel bedeckte, ist
     ganz verschwunden, die Luft hier nunmehr weiss und der
     zuvor nur im Aetzen schwach gekommene Kirchthurm hinter
     dem Seitengebäude des Baumhauses durch lothrechte Strich-
     lagen schärfer ausgedrückt.   Mit dem Namen.

IV. Vollendeter, vom Kupferstecher Franz Schröder überarbei-
    teter Abdruck.   Der eben genannte Kirchthurm tritt
    schärfer hervor, er hat eine zweite, eine wagerechte Strich-
    lage erhalten.   Der Himmel, die Lichtseiten der Häuser
    und Segel tragen ebenfalls neue Ueberarbeitungen.

21. Hamburger Hafenpartie mit einer Schiffswerft.
H. 6'' 3''', Br. 8''.

Das sogenannte ehemalige hölzerne Wambs.   Vorn ist ein
Wasser, welches links mit Schilf und Gräsern bewachsen ist.
Rechts auf demselben liegen zwei Kähne, in deren vorderem
zwei Männer mit dem Einziehen eines Segels beschäftigt sind.

Die linke Seite ist durch eine mit Bäumen bewachsene Anhöhe geschlossen, an welcher ein Weg vor einer Hütte vorüber über zwei hölzerne Brücken hinweg nach hinten führt. Der Weg ist durch ein Geländer geschützt, gegen welches ein Mann lehnt und auf welchem zwei Stücke oder Bahnen Leinewand hängen. Hinten sieht man Schiffsmasten und ein grosses in Bau begriffenes Schiff auf der Werft. Ohne Bezeichnung.

22. Das ehemalige Blockhaus im Hamburger Hafen. 1841.

H. 3″ 11‴, Br. 5″ 3‴.

Ein hölzernes Häuschen mit einer Gallerie und einem Thürmchen. Es liegt rechts zwischen Pallisaden und vor seiner Ecke liegen zwei Segelfahrzeuge, ein wenig weiter nach vorn ist ein Mann in einem Kahn beschäftigt. Links schweift der Blick durch eine offene Pallisaden-Einfahrt in den Hintergrund auf mehrere Schiffe, von welchen ein grosses eine Kanone abfeuert. Vorn links im Wasser das Zeichen und die Jahreszahl.

Die Probedrücke weichen nur durch unwesentliche Kleinigkeiten ab. Nehmen wir die Masten der Schiffe rechts ins Auge! Der zweite bewimpelte Mast, vom Blockhaus aus gezählt, ist kleiner und hat fast die gleiche Höhe mit dem ersten; sein kleines Wimpelchen flattert gerade aus. — In den vollendeten Abdrücken ist dieser Mast um drei Linien verlängert, mithin höher, sein Wimpelchen hängt schlaff herab.

Lithographien.

23. Acht Marinestudien auf einem Blatt. 1831.

H. um 8″, Br. um 10″.

Oben in der Mitte Elbansicht beim ehemaligen Hanfmagazin in Hamburg; zur Seite dieser Ansicht links eine segelnde Barke, rechts ein Segelkahn mit mehreren Figuren. Unten in der Mitte ein segelnder Schoner von der Seite gesehen, links

davon eine grössere Elbansicht mit der strahlenden Sonne am
Horizont, darunter eine kleine Flussansicht mit zwei kleinen
Fahrzeugen, rechts zwei andere Flussansichten. Links unter
der Elbansicht der Name 1831. Federzeichnung auf Stein.

Von den Ansichten dieses Blattes kommt die erste, bei dem
Hanfmagazin, ausgeschnitten auch einzeln vor. Die Magazine,
vier an der Zahl, stehen im linken Mittelgrund. Vorn rechts
auf dem Ufer sind zwei Fischer, der eine mit Stock, der andere
mit Korb in der Hand, in Unterredung begriffen über einen
im Grunde ausgehenden Schoner.

24. Segelnde Barke.
H. 3" 10''', Br. 5" 9'''.

Elbansicht. Eine Barke, mit einem Kahn im Schlepptau,
segelt von der Seite gesehen, rechts im Mittelgrund vorüber,
zwei kleinere Fahrzeuge links weiter zurück in der Nähe des
Ufers, das sich quer durch den Hintergrund zieht. Vorn links
ist eine Andeutung des diesseitigen Ufers. Federzeichnung auf
Stein. Ohne Bezeichnung.

25. Klopstocks Linde in Ottensen. 1829.
H. 6" 4''', Br. 8" 11'''.

Die grosse Linde, unter welcher Klopstocks Grab liegt,
steht im Mittelgrunde vor der links befindlichen Kirche. Ein
Ehepaar betrachtet die von einem Stacket oder Gitter um-
schlossene Grabstätte mit vier Denksteinen. Ein Herr, von
einem Hund begleitet, schreitet in der Nähe vorüber und links
kommt eine Frau mit zwei Kindern daher. In der Mitte des
Unterrandes: KLOPSTOCKS LINDE IN OTTENSEN, links:
A. Vollmer lithogr. 1829, rechts: *Hamb. privil. Steind.* In
Kreidemanier.

26. Ansicht von der Scheelengangsbrücke. 1843.

H. 9″ 1‴. Br. 11″ 11‴.

. Alsteransicht mit einer Anzahl kleiner Fahrzeuge, durch Häuser und Speicher eingeschlossen. Vorn gegen die Mitte sind Frauen mit Wäsche beschäftigt. Vorn rechts im Wasser der Name 1843. Mit dreifacher Linienbordüre. Kreidezeichnung mit Tondruck. Im Unterrand ausser der obigen Aufschrift noch die Namen: *Neuerwall, Kunst, Allerwall.*

27. Die kleine Alster, vom Voglerswall gesehen. 1843.

H. 9″ 3‴, Br. 10″ 9‴.

Der Fluss ist links und hinten durch Häuser eingeschlossen, hinter welchen sich ein Kirchthurm erhebt. Ein Rogenbogen steht am Himmel. Vorn links im Wasser der Name 1843. Im Unterrand die Aufschriften: *Vom Voglerswall gesehen, Kunst, Wassermühlen, Schlachthaus.* Kreidezeichnung mit Tondruck. Mit dreifacher Linienbordüre.

28. Die Scheelengangsbrücke von der Kunst aus gesehen.

H. 8″ 11‴, Br. 11″ 5‴.

Perspectivische Alsteransicht, von kleinen Fahrzeugen und Kähnen belebt und auf den Seiten durch Speicher eingeschlossen. Die Brücke ist hinten. Vorn links im Wasser bei zwei kleinen Pfählen der Name. Kreidezeichnung mit Tondruck. Mit dreifacher Linienbordüre. Im Unterrand die Aufschriften: *Von der Kunst beim Jungfernstieg aus gesehen. Allerwall, Scheelengangsbrücke, Voglerswall.*

29. Die sogenannte Kunst in Hamburg.

. H. 9'' 3''', Br. 12'' 6'''.

Von kleinen Fahrzeugen belebte Alsteransicht, welche hinten durch Häuser geschlossen ist. Vorn links im Wasser der Name. Kreidezeichnung mit Tondruck. Mit dreifacher Linienbordüre. Im Unterrand die Aufschriften: *Vom ehemaligen Garten des St. Johannisklosters aus gesehen. Voglersvall, Kunst.*

INHALT

des Werkes des A. Vollmer.

Radirungen.

Lithographien.

———————

JACOB GENSLER.

Johann Jacob Gensler ist der mittlere der drei Brüder Günther, Jacob und Martin, deren Wirken aufs Engste mit dem neuen Aufschwung der Kunst in Hamburg verknüpft ist. Er erblickte den 21. Januar 1808 zu Hamburg das Licht der Welt und wollte anfänglich Apotheker werden. Der Drang seines Geistes zur Kunst verleidete ihm bald die wenig Annehmlichkeiten bietende Thätigkeit in einer pharmaceutischen Offizin und Gensler entschied sich ganz für die Malerei. Rachau und der ältere Hardorff waren seine ersten Lehrer. Im Frühjahr 1814 ging er zu Wilh. Tischbein in Eutin und blieb zwei Jahre in seiner Schule. Im Herbst 1827 besuchte er Dresden und zog von dort nach München, um in die Akademie einzutreten. Eine Reise durch Salzburg und Tirol am Schlusse seines Münchener Aufenthalts gab ihm Gelegenheit zu gründlichen Naturstudien. Nachdem er noch ein Jahr (1830) auf der Wiener Akademie seine Studien fortgesetzt hatte, kehrte er im Winter 1831 nach Hamburg zurück.

Gensler trat 1826 mit seinem ersten Bild: Hessische Kärrner, hervor; es war nach selbstständigen Naturstudien gemalt und trug bereits, wenn schon noch nicht völlig entwickelt, die Merkmale der neuen Hamburger Schule. Seine in München und Wien entstandenen

Bilder: eine Schenke am Harz 1830, Fuhrleute vor einer Schenke, Tiroler Schmuggler auf steilem Gebirgspfad 1831, Tiroler Dorf in Abendbeleuchtung 1831 spiegeln noch die strenge Richtung der damaligen Münchener Schule ab. Erst nach seiner Rückkehr in die Vaterstadt begann sein Geist sich freier und selbstständiger zu entfalten.

Mit Vorliebe widmete Gensler Sittenbilder und Scenen aus dem frischen Leben des Landvolkes seinen Pinsel; Treue der Auffassung, sprechende Wahrheit der Darstellung, selbst des geringfügigsten Beiwerks und Details, zierten seine Werke, doch war er kein Kopist, welcher einfach die Natur abschreibt oder sie in ihrer zufälligen Erscheinung, wie sie eben ist, wiedergiebt; er drang tiefer vor, zur Läuterung und Veredelung der Naturformen in der künstlerischen Phantasie, zur Alles gestaltenden Idee. Nicht die Natur an und für sich, sondern die durch Schönheit geadelte, in der Phantasie wiedergeborene Natur hielt er für das würdige Object der Kunst. Seine Bilder tragen einen poetischen Hauch, der sich besonders durch seinen feinen Sinn für weibliche Schönheit offenbart. Diese gesunde Richtung verfolgte er unablässig mit selbstbewusster Klarheit, mit ihr begründete er, weit über das Gewöhnliche und Konventionelle der damaligen norddeutschen Genremalerei hinausgehend, eine neue Schule der Kunstthätigkeit in Hamburg.

Von wesentlichem Einfluss auf diese neue selbstständige Richtung war allerdings das Ereigniss, dass in den ersten dreissiger Jahren mehrere Alters- und Studiengenossen Gensler's, Kaufmann, Häselich u. A. ebenfalls aus München in die Heimat zurückkehrten. Edler Wetteifer belebte die jungen Talente, im neu gegründeten Künstlerverein wurden Meinungen, Ansichten ausgetauscht, künstlerische Aufgaben gesetzt, gemein-

schaftliche Studienreisen wurden in das Holsteinische
unternommen, in den Dörfern, im Wald und an der
Küste ein bildender Reichthum von frischen Bildmotiven
gesammelt. Der rege Sinn für Kunst, der damals die
gebildeten Kreise Hamburgs beseelte, erleichterte den
Künstlern die Erreichung ihres Zieles, ihre Bilder fanden rasch Käufer und der schnelle Absatz feuerte zu
lebhafterer Thätigkeit an. Die Kunstfreunde Gaede-
chens, Lüdert, Sieveking, Harzen nahmen den
lebhaftesten Antheil an den Leistungen der jungen
Künstler. Der in weiten Kreisen bekannte Freiherr
v. Rumohr versammelte sie öfters auf seinem Landgut bei Lübeck um sich.

Fast jedes Jahr wanderte Gensler in die nahen und
ferneren Umgebungen Hamburgs, um seine Studien nach
der Natur zu machen. Für seine Genrebilder sammelte
er sie in der Probstei an der Ostseeküste, in Blankenese
an der Elbe; er hat das Verdienst, diese Orte, mit
ihren Eigenthümlichkeiten in Sitte und Tracht, mit ihrer
merkwürdigen Fülle schöner Mädchengestalten, zuerst
zur künstlerischen Anschauung gebracht zu haben. Die
landschaftlichen Studien dagegen wurden in der waldigen Haide hinter Harburg gewonnen. Diese Haide
war in jenen Tagen ein beliebter Aufenthalt der hamburgischen Landschaftsmaler, das Dorf Elstorf der
Mittelpunkt, sozusagen das Hauptquartier der reisenden Maler. Genslers schöne Radirung, der Kirchhof,
ist demselben entlehnt. Chr. Morgenstern, Ad.
Carl u. A. haben diese Haide zu hohen Ehren gebracht, ihre schönsten Haidebilder, · mit den weiten
Fernen und prächtigen Wolkenzügen, sind diesen Gegenden entlehnt oder doch in ihrem Charakter gehalten.

Im Sommer 1841 machte Gensler eine grössere Reise
nach Holland und Belgien, um sich mit den Erzeug-
nissen alter und neuer Kunst dieser Länder vertraut

zu machen. Die mannigfachen Berührungspunkte, welche
die niederländische und norddeutsche Auffassung und
bildliche Wiedergabe der Natur in sich vereinigen, er-
leichterten dem Künstler seine Aufgabe; er kehrte mit
zahlreichen Studien heim und das kundige Auge erblickte bedeutende Fortschritte in der Sicherheit einer
freieren und breiteren technischen Behandlung.

Leider sollte es dem wackeren Künstler nicht ver-
gönnt sein, längere Zeit die Früchte einer würdig be-
tretenen Laufbahn zu ernten. Mitten in der Blüte der
Jahre, auf der eben erreichten Höhe der Entwickelung
riss ihn am 26. Januar 1845 der Tod hinweg, nachdem
er sich kaum von den Folgen eines Armbruches erholt
hatte. Hamburgs Künstler und Kunstfreunde geleiteten
in tiefer Trauer den Verstorbenen zur letzten Ruhe-
stätte und der geistvolle und beredte Professor Wurm
sprach am Sarg erhebende Worte, die es immer noch
verdienen gelesen zu werden, er sprach von der Kunst
in Hamburg und über das Vorurtheil, dass die Kunst
in Handelsstädten nicht gedeihen könne.

„Hat man uns nicht glauben machen wollen, die
Kunst bedürfe des Schutzes gekrönter Häupter; in Frei-
staaten könne sie nicht gedeihen, fern von der Gunst
und Pracht der Höfe könne sie nur ein kümmerliches
Dasein fristen? Und doch kann nichts weniger wahr
sein; die ganze Geschichte widerlegt den eitelen Wahn.
Nicht auf eines Königs Geheiss ist das Parthenon erbaut. Die Bildwerke, deren junge Schönheit die Jahr-
hunderte überdauert hat, die Volksherrschaft hat sie
entstehen sehen, hat sie bewundert und belohnt; von
Allem was an Fürstenhöfen entstanden, was hätte sie
jemals übertroffen? Wiederum als Zeit und Stunde
erfüllt war für die Wiedergeburt der Künste im Süden
unsers Welttheils, als die Männer des 15. Jahrhunderts
auftraten, des Jahrhunderts, mit dessen Abschluss

Raphael an der Schwelle seiner kurzen glänzenden Laufbahn stand, da waren die Mediciäer nicht die Fürsten,
nein, sie waren die ersten Bürger ihrer Vaterstadt.

So hat man behaupten wollen, in einem Handels-
staat sei für die Kunst keine Stelle, durch die mate-
riellen Interessen werde sie unausbleiblich hinweg-
gedrängt. Ganz anderer Meinung muss Tizian gewesen
sein, denn er lebte bis an die Grenze des menschlichen
Alters hochgeehrt unter den reichen Kaufherren Ve-
nedigs. Oder lasst Niederland Zeugniss geben! Niederland, das unser vollendeter Freund so werth hielt, dessen
lebhafte Erinnerung seinen letzten Fiebertraum erfüllte.
Oder lasst unser liebes Vaterland Zeugniss geben, mit
seinen Städten allen, die einst der Freiheit ihren be-
triebsamen Verkehr und dem Handel ihre Grösse ver-
dankten, bis Missgunst und Herrschsucht sich einigten,
ihre Blüte zu zerknicken. Dort frage wer es nicht weiss,
ob in freien Handelsstaaten auch der Kunst eine Stätte
bereitet sei. Nur eine Antwort bietet die Vorzeit der
oberdeutschen Städte wie der niederdeutschen, eine und
dieselbe vernehmliche Sprache reden alle ihre Denk-
mäler — von den Aposteln der Sebalduskirche bis zum
Lübecker Dombild, vom Strasburgischen Münster bis
zum Danziger Artushof."

Nennen wir jetzt Gensler's bedeutendste Bilder:
Kloster Neuburg an der Donau, bei Dr. de Chaufpié;
Blankeneser Spinnerinnen, bei Dr. Lappenberg; Ost-
seestrand bei aufsteigendem Gewitter, bei Senator
Jenisch; der Kirchhof zu Elstorf (auch radirt), in der
Hamburger Gallerie (früher bei Hudtwalcker);
Blankeneserinnen am Brunnen, bei Frau Senator
Jenisch; der Sonntagsmorgen, Matrosen vor der
Schenke, bei Senator E. Johns (da die Originale im
grossen Brand zu Grunde gingen, wurden durch R.
Koch sorgfältige Kopien angefertigt); Heuernte, bei

Newman; Auszug von Knaben zum Schützenfest und
Winterbild an der Elbe, in Danzig; Vierländer Fisch-
zug, bei J. C. Schemmann; Fischer am Ostseestrand,
bei Franz Bieber; Blankeneser Strand, bei Dr. Hartmann; Holländische Küste im Mondschein, bei Dr.
Schleiden; Ankunft der Fischer am Strande zu Zand-
voort, Fürstin Schwarzenberg in Prag; Probst-
steier Obsternte, letztes Bild, bei R. Kittler. Auch
an jenen Dankurkunden, welche der Senat nach dem
grossen Brande für die milden Gaben an die Regierungen
sämmtlicher Staaten Europa's vertheilen liess, hat
Gensler Theil, er führte die Urkunden im Geschmack
der Renaissance-Miniaturen für Preussen, Sachsen-
Meiningen, Nassau, Bremen, die Niederlande und Gross-
britannien aus.

DAS WERK DES JACOB GENSLER.

1. Der Kirchhof.

H. 7" 11"', Br. 10" 2"'.

Es ist die Kirche zu Elstorf, ohnweit Hamburg, ein Lieblingsaufenthalt der Hamburgischen Landschaftsmaler. — Die
alte Kirche, deren Thurm die Gestalt eines Satteldaches hat,
ist ringsum von Bäumen umgeben, ein Leichenzug bewegt sich
aus dem Vorgrunde nach ihrem Portal zu. Zur Linken und
Rechten sind einige Häuser.

I. Erster Aetzdruck. Vor aller Luft, vor der Dämpfung
der Lichter. Von der Kirche sieht man nur den Thurm.

II. Zweiter Aetzdruck. Mit der Luft und verschiedenen
Ueberarbeitungen. Das Schiff der Kirche ist jetzt (unterhalb der Bäume) ausgeführt. Noch immer vor aller Schrift.

III. Vollendeter Abdruck. Mit weiteren Ueberarbeitungen an der Luft und dem Erdreich. Die weisse Seite des links stehenden Hauses ist zugedeckt. In der Mitte des Unterrandes bezeichnet: *Jacob Gensler fec.* 1840.

IV. Im Unterrand die gestochene Schrift: *Jacob Gensler fec. 1840 aqua forti — gestorben d. 26. t. Januar 1845. Der Hamburger Kunst-Verein seinen Mitgliedern* 1849. *Das Original ist im Besitze des Herrn Nicolaus Hudtwalcker in Hamburg.* Diese Abdrücke mit dem Stichfehler im Worte Hudtwalcker sind selten.

V. Statt Hudtwatcker liest man das richtige Hudtwalcker.

VI. Die Adresse des Hamburger Kunstvereines ist zugelegt.

2. Die Matrosen.

H. 9″ 3‴, Br. 7″ 4‴.

Nach dem eigenen Bild für das Buddeus-Album radirt. — Ruhende Matrosen verschiedener Nationalität vor einer Schenke, über deren Hausthür die Inschrift „Board and Lodginghouse" steht. Zwei von ihnen sitzen zur Rechten auf der hölzernen Hausthürbank, der eine in gemächlich hingestreckter Haltung scheint zu erzählen, ein dritter, gegenüber auf die Lehne der zweiten Bank gelehnt, hört zu und ein vierter steht in der Thür, ein Mulatte, gegen die Mauer gelehnt, greift nach seiner Mütze und ein sechster Matrose lässt sich im Innern des Hauses durch ein Mädchen seine Cigarre anbrennen. — Das Blatt ist mit der Roulette übergangen.

I. Erster Aetzdruck. Vor der Arbeit der Roulette, vor dem Papagei rechts oben in dem Weinlaub. Noch sehr licht. Unten an der Treppenstufe der Name: *Jacob Gensler* 1842.

II. Zweiter Aetzdruck. Mit dem Papagei und vielen Ueberarbeitungen mit der Nadel, aber noch vor der Anwendung der Roulette.

III. Vollendet. Mit der Roulette überarbeitet. Im linken Unterrand der radirte Name: *Jacob Gensler fec.* 1842.

IV. Mit den Adressen: *Julius Buddeus excudit. Druck d. Kupferdruckerei — — — v. Schulgen-Bettendorff.*

V. Mit dem gestochenen Namen: *Jacob Gensler* zwischen diesen Adressen. Der radirte Name der beiden vorigen Abdrücke zur Linken ist ausgeschliffen.

VI. Die Adresse des Druckers ist gelöscht.

3. Der Edelknabe und die Müllerin.
H. 10" 5''', Br. 8" 6''' d. Pl.

Anmuthige Randzeichnung zu Göthes Gedicht für das Album: „Lieder und Bilder, deutsche Dichtungen mit Randzeichnungen deutscher Künstler", Bd. III. Düsseldorf, Buddeus, radirt. — Aus Stabwerk und Ranken gebildete Einfassung mit vier Ovalen in den Ecken. In den oberen Ovalen links eine Windmühle und Heu Erntende, rechts ein Schloss an einem Fluss, dazwischen ein junges anmuthiges Mädchen in volksthümlicher Tracht, welches Aepfel von einem Baume pflükt. In den untern Ovalen, links der lauschende Edelknabe, rechts auf einer Bank das glückliche Paar, dazwischen die eine Stufe herabschreitende Müllerin mit einem Rechen auf der Schulter, wie sie von dem Edelknaben angesprochen wird. An den Seiten, links ein Mühlrad und zwei auf dem Initial *IV* lehnende Müller, rechts zur Thür herausschreitend der Edelknabe mit Bogen und zwei Hunden. Im Unterrand links: *Jacob Gensler* 1844.

I. Aetzdruck. Vor der Luft in den beiden oberen Ovalen und im untern Mittelbild. Vor dem Lied, jedoch bereits mit dem Titel: „Der Edelknabe und die Müllerin."

II. Ebenso, jedoch mit der Luft. Vollendeter Abdruck.

III. Mit dem in gothischer Schrift hinzugefügten Lied.

4. Holsteinische Dorfpartie.
H. 8" 5''', Br. 6" 1'''.

Zwei mit Stroh gedeckte, von Bäumen beschattete Bauernhäuser sind auf einer steinigen Anhöhe in halber Blatthöhe

III. 4

gelegen; ein Fusspfad mit steinernen Stufen senkt sich links
von ihnen in den freien Vorgrund herab; dieser Pfad ist von
verschiedenen Figuren belebt: oben spricht eine Wasserträgerin
mit einer andern Frau, welche mit einem Korb auf dem Rücken
ausruhend gegen einen Stein lehnt; eine Mutter mit einer
Schaale in den Armen und begleitet von einem Knaben schreitet
unten die Stufen herab; in ihrer unmittelbaren Nähe giebt eine
andere Mutter einem kleinen Mädchen einen Gegenstand und
die beiden grösseren Geschwister dieses Mädchens, ein Knabe
und ein halberwachsenes Mädchen, schauen, an der Erde liegend, zu. Im Unterrand links: *Jacob Gensler f.* 1835. Mit
feinerer Nadel radirt.

Die Aetzdrücke sind vor den Nachhülfen der kalten Nadel.

5. Die Spinnerin.
H. 5" 9''', Br. 4" 3''' d. Pl.

Blankeneser Interieur. In einem Zimmer sitzt links eine
bejahrte Frau am Spinnrad, sie horcht der vorlesenden, gegen
die Fensterbank gelehnten Tochter, welche den Inhalt eines
Briefes mittheilt. Drei kleine Enkel, zwei Mädchen und ein
Knabe, befinden sich zur Rechten, das grössere Mädchen sitzt
am Boden, der zur Mutter aufschauende Knabe führt einen
Apfel zum Munde. Das links oben an der Wand hangende Bild
eines Schiffes zeigt uns an, dass wir uns in einer Lootsen- oder
Schifferwohnung befinden. Unten in der Mitte des Fussbodens
der Name des Künstlers 1836, jedoch durch die Schattirung
fast ganz zugedeckt.

Die Platte ward nicht vollendet. Sie misslang im Aetzen
und wurde theilweise wieder abgeschliffen. Die vorlesende
Tochter hat kein Gesicht.

6. Strandpartie an der Ostsee.
H. 4" 2''', Br. 5" 6''' d. Pl.

Strandhöhen im Hintergrund sperren die Aussicht auf das
Meer, von welchem nur links hinten ein kleines Stück sichtbar

ist. Vor diesen Höhen liegt im Mittelgrund eine strohgedeckte Fischerwohnung, vor welcher in der Nähe der Tennenthür ein Mann beschäftigt ist. Links am Wasser hängt ein Netz an fünf Pfählen. Eine mit Gras beladene, von einem kleinen Kind begleitete Frau schreitet gegen vorn. Im Unterrand rechts: *Jacob Gensler* 35. Der ganze Unterrand ist mit Nadelproben bedeckt.

Die Platte missrieth gänzlich im Aetzen, sie ist sehr schwarz und ganz ohne Haltung. Gensler schliff sie sofort wieder ab und sind die Abdrücke dieses Zustandes matt und verworren, sie haben keine Luft und die Nadelproben im Unterrand sind ausgeschliffen.

INHALT
des Werkes des Jac. Gensler.

MARTIN GENSLER.

Johann Martin Gensler, der jüngste der drei Brüder, die einträchtig im Hause ihrer alten Mutter zu-
sammenlebten, ward den 9. Mai 1811 in Hamburg
geboren. Er hatte sich nach Vollendung der Schul-
bildung für die Goldschmidtskunst entschieden, ging
aber mit Bewilligung der Eltern zur Malerkunst über,
weil in Hamburg das Goldschmidtsfach, ganz auf dem
Boden des Handwerks stehend, keine künstlerische
Ausbildung verlangte. Der Portraitmaler F r i e d r. A u g.
R a c h a u, welcher zugleich als Zeichnenlehrer bei
dem Waisenhause fungirte, war sein erster Lehrer,
sein Bruder, G ü n t h e r G e n s l e r, sein zweiter.
1829 malte er sein erstes Oelbild und das folgende
Jahr sah man von seiner Hand auf der akademischen Ausstellung in Berlin die Halle im St.
Johanniskloster zu Hamburg und Damenbrettspieler
in einer Schenke. Das Innere einer Silberschmelze,
einer der Lieblingsvorwürfe des Künstlers, enstand um
dieselbe Zeit. 1835 wanderte Gensler für seine weitere
Ausbildung nach München, Dresden mit seinen reichen
Kunstschätzen ward auf der Hinreise, Düsseldorf auf
der Rückreise im folgenden Jahre besucht.

Von da an gehört Gensler's Thätigkeit ganz seiner Vaterstadt, die wohl seine meisten und besten Bilder besitzt. Mit besonderer Vorliebe hat er seinen Pinsel der Darstellung alter malerischer Bauwerke mit entsprechender Staffage geweiht und zwar jenen Denkmälern aus verschiedenem Material, wo Bruchstein- und Quaderbau mit Ziegel- und Holzbau vermischt sind. Mitteldeutschland, Hessen und der Harz boten ihm die besten Motive, wenigstens für Façaden und äussere Ansichten, Hamburg und der Norden dagegen, in welchem der reine Ziegelbau vorherrscht, weniger Vorwürfe. Eines seiner besten Bilder, die Sakristei, ist in Besitz Commeters; der Gelehrte des Mittelalters, 1841 gemalt, — dasselbe Motiv das der Künstler auch radirt hat, — kam in Besitz des Kurfürsten von Hessen; einen betenden Ordensritter, 1845 gemalt, besitzt Frau M. Merk in Hamburg; 1847 entstand der gastliche Heerd, 1849 der Brunnen im Hospital, 1850 ein Burghof. Wanderers Frage um Obdach, 1851, befindet sich in der städtischen Gallerie zu Hamburg, Flüchtlinge auf einer verlassenen Burg, 1852, kam in Besitz des Herrn J. Natorp, Hospitaliten am Brunnen, 1854, in Besitz des Herrn A. W. Bolten. Eine niederdeutsche Fischerwohnung zur Herbstzeit entstand 1856, eine Ruhe auf der Flucht 1855, eine Armenspeisung in einem Kloster 1861, ein fragender Drahtbinder (bei der Frau Oberaltin Albrecht) 1862, eine Fischerwohnung an der Niederelbe 1866. — Von kleineren Bildern wollen wir noch nennen: an der Krämerbrücke in Erfurt; Aufgang zu einem Burghofe; die Burgwache; Wohnung in einem vormaligen Kloster; der Platz im Sonnenschein; auf der Hausflur (bei Jul. Meinhold in Hamburg); Gespräch vor der Hausthüre (bei E. A. Newmann daselbst). Neben den Oelbildern schuf Gensler eine lange Reihe schöner Aquarelle. Die Motive derselben

sind eigens für diese Technik gewählte und keine
Wiederholungen von Oelbildern, wenn sie auch dieselben
Darstellungen umfassen. Malerisch beleuchtete alte
Bauwerke bilden ihren Inhalt, dem der Künstler
durch zweckmässige Staffage höhere Bedeutung gegeben hat. Viele dieser Blätter sind in auswärtigem
Privatbesitz, andere wurden von den Kunstvereinen in
Hamburg und Christiania angekauft, um in Farben-
druck vervielfältigt zu werden. Gust. W. Seitz litho-
graphirte in Farben für ersteren Verein ein Heft mit
vier Darstellungen nach H. Kaufmann, R. Hardorff,
V. Ruths und unserm Gensler, dessen Aquarelle eine
Kirchgängerin darstellt. Ein Heft Photographien
ist gegenwärtig in Vorbereitung. Ein kleiner Holzschnitt nach einer Zeichnung von Gensler 1853 durch
H. Schuseil gut geschnitten, stellt einen Schleswig-Hol-
steinischen Invaliden bei einer Bauernfamilie dar, die
Frau füllt ihm Suppe auf, oben gerundetes Blatt.
Links unten an einem Täfelchen Zeichen und Jahreszahl. H. 3″ 8‴, Br. 2″ 11‴.

Neben der reinen Kunstthätigkeit hat Gensler von
Jugend auf den verschiedenen Fächern der Kunstgewerke
mit besonderer Hinneigung Zeit und Studium gewidmet,
er leitete eine Reihe von Jahren die Klasse des archi-
tektonischen Ornamentzeichnens an der Hamburger
Gewerbeschule und entwarf eine grosse Anzahl Zeichnungen für ornamentale Arbeiten: Bilderrahmen,
Hausgeräth aller Art, Festdekorationen, Becher u. A.
Der grosse silberne Pokal des Hamburger Künstler-
vereins, geschmackvoll in gothischem Stil angeordnet
und in der Werkstatt des 1857 verstorbenen Gold-
schmidts F. Sohrmann ausgeführt, hat im Stuttgarter
Kunstblatt eine ausführliche Beschreibung erhalten.
Gensler war einer der Mitstifter dieses Vereines, der
1832 aus bescheidenen Anfängen hervorging und viel-

fach segensreich zur Belebung des Kunstsinnes in
Hamburg eingewirkt hat; er rief die sogenannten kleineren Kunstausstellungen ins Leben, welche zwischen
den grossen, vom Kunstverein alle zwei Jahre angeord-
neten, veranstaltet wurden und gab nach dem Brande
den Anstoss zur Begründung der Sammlung Hambur-
gischer Alterthümer. — Nach dem grossen Brande war
Gensler ein thätiges Mitglied der vom Senat autorisir-
ten Commission für Rettung und Erhaltung der Hamburgischen Kunstwerke und Alterthümer und zugleich
fleissiger Mitarbeiter an den Hamburger Dankurkunden.
Diese Urkunden, welche den deutschen und fremden
Fürsten den Dank der Stadt für die reichen Unterstützungen nach dem Brande aussprachen, sind aufs
Reichste mit Malereien geschmückt. Gensler fertigte
sechs im Charakter der Miniaturen des 15. und 16.
Jahrhunderts, die Urkunden für Oesterreich, Hannover,
Braunschweig, beide Schauenburg und Frankfurt am Main.

Genslers Vorliebe für mittelalterliche Bauwerke
veranlasste ein eingehendes Studium der Denk-
mäler seiner Vaterstadt; er machte sorgfältige Zeichnungen von allen jetzt zerstörten Gebäuden, welche
von künstlerischem Interesse waren, ich nenne die
Johanneskirche mit dem Kloster, die Hospitalkirche, das
Schützenhaus mit dem vormaligen Thorthurm etc.
Daneben war er schriftstellerisch thätig und suchte
durch Wort und Rede das Verständniss der alten
Kunst zu fördern und Achtung vor ihren Ueberbleib-
seln zu erwecken. In Dr. Schleiden's Geschichte
des grossen Brandes 1842 ist der Aufsatz über die
mittelalterlichen Bauwerke Hamburgs von seiner Feder;
in der Publication des Vereins für Hamburgische Geschichte „Von den Arbeiten der Kunstgewerke des
Mittelalters in Hamburg" 1865 steht eine Abhandlung
über das Crucifix zu St. Georg.

Möge der wackere Künstler sich noch recht lange frischer und thatenlustiger Lebenskraft erfreuen!

DAS WERK DES MARTIN GENSLER.

Radirungen.

1. Das St. Johanniskloster in Hamburg.

H. 6″ 6‴, Br. 4″ 8‴.

Erster Versuch. Das alte Kloster liegt zur Rechten, sein Fuss wird von einem Wasser bespült und der linke Hintergrund ist durch zwei Fachwerkhäuser geschlossen. An der Mauer des Klosters ist ein hölzerner, auf Pfählen ruhender Vorbau mit vier Fensteröffnungen und rechts unten in der Mauer eine Thür, welche zum Wasser und zu einer schwimmenden, zu Waschzwecken dienenden Brücke führt. Zwei alte Mütterchen befinden sich auf dieser Brücke, das eine, das sich auf die Knie niedergelassen hat, scheint ein Tuch zu spülen.

In der Mitte des Unterrandes: *St. Johanniskloster.* 1831. Rechts: *Martin Gensler fecit Hamb.* Das Blatt ist nach der Aetzung mit der Roulette übergangen.

I. Reiner Aetzdruck. Vor der Schrift und vor der Ueberarbeitung mit der Roulette.

II. Mit dieser Ueberarbeitung. Die Lichter auf den Gebäuden, zuvor ganz weiss, sind gedämpft, die Schatten in kräftigere Wirkung gesetzt.

III. Mit der Schrift. — In den späteren Abdrücken dieses Zustandes ist der durch die Roulette bewirkte aquatintaartige Ton sehr gewichen.

2. Der Gelehrte des Mittelalters.

H. 8″ 6‴, Br. 6″ 11‴.

Nach dem eigenen Bilde für das Album deutscher Künstler, Düsseldorf, Budeus, 1842 radirt. — Ein junger Gelehrter in

der Tracht des 16. Jahrhunderts, sitzt, den Kopf auf die Hand
stützend, in einem hölzernen Stuhl an einem alten Tisch, er ist
nach links gekehrt und blickt zum Fenster hinauf, durch welches
seine gewölbte Zelle das Licht erhält.   Auf dem Tisch liegt
ein aufgeschlagenes Buch, sowie ein beschriebener Bogen
Papier.   Vier Folianten liegen rechts unten auf dem Boden und
links gegenüber lodert im Kamin ein Feuer.   Im Hintergrund
ist eine Thüröffnung durch einen Vorhang halb verhängt und
oben am Gewölb hängt der Heiland am Kreuz.   Unten rechts
in der Ecke an einem Täfelchen Genslers Zeichen 1842.

  I. Reine A e t z d r ü c k e.   Vor den Arbeiten der Roulette, die
      einen aquatintaartigen Ton bewirkt hat.

 II. Mit den Arbeiten der Roulette.   Vollendet, aber noch vor
      aller Schrift.

III. Mit den Adressen *Julius Buddeus excudit* und *Druck der*
      Kupferdruckerei — — — *v. C. Schulgen-Bettendorf* in der
      Mitte des Unterrandes, aber noch vor dem Namen des
      Künstlers.

  V. Mit diesem Namen zwischen den beiden Adressen.

IV. Die Adresse des Druckes ist ausgeschliffen.

3. Der liebste Buhle.

H. 8″, Br. 6″ 6‴.

Randzeichnung zu dem alten Volkslied „Der liebste Buhle den
ich han, Er leit beim Wirth im Keller" etc. für Lieder und Bilder, Deutsche Dichtungen mit Randzeichnungen deutscher
Künstler, Bd. III. Düsseldorf, F. Buddeus 1814 radirt.   Zur
Linken unter einem offenen Gewölbe sitzen zwei Zecher, ein
junger Mann in der Tracht des 16., ein älterer in der Tracht
des 17. Jahrhunderts. der junge Wirth schaut prüfend in den
fast leeren Weinkrug, rechts gegenüber tritt der Kellermeister,
mit einem Krug in der Hand, zur Kellerthür herein.
Steinerne Stufen führen zum Keller herab, in welchem unten

in der Mitte ein grosses Weinfass lagert. Gnomen tanzen um
das Fass eine Runde zu den Tönen der Sackpfeife, die ein auf
dem Querbalken des Fasses sitzender Gnome spielt. Zwei
andere Gnomen stürzen eiligst die unteren Kellerstufen herunter,
um ihre lustigen Brüder vom Nahen des Kellermeisters zu
unterrichten. Unten links: *Martin Gensler* 1844.

I. Reiner Aetzdruck. Noch sehr licht und vor vielen Ueberarbeitungen. Das Gewölbe, links oben, unter welchem
die Zecher sitzen, ist noch weiss, während es in den vollendeten Abdrücken ganz zugedeckt oder schattirt ist; die
Kellerwand rechts vom Fass ist mit Ausnahme ihres oberen
Stückes ebenfalls noch ganz weiss etc.

II. Vollendet, aber vor dem mit Lettern eingedruckten Lied.

III. Mit diesem Lied.

Lithographien.

4. St. Johanniskirche in Hamburg.

H. 11″ 8‴, Br. 8″ 9‴ des Bildes.

Perspectivische Strassenansicht mit der hinten liegenden
Kirche. Die Strasse ist hinten von Figuren belebt. Vorn rechts
sitzt auf der steinernen Treppenbank eines alten hochgiebeligen
Hauses ein Knabe mit einem Blumenkorb. In der Mitte dicht
unter dem Bild: *gezeichnet und lithogr. von M. Gensler* 1829.
Im Unterand: ST. JOHANNISKIRCHE IN HAMBURG. *Er-
bauet 1227, — Abgebrochen 1829. Ansicht vom Breitengiebel.
Hamb. privil. Steindruck von Speckter & C.*

5. Ruine der St. Nicolaikirche.

H. 11″ 5‴, Br. 8″ 5‴ der Touplatte.

Der Blick fällt durch das Schiff in das Chor. Die Grab-
gewölbe sind vorn eingebrochen. Sechs Arbeiter sind mit der
Fortschaffung eines Sarges beschäftigt. Unten rechts das
Zeichen Genslers 1842 und tiefer unten der vollausgeschriebene

Name. Im Unterrand: RUINE DER ST. NICOLAIKIRCHE.
*Transport des Sarges von Jobst v. Overbeck. Lith. v. Speckter
& Co. Hamburg bei Hoffmann & Campe.*

6. Das Innere der St. Gertruden Kapelle.
H. 11″, Br. 7″ 6‴ der Tonplatte.

Die Kapelle ist durch den Brand verwüstet, es steigt noch
Rauch aus einem Schutthaufen auf. In der Mitte ist ein reiches
alterthümliches Eisengitter, wie es scheint zu Taufzwecken ge-
hörig. Rechts unten an einem steinernen Sockel das Zeichen.
Im Unterrand: DAS INNERE DER ST. GERTRUDEN
KAPELLE. *Lith. von Speckter & Co. Hamburg bei Hoffmann
& Campe.*

· INHALT
des Werkes des M. Gensler.

Radirungen.

Lithographien.

HEINRICH STUHLMANN.

Stuhlmann erblickte in Hamburg den 28. December 1803 das Licht der Welt. Früh verlor er seinen Vater, welcher Makler war. Der Oheim, Prediger an der St. Katharinenkirche, nahm den Knaben zu sich, sorgte für seine Ausbildung und bestimmte ihn für das Comptoir. Aber kaum war die kaufmännische Lehrzeit beendet, als Stuhlmann, von unwiderstehlichem Drange getrieben, zur Kunst überging. Schon mehrfach hatte er sich in derselben versucht und bereits als Knabe vielversprechende Anlagen zum Thierzeichnen entfaltet. Sein erster Lehrer in der Malerei war Gerdt Hardorff, seine weitere Ausbildung, besonders für das Thierfach, suchte er auf der Akademie in Kopenhagen, wo er einige Jahre im Atelier des begabten Gebauer arbeitete. Seine Leistungen fanden Anerkennung, für Lieutenant Hylle-stedt zeichnete er die Pferde zu dessen Werk über das dänische Militär. In die Heimat 1825 zurückgekehrt, wurde er Mitarbeiter der von Major v. Wachenhusen herausgegebenen Pferdezeitung. Empfehlungen dieses Herrn gaben ihm Gelegenheit, in Meklenburg, im Land der Pferde, tüchtige Studien zu machen und vielfache Aufträge für den Adel auszuführen, ein Jahr lang stand

er in Diensten des Grossherzogs, zeichnete die Pferde
des Gestütes Redifin und malte verschiedene Interieurs.
Nach Pommern berufen, wandte er seine Studien vorwiegend der Landschaft zu und ging mit einem Edel-
mann nach Berlin, um bei der Bildung einer Privat-
gallerie behülflich zu sein. Stuhlmann hatte sich jetzt
für das Landschaftsfach entschieden, 1830 ging er nach
Dresden, um in Dahl's Atelier seine Studien zu vollenden. Nach Hamburg zurückgekehrt, entfaltete er als
Maler eine vielseitige Thätigkeit und bildete eine Anzahl Schüler und Schülerinnen. Er malte Sommer- und
Winterlandschaften, Jahrmärkte, Gestütspferde, Ställe,
Interieurs, selbst im historischen Fach versuchte er
sich, indem er für Herrn de la Camp das Altarbild in
der Kirche zu Nienstädten ausführte. Von seinen Bildern, deren manche im grossen Brande zu Grunde gegangen sind, nennen wir: Landschaft mit Gewittersturm
(Motiv aus der Umgegend von Dresden), 1830; Mädchen
am Brunnen, bei D. F. Weber in Hamburg; Hannoversches Dorf im Winter, Partie an der Bille, auf der
Leipziger und Hamburger Ausstellung 1837;
Blankeneser Fischer am Strande, Winter- und Herbst-
landschaft, auf der Halleschen Ausstellung 1838;
Dorflandschaft an der Trave, brennende Mühle nach
einem Gewitter, auf der Hamburger Ausstellung
1862 und 1866. — In den letzten Jahren hat Stuhlmann wenig Oelbilder gemalt, dagegen eine Reihe
Aquarelle ausgeführt und seit 1863 ein besuchtes photo-
graphisches Atelier eröffnet.

Stuhlmann war in neuerer Zeit einer der wenigen
Hamburger Künstler, welche sich mit Ernst auf die
Aetzkunst legten. In den Jahren 1838 und 1839 er-
schienen drei Hefte Radirungen von seiner Hand im
Handel: Landschaften, Thiere, Interieurs; die Land-
schaften gefallen am Besten, sie sind mit vielem Fleisse

zart und fein ausgeführt und hübsche Bildchen nieder-
deutscher Gegenden mit kleinen Flüssen und baum-
reichen Ufern.

DAS WERK DES H. STUHLMANN.

1. Der Weg durch das Kornfeld.
H. 4″ 10‴, Br. 7″ 7‴.

Erster Versuch im Aetzen. — Flache norddeutsche Landschaft. Der linke Mittelgrund ist durch ein Gehölz geschlossen,
an welchem ein Bauernhaus nebst Hütte liegt. Der ganze
Vorderplan dieser Seite ist mit einem üppigen Kornfeld bedeckt,
in welchem mehrere Eichen stehen. Ein Weg führt aus dem
Mittelgrund in grader Richtung gegen vorn und rechts ist ein
zweites Kornfeld, an dessen Zaum ein Busch steht. Ein Bauer
mit Sense und Harke auf der Schulter und Korb in der Hand,
kommt auf dem Wege daher geschritten. Ohne Bezeichnung.

Die P r o b e d r ü c k e sind vor verschiedenen Ueberarbeitungen; das Dach des Bauernhauses hat noch weisse Stellen, während
dasselbe in den vollendeten Abdrücken vollständig mit einer
senkrechten Strichlage bedeckt ist.

2. Büste eines Kindes.
H. 1″ 10‴, Br. 11‴.

Zweiter Versuch. — Brustbild eines kleinen Mädchens,
dessen Kopf mit einer enganliegenden Mütze oder Haube bedeckt ist; es ist nach rechts gewendet, richtet aber die Augen
gegen den Beschauer. Unten links das Zeichen *H. S.*

3. Brustbild eines Mannes.
H. 2″, Br. 1″ 6‴.

Büste eines Schiffers in Profil nach rechts gekehrt. Aelt-
licher Mann, mit einem auf den Seiten aufgekremmten Hut auf

dem Kopf und mit einer Weste bekleidet; auf weissem Hintergrund. Unten links das Zeichen $\frac{\text{Stn.}}{1839}$

4. Brustbild einer alten Frau.
H. 4″ 7‴, Br. 3″ 8‴.

Nach rechts gekehrt, der Kopf fast in Profil. Sie trägt
eine Brille auf der Nase und ist eingeschlummert. Ihr Kopf
ist mit einer unter dem Kinn zugebundenen steifen Haube bedeckt und um diese wieder ein weisses Tuch gewunden. Auch
der Hals ist über dem Rock durch ein wollenes Tuch geschützt.
Der Hintergrund ist tief beschattet. Im Unterrand rechts:
Stuhlmann 1839.

5. Brustbild eines alten Mannes.
H. 4″ 7‴, Br. 3″ 8‴.

Gegenstück zu dem vorigen Blatt und in entgegengesetzter
Richtung. Er hat kurzes Haar, eine weisse Mütze auf dem
Kopf und im Mund eine kurze Tabackspfeife. Auf dunkelem
Hintergrund. Unten links: *Stuhlmann* 1839.

6. Das Fischermädchen, Netze strickend.
H. 11″ 4‴, Br. 8″ 6‴ d. Pl.

Es sitzt in einer aus Schilf, Blumen, Schiffer- und Fischergeräth gebildeten ovalen Einfassung nach rechts gekehrt und
strickt an einem Netz, das rechts an einem Stab hängt. Rechts
in der Ferne ist ein von kleinen Fahrzeugen belebter Fluss
sichtbar. Ohne Bezeichnung und ohne Einfassungslinien.

7. Das Löwenpaar.
H. 7″, Br. 9″ 11‴.

Vor einer Felswand, welche mit Ausnahme der linken Seite
die Aussicht in den Hintergrund der Landschaft verschliesst,

hat der Künstler ein Löwenpaar in jenem Moment dargestellt,
wo dasselbe ihrer Beute ansichtig wird. Der Löwe springt bereits nach links gewendet in erregter Haltung davon, die Löwin,
rechts oben, ist in Begriff, sich von ihrem Ruheplatz zu erheben.
Zwei kurze Palmen stehen in Gesträuch links hinter dem Fels.
Ohne Bezeichnung.

8. Das Pantherpaar.

H. 6'' 11''', Br. 10'' 3'''. d. Pl.

Vorn auf der Abdachung eines Berges ist ein Pantherpaar
auf Beute lauernd dargestellt; der Panther steht nach rechts
gewendet in der Mitte auf einer kleinen Erhöhung des Bodens
und späht nach links, die Pantherin liegt vor dieser Erhöhung
auf dem Bauche und späht nach der entgegengesetzten Seite.
Die fast kahle Landschaft trägt tropische Gewächse, links
vorn steht eine Kaktuspflanze. Ohne Bezeichnung und Einfassungslinien.

9—16. 8 Bl.   Folge von Landschaften.

Erstes Heft der Stuhlmann'schen Radirungen.

9. Der Kanal.

Ein Kanal, dessen Ufer durch eine Bretter- oder Bohlenverklei-
dung eingefasst sind, erstreckt sich aus dem rechten Vordergrund fast in gerader Richtung gegen hinten. Dort führt eine
hölzerne Brücke zu zwei Häusern, welche unter hohen Bäumen
dicht am Kanal liegen; der Hofplatz dieser Häuser ist durch
einen hohen Zaun von Schilf eingeschlossen, dessen Thür oder
Pforte — links — offen steht. Ein Mann, mit einem Stock
über der Schulter, schreitet über die Brücke. Rechts weiter
entfernt sind Stücke der Dächer zweier anderer Häuser sichtbar.
Unten rechts: *Stuhlmann* 1838.

H. 3'' 6''', Br. 2'' 10'''.

10. Die alte Eiche auf dem Hügel.

Kleine Landschaft mit weiter Ferne. Auf einem gegen links ansteigenden Hügel steht eine zum Theil verdorrte Eiche und hinter derselben der Doppelstamm eines weit kleineren Baumes. Eine rohe Steinbank, ein Feldstein, welcher in der Quere auf zwei anderen ruht, ist in der Nähe dieser Eiche und rechts krümmt sich ein sandiger Pfad in den Vordergrund. Ein Mann, mit einer Last auf dem Rücken und einem Stock in der Hand, nähert sich auf diesem Pfad. Rechts unten: *Stuhlmann* 1838.
H. 3" 6''', Br. 2" 9'''.

11. Das Bauernhaus am Fluss.

Flache Landschaft mit einem Fluss, welcher sich aus dem rechten Hintergrund gegen links vorn krümmt. Sein jenseitiges, etwas erhöhtes Ufer zur Linken ist mit Bäumen bewachsen, unter welchen hart am Fluss ein Bauernhaus liegt; eine Bäuerin, mit zwei Eimern an der Tragbahre, schreitet zum Fluss und vor dem Haus liegt ein kleines Segelfahrzeug; ein Mann in einem Kahn nähert sich dem Ufer. Rechts hinten auf dem andern Ufer gewahren wir andere Bauernhäuser in Bäumen und vorn im Blatt hängt ein Fischnetz zum Trocknen. Unten rechts der Name und die Jahreszahl 1838.
H. 3" 8''', Br. 5" 2'''.

12. Das Gehölz am Fluss.

Ein Fluss, mit sumpfigem Ufer zur Linken, erstreckt sich vorn durch das ganze Blatt und in den linken Mittelgrund hinein. Links vorn stehen zwei kahle Weidenstümpfe, während die ganze rechte Seite mit einem Gehölz bedeckt ist. Ein Fischer in einem Kahn befindet sich in der Mitte des Blattes. Links schweift der Blick in die weite Ferne, wo eine Kirche und einige Häuser wahrnehmbar sind. Unten rechts: *Stuhlmann* 1838.
H. 3" 9''', Br. 5" 5'''.

III.   5

13. Der leere Kahn.

Ein Fluss bedeckt den Vordergrund, sein sumpfiges Ufer ist mit Schilf und Gesträuch bewachsen. Rechts steht eine vereinzelte Gebüschgruppe, während links das Gebüsch zusammenhängend ist und die Aussicht in den Hintergrund verschliesst. Vorn links stehen dicht am Wasser zwei grössere Bäume, deren einer fast ganz verdorrt ist. Ein leerer Kahn liegt bei ihnen am Ufer. Unten rechts: *Stuhlmann fec.*

H. 3" 9''', Br. 5" 2'''.

14. Die Wäscherin.

Ein Fluss bedeckt den linken vordern Plan, seine Ufer sind mit Schilf und Gebüschgruppen bewachsen und vorn in ihm stehen Pfähle als Ueberreste einer ehemaligen Brücke. Rechts vorn vor starkem Schilf steht ein kahler Weidenstamm, in der Mitte ist eine Frau auf einer Brücke mit Waschen beschäftigt. Das rechte Flussufer erhebt sich zu Hügelformation. Häuser sind in der ganzen Landschaft nicht vorhanden. Unten rechts: *Stuhlmann* 1838.

H. 3" 8''', Br. 5" 2'''.

15. Die Flusslandschaft mit der Entenfamilie.

Flache Landschaft mit weiter Ferne und einem Fluss, welcher durch den Mittelgrund strömt sowie den rechten vordern Plan bedeckt. Das linke Ufer, das sich zungenartig in das Wasser hineinerstreckt und vorn durch eine hölzerne Barriere geschlossen ist, ist mit Eichen bewachsen, einer dieser Bäume, welcher rechts zu äusserst auf der Erdzunge steht, ist verdorrt. Eine zweite Erdzunge mit anderen, dünneren Bäumen, tritt rechts im Mittelgrund in den Fluss vor. Vorn rechts schwimmt eine Ente mit ihren Jungen. Unten rechts: *Stuhlmann* 1838.

H. 4" 9''', Br. 7" 4'''.

16. Der hohe hölzerne Steg.

Ein hoher, auf Pfählen ruhender Steg mit Geländer verbindet rechts vorn die Ufer eines Flusses, welche mit Bäumen und Gebüsch bewachsen sind. Eine Frau, mit einem Korb auf dem Rücken und einem Stock in der Hand, steigt die zur Brücke führende Bohle hinan. Ein grosser zweistämmiger Baum hängt mit seinen Aesten über dem Steg und links zwischen anderen Bäumen erblicken wir ein Stück Strohdach von einer Bauernhütte. Unten rechts: *Stuhlmann* 1838.

H. 5" 11''', Br. 7" 4'''.

17—22. 6 Bl. Wilde Thiere.

In entsprechenden landschaftlichen Umgebungen. Zweites Heft der Radirungen Stuhlmanns.

H. 6" 3''', Br. 8" 6'''.

Zwei von diesen Blättern, Tiger und Panther, hat der Künstler leicht in Tuschton überarbeitet, bis jetzt aber noch keine Abdrücke gemacht.

17. Panther.

18. Tiger.

19. Löwen.

20. Hyäne.

21. Eisbär.

22. Landbär.

23—26. 4 Bl. Interieurs.

Drittes Heft der Radirungen des Künstlers. Norddeutsche Landdielen oder Tonnen und Fischerhütten mit Staffage. Jedes

Blatt mit dreifacher Einfassungslinie und unten links *Stuhl-mann* 1840 bezeichnet.

H. 5″ 4‴, Br. 8″ 1‴.

23. Die Tenne mit dem Pferdestall.

Der Stall ist zur Rechten, die Köpfe dreier Pferde sind über der Krippe sichtbar, vor der Krippe ist ein hölzerner Kasten, welcher zum Verschluss des Hafers dient, eine junge Kuh liegt angebunden vor diesem Kasten. Weiterhin gegen eine zweite Krippe lehnt der Bauer, welcher sein jüngstes Kind auf dem Arm hält, zwischen zwei kleinen Mädchen. Die Familie schaut dem Fressen junger Hühner und Küchlein zu. Die Tenneuthür, zur Linken, ist zur Hälfte geöffnet.

24. Die Diele mit der eingeschlafenen Bäuerin.

Allerlei Haus- und Küchengeräth hängt und steht vor den Wänden; rechts ist ein Tellerbord und darunter eine Bank mit irdenen Kochgefässen. Die Bäuerin sitzt in der Nähe in einem hölzernen Lehnstuhl und zu ihrer Seite sitzt ein Knabe auf einem Schemel. Die Katze hat sich das Mittagsschläfchen der Bäuerin zu Nutze gemacht, sie ist auf den Tisch geklettert und visitirt einen Teller.

25. Die Diele mit der kochenden Bäuerin.

Sie steht rechts im Grunde vor dem rauchenden Heerd; in ihrer Nähe sitzt auf dem Boden ein Knabe, welcher Aepfel zu schälen scheint und bei ihm sein kleines Schwesterchen. Allerlei Hausgeräth steht vor den Wänden und auf dem Boden. Links ist der Stall, die Köpfe einer jungen Kuh und eines Kalbes, durch eine Thür getrennt, schauen aus demselben hervor und zwei Hühner spazieren auf einem Kasten.

26. Fischerhaus-Interieur.

Die Frau sitzt in der Ecke des Zimmers, zwischen einem niedrigen Schrank und dem Bett, am Spinnrad, ein halberwachsenes

Mädchen auf einem kleinen Kasten vor dem Bett, dasselbe
strickt einen Strumpf, welcher Beschäftigung ihr jüngstes
Schwesterchen zuschaut. Haus- und Fischergeräth verschiedener Art hängt an den Wänden. Links vorn in.der Nähe
eines Stuhles und Schemels ruht der Haushund, rechts liegt am
Boden ein Sack Rüben, dessen Inhalt halb ausgeschüttet ist.

INHALT
des Werkes des H. Stuhlmann.

JOSEPH ABEL.

Historienmaler, Mitglied der Akademie der Künste
zu Wien, erblickte zu Aschach in Oberösterreich im Jahre
1768*) das Licht der Welt; er war der Sohn eines
Schreiners und sollte das Handwerk des Vaters erlernen, aber wie es so oft geht, der Sohn hatte andere
Neigungen; er wurde nun zu einem anderen Nahrungs-
fach bestimmt und zu einem Bekannten des Vaters,
Specereihändler zu Döbling bei Wien, in die Lehre gethan. Auch dieser Beruf hätte ihn nicht auf die Dauer
befriedigt, denn schon längst stand sein Sinn auf die
Kunst gerichtet und auch in Döbling fuhr er in seinen
Freistunden unablässig fort, Figuren und allerlei kleine
Bilder theils aus Büchern, theils auch aus dem Kopfe
zu zeichnen; sie erregten in der Nachbarschaft Aufmerksamkeit, fanden hie und da Käufer und brachten
dem jungen Kunstvirtuosen selbst einen kleinen Neben-
verdienst.

Unter diesen Käufern befand sich auch zu Abels
Glück ein bemittelter, in einem angesehenen Amt stehender Wiener, welcher den Sommer über in Döbling

---

*) Die Angaben seines Geburtsjahres schwanken, man nennt
die Jahre 1756, 1760, unsere Angabe 1768 ist durch die Akten
der Wiener Akademie beglaubigt.

ein kleines Landgut bewohnte, es war der 1813 ver-
storbene Geheime Rath und Vicepräsident der Kais.
Hofkanzlei, Anton Freiherr v. Spielmann, der die
ausgezeichnete Begabung des jungen Abel erkannte und
ihm zu seinem bessern Fortkommen Bahn brach, indem
er ihm durch Unterstützungen verschiedener Art die
erwünschte Gelegenheit verschaffte, sich in Wien aus-
schliesslich der Kunst zu widmen.

Als akademischer Schüler unter Schmuzers und
darauf unter Fügers Leitung zeichnete sich Abel bald
so vortheilhaft aus, dass er nach und nach mehrere
Preise davon trug, 1791 ein Stipendium, 1792 den ersten
Allerhöchsten Hofpreis für Historienmalerei und 1799
abermals ein Stipendium. Seine vielversprechenden
Leistungen gewannen ihm die Gunst der fürstlichen Familie Czartorisky, er ging mit ihr unter vortheilhaften
Bedingungen nach Polen, um auf den Landschlössern
des Fürsten mehreren Familiengliedern desselben Unterricht im Zeichnen und Malen zu geben. Dieser Aufenthalt währte fast drei Jahre; mit der vollen Achtung
der fürstlichen Familie und von Wohlwollen überhäuft,
kehrte Abel nach Wien zurück und hatte 1801 das
Glück, als Pensionär der Akademie zu seiner weiteren
Ausbildung nach Rom geschickt zu werden. Hier lag
er mit der ihm eigenen Beharrlichkeit und der ganzen
Tiefe seines Gemüths seinen Studien ob, mit Schick
wetteiferte er in der Historienmalerei, mit Reinhart,
dem Landschafter, schloss er innige Freundschaft und
machte mit ihm einen Ausflug nach Neapel. Elise
von der Recke wirkte ihm 1806 durch Vermittelung
der Königin von Neapel eine Verlängerung seines römischen Aufenthalts aus. Für Graf Fries malte er in
Rom zwei Darstellungen aus der Ilias, Hektors Abschied von Andromache und Andromache in Ohn-
macht bei dem Anblick der Schleifung Hektors. Sehr

gross war die Anzahl der Zeichnungen, Entwürfe und
Skizzen, die er aus Italien im Jahr 1808 bei seiner
Rückkehr nach Wien mitbrachte, vor allen aber waren
es sechs grosse Bilder, die vielfaches Aufsehen erregten
und von den Kunstzeitschriften mit grossem Lob überhäuft wurden, es waren Klopstock in Elysium von der
Religion in den Kreis der Dichter eingeführt, figuren-
reiche Composition, die Landschaft von Reinhart
gemalt (im Belvedere zu Wien, eine kleinere Wiederholung bei Hoser in Prag), — Antigone auf den Knieen
vor dem Leichnam des Bruders, — Prometheus am
Kaukasus, — Cato von Utica, dem der Knabe das
Schwert zum Selbstmord reicht, — Sokrates, wie er
seinen Schüler Theramenes mit eigener Lebensgefahr
rettet, — Sokrates als Bildhauer (dieses Bild ging nach
Riga).

Abels spätere Wirksamkeit ist wohl reich und
glänzend zu nennen, er hatte viele Aufträge für das
In- und Ausland auszuführen, ausser Portraits, deren
er viele leicht und gewandt in Zeichnung und Oel
vollendete, nennen wir von seinen Bildern: Cato von
Utica, Ikarus und Dädalus (in Besitz der Akademie
zu Wien), — Amor, einen Pfeil abdrückend, Tibull in
dichterischer Begeisterung, Horaz in seiner Villa zu
Tibur, Scene aus den olympischen Spielen, Abels figuren-
reichste Composition (alle vier bei Hoser in Prag), —
der Schwur bei der Leiche der Lukretia (Gallerie zu
Darmstadt), — Sokrates, seinen letzten Willen dik-
tirend (bei Graf v. Kielmannsegg in Wien), — Gefangennehmung der Antigone durch Kreons Wachen
(Gallerie Liechtenstein). — Für die Kirche zu
Gumpendorf malte Abel einen h. Aegidius, für die
Pfarrkirche zu Krems St. Vitus, für das Neue Pesther
Theater eine Curtine und für die Wiener Hofbühne
nach Fügers Entwurf einen neuen Vorhang.

Am 8. Februar 1815 wurde Abel zum Mitglied der Akademie erwählt, den 4. Oktober 1818 beschloss er sein thätiges Leben. — M. Wutky hat sein Portrait gemalt, er selbst sein Brustbild auf Kupfer radirt.

Nach ihm wurden folgende Blätter radirt und gestochen:

1) M. v. Molitor. *A. Bartsch sc.*
2) Graf Magnis. *J. Fischer sc.*
3) Graf Sigm. v. Hohenwarth, Erzbischof von Wien. *V. Kininger sc.*
4) C. Schallhas, Maler. *A. Geiger sc.*
5) Maria, das Kind liebkosend. *V. Kininger. sc.*
6) Prometheus am Kaukasus. *J. Eissner. sc.*

DAS WERK DES JOSEPH ABEL.

Radirungen.

1. Der Meister selbst.

H. 7″ 3‴, Br. 5″ 7‴.

Brustbild, nach rechts gewendet, das Gesicht gegen den Beschauer kehrend, ohne Bart und ohne Kopfbedeckung, in einen Mantel gehüllt. Im Unterrand lesen wir: *Joseph Abel*, rechts: *F. X. Stöckl ex.*

I. Vor dem Namen und vor der Adresse.

2. Melchior Abel.

II. 7″ 3‴, Br. 5″ 8‴.

Vater des Künstlers, gestorben 1801. Brustbild, von vorn und nach links gewendet, die Augen nach rechts richtend, ohne Bart und Kopfbedeckung, mit einem Mantel und Rock bekleidet. Unten sein Name und F. X. Stöckl's Adresse.

I. Vor dem Namen und vor der Adresse.

3. Martin Molitor.
H. 7" 7''', Br. 5" 8'''.

Maler und Kupferätzer. Brustbild, etwas nach links gekehrt, den Kopf nach der entgegengesetzten Seite umwendend, ohne Bart und ohne Kopfbedeckung, mit einem zugeknöpften Rock bekleidet. Im Unterrand: *Martin Molitor*, links *Jos. Abel fecit.*, *F. X. Stöckl ex.*

I. Vor dem Namen und vor der Adresse.

4. Die Anbetung der Hirten.
H. 7" 8''', Br. 6" 1'''.

Radirt und Aquatinta. Rechts vor dem Stall, in welchem die beiden Thiere wahrgenommen werden, hält Maria hinter der Krippe das Kind, Joseph mit gefalteten Händen sitzt neben ihr. Links sind sieben Hirten verschiedenen Alters in Verehrung des neugeborenen Kindes dargestellt, zwei Engel schweben über ihnen. Unten links im Boden der Name.

Die Probeabdrücke sind vor der Aquatinta.

5. Johannes der Täufer.
H. 7" 5''', Br. 5" 9'''.

In halber Figur und nackt bis zu den Hüften vorgestellt, von jugendlichem Aussehn und ohne Bart, sein Körper ist nach rechts, sein Gesicht gradaus gegen den Beschauer gekehrt, er legt seine rechte Hand gegen die Brust und hält in der linken eine Muschel mit Wasser, sein Kreuzstab ruht gegen seinen Arm. Man liest links im Unterrand: *Abel inv. et fec.* 1809.

6. Die beiden Apostelbüsten.
H. 3" 4''', Br. 5".

Wie es scheint, die Brustbilder des Johannes und Petrus, beide nach rechts gewendet, jener, mit langwallendem Haar, links, dieser, mit einer runden Glorie über dem Kopf und von tiefernstem Blick, rechts. Ohne Bezeichnung.

7. St. Magdalena.
H. 4″ 5‴, Br. 4″.

Im Brustbild und nach rechts gekehrt, ihr Busen ist entblöst, ihr lockiges Haar wallt auf die Schultern herab, sie liest in einem Buch, das sie mit der halb sichtbaren Rechten hält. Ohne Bezeichnung.

8. Der betende Mann.
H. 3″ 4‴, Br. 5″.

Ein bärtiger Mann, im Brustbild und rechts im Blatt, hält betend die Hände gefaltet über einem Buch, während er den Blick aufwärts richtet. Zu seiner rechten Seite sind zwei Kinderköpfe, das eine dieser Kinder streckt den Arm nach links aus. Ohne Bezeichnung.

9. Venus und Amor.
H. 6″, Br. 4″ 10‴.

Venus, halbentblöst, mit Diadem auf dem zurückgeneigten Kopf, ist im Brustbild nach links gekehrt dargestellt, sie umarmt den kleinen Amor, der in Begriff ist, sie zu küssen. Unten links: *Jos. Abel fc.* 1813.

10. Venus und Amor in der Werkstätte des Vulkan.
H. 7″ 6‴, Br. 5″ 10‴.

Erster Versuch des Künstlers und sein seltenstes Blatt. — Vulkan sitzt links bei einem dampfenden Kohlenbecken, dessen Rauch den Grund ausfüllt. Venus steht vor Vulkan und zu ihrer Seite Amor als Jüngling. Rechts unten undeutlich der Name Abel 1783.

Wir kennen das Blatt nicht aus eigener Anschauung.

11. Sokrates diktirt seinen letzten Willen.

H. 8″ 6‴, Br. 12″ 8‴ d. Pl.

Der Philosoph, im Gefängniss inmitten seiner Schüler und Zuhörer auf seinem Ruhebette sitzend, ist in feierlicher Rede begriffen, er erhebt die Rechte, richtet den Blick aufwärts und hält in der Linken den Giftbecher. Schrecken und Schmerz drücken sich auf den Gesichtern und in den Mienen seiner Schüler aus, einer derselben, zur Linken, schreibt seine letzten Worte nieder. Links unten im Boden *J. Abel f.* 1800.

I. Aetzdrücke. Vor verschiedenen Arbeiten behufs Verstärkung der Schattirung. Die Luft unter dem halben Rundbogen der Hinterwand ist noch ganz weiss und ohne Schraffirung.

II. Aetzdrücke. Diese Luft ist vorhanden, das Blatt ist jedoch noch vor der dritten und vierten Strichlage links auf dem Kopfkissen des Ruhebettes, auf welchem Sokrates sitzt. Ueberhaupt hat das Blatt noch nicht die kräftige Schattirung der vollendeten Abdrücke.

12. Die Mutter mit zwei Kindern.

H. 7″ 5‴, Br. 5″ 9‴.

Eine junge Frau in bittender Haltung, indem sie den entblössten linken Arm hinstreckt, wie um eine Gabe zu empfangen; ihr Körper ist nach links gekehrt, ihr Gesicht gegen den Beschauer, sie trägt ein Tuch um den Kopf und ist mit einem weiten Gewand bekleidet. Beide Kinder sind nackt, das kleinere hält sie, in ihr Gewand gehüllt, auf ihrem Schooss, das andere steht links hinter ihrem Bein. Unten rechts im Unterrand: *J. Abel inv. et fec.* 1800.

13. Die Zigeunerin.

H. 5″ 1‴, Br. 3″ 9‴ d. Pl.

Falls wir nicht irren ist die Composition einer von Prestel gestochenen Zeichnung des J. C. Dietzsch entnommen. Eine zerlumpte, auf einen Stock gestützte Zigeunerin mit einem Kind auf dem Rücken, von einem Hund und einem erwachsenen Knaben begleitet. Sie steht in der Mitte auf hügelichtem Terrain und richtet den spähenden Blick nach rechts; der Knabe hinter ihrem Rücken trägt einen Stock in der Hand und auf dem Rücken einen Bettelsack. Ohne Bezeichnung.

Die Platte, mit Spuren von Tuschton oben an der Luft, ist im Aetzen missrathen und daher sind die Abdrücke selten.

14. Das nachdenkende Mädchen.
H. und Br. 3″ 11‴.

Ein junges Mädchen, im Brustbild und hinter einem Tische vorgestellt, stützt in nachsinnender Haltung den Kopf auf die Hand und scheint über den Inhalt einer vor ihr liegenden Schriftrolle nachzudenken, mit der linken Hand hält sie auf dem Tisch einen weissen Zettel. Ihr Haar ist aufgelöst, Brust und Arme sind zum Theil entblöst. Unten links auf dem Tisch: *Jos. Abel fec.* 1813.

15. Die ausruhende Frau.
H. 3″ 1‴, Br. 4″ 7‴.

Eine, wie es scheint, vom Wandern ermüdete Frau; sie sitzt nach rechts gekehrt auf dem Erdboden, lässt die rechte Hand in ihrem Schooss ruhen und hat die linke um ihre Kniee gelegt. Ihr Kopf ist in ein Tuch gehüllt. Unten links: *Jos. Abel f.* 1813.

16. Die beiden Jünglinge.
H. 4″, Br. 2″ 9‴.

Der eine, im Brustbild von vorn vorgestellt, wendet den Kopf nach links, der andere ist nur mit dem Kopf sichtbar, den er, wie es scheint, schlafend gegen die linke Schulter des andern lehnt. Ohne Bezeichnung.

17. Der Rosselenker.
H. 4″ 3‴, Br. 2″ 10‴.

Ein nackter junger Mann schreitet eiligst nach rechts, er
hält mit der Hand zwei Rosse am Zügel, welche seiner Leitung
widerstreben. Ohne Bezeichnung.

Lithographien.

18. Die Mutter mit dem ABC-Buch.
H. 9″ 6‴, Br. 5″ 10‴.

Eine junge Frau mit zwei kleinen Knaben, welche sie das
ABC lehrt. Sie sitzt nach links gekehrt auf einem Stuhl vor
einem Vorhang oder Teppich und hält das ABC-Buch in der
Rechten. Der eine, zu ihrer rechten Seite stehende Knabe
schaut mit Wissbegierde auf das Buch, der andere dagegen,
unfolgsam und eigensinnig, wendet sich mit Widerwillen von
demselben weg. Federzeichnung auf Stein. Ohne Bezeichnung.

INHALT
des Werkes des Joseph Abel.

Radirungen.

Lithographien.

JOH. SCHEFFER
v. LEONHARDSHOF.

Joh. Ed. Ritter Scheffer v. Leonhardshof erblickte in Wien im Jahre 1795 das Licht der Welt; er
war der Sohn armer adeliger Eltern, die nicht im
Stande waren, ihm eine angemessene Erziehung zu
geben und seine glühende Neigung für Malerei und
Musik zu befriedigen. Unter drückendem Mangel, unter
Arbeiten, welche seinem Stande nicht würdig waren,
wuchs er heran und trat bei einem ganz untergeord-
neten Maler Kreithner in die Lehre, Farbenreiben
und häusliche Beschäftigungen nahmen hier seine meiste
Zeit in Anspruch, eigentlicher Unterricht in der Kunst,
wonach er sich sehnte, ward ihm nicht zu Theil.
Aus dieser peinlichen Lage erlöste ihn der Fürst-
Bischof von Gurk, Fürst v. Salm-Reifferscheid, wie ein
Vater nahm er sich des talentvollen Jünglings an, liess
ihm einen geregelten Unterricht in der Kunst geben
und belohnte ihn für seine Bilder freigebig. Freilich
waren diese Bilder nur noch mangelhafte Jugendver-
suche, aber sie trugen im Gegensatz zum hohlen Aka-
demikerthum, welches damals in Wien noch in Blüthe
stand, einen eigenartigen, selbstständigen Charakter,
denn schon damals hatte sich Ritter v. Scheffer für
jene fromme und kirchliche Richtung in der Malerei

entschieden, die von Overbeck, Pforr, Winter-
gerst und Suter in Wien begründet, in Rom weiter
entwickelt worden war. Um sein Talent rascher und
reicher zu entwickeln, schickte ihn der Fürst-Bischof
nach Italien; zart in Bleistift ausgeführte Figurenstudien
und biblische Compositionen, zu Rom entstanden, tragen die Jahreszahl 1815; doch währte dieses Mal der
Aufenthalt im Lande der Kunst nicht lange', sein
Gönner rief ihn nach Klagenfurt zurück, um einige
Altarbilder durch ihn ausführen zu lassen, einen h. Andreas u. A. 1817 reiste v. Scheffer auf Kosten seines
Beschützers zum zweiten Mal nach Italien, in dessen
Hauptstädten, im Norden wie im Süden, er eifrige
Studien machte. Wirksame Empfehlungen führten ihn
bei Pabst Pius VII. ein, er durfte diesen Kirchenfürsten
malen und erhielt für das ansprechende Bild den
Lazarusorden (Christusorden?). Nach Klagenfurt im
Winter 1818 zurückgekehrt, verfiel er in eine gefährliche
Krankheit, wieder genesen ging er an die Ausführung
jenes Bildes, welches auf der Wiener Kunstausstellung
1820 bedeutendes Aufsehen erregte, eine ungewöhnliche
Bewunderung und Theilnahme für den begabten jungen
Mann wach rief. Es war dies die h. Cäcilia, in deren
Orgelspiel singende Engel mit einstimmen. Der Herzog
Albert von Sachsen-Teschen kaufte das Bild, Rahl hat
es gestochen. Ein zweites grösseres Bild führte er
1819 für die Kapelle der Gräfin Sophie de Wargemont
in Mödling bei Wien aus, es stellt zwei junge Damen
dar, welche Werke der Barmherzigkeit gegen Arme und
Kranke üben. — Nun ging Ritter v. Scheffer mit Unterstützung des Kaisers zum dritten Male nach Rom, Overbeck, sein bewundertes Vorbild, nahm den geist- und
sinnesverwandten Genossen mit freudiger Hingabe auf
und Scheffer legte Hand an jenes lebensgrosse Bild der
sterbenden h. Cäcilia, das als sein bestes Werk zu

III.   6

betrachten ist. Eine Statue des Steffano Maderno in
St. Cäcilia in Trastevere begeisterte ihn zu dieser
schönen Schöpfung, die an Zartheit des Gedankens und
Innigkeit des Gemüths raphaelischer Kunst verwandt
ist. Der Künstler kehrte mit dem Bild 1821 nach Wien
zurück, es erregte nicht geringe Bewunderung und ward
vom Kaiser für die Gallerie des Belvedere angekauft.
Walde hat es für Försters grosses Werk gestochen.
Aber leider waren die Lebenstage des gefeierten Künstlers bereits gezählt; von Natur schwäclich, war er mit
gebrochener Gesundheit aus Italien zurückgekehrt, es
entwickelte sich eine unheilbare Auszehrung, der er in
der Blüthe der Jahre 1822 erlag.

Scheffers Werke sind nicht zahlreich; ausser den
genannten Bildern erwähnen wir noch eine Madonna
mit dem Kinde, früher bei Arthaber in Wien; eine
andere Madonna, bei Graf Saurau; einen lebensgrossen Kopf der h. Katharina, eine St. Ludovica, bei
Speck-Sternburg auf Lützschena. Seine letzte Arbeit war eine Zeichnung: der Einzug Christi in Jeru-
salem. — Scheffer war mit ungewöhnlichem Talent
begabt, wäre ihm ein längeres Leben beschieden gewesen,
er würde sich zu einem der besten deutschen Künstler
der Neuzeit aufgeschwungen haben. Ein inniges, reines
und glaubensseliges Gemüth lebt in seinen Werken,
strenge und ernste Charaktere wählte er nicht, sondern
solche Vorwürfe, welche durch Zartheit des Gedankens,
ruhige Innigkeit des Gemüths und Einfachheit der Auffassung seinem reinen zartfühlenden Sinn entsprachen.
In erster Linie verehrte er Raphael als sein nachzu-
eiferndes Vorbild, in zweiter Overbeck, dem er in Ge-
sichtsbildung oder Portrait zum Verwechseln ähnlich war.

DAS WERK DES JOH. RITTER V. SCHEFFER.

Radirungen.

1. Der Künstler selbst.
H. 3″, Br. 1″ 10‴.

Der von vorn gesehene junge Künstler sitzt auf einer Stiege und hält eine Papierrolle mit beiden Händen. Sein gescheiteltes Haar hängt schlicht auf die Schultern herab, um welche er ein Tuch gewunden hat. Der Grund ist durch Schraffirung geschlossen und oben rechts ist das Malerwappen angebracht. Ohne Bezeichnung.

2. Maria mit dem Kinde und Johannes.
H. 7″ 4‴, Br. 6″ 2‴.

Die heil. Jungfrau, von vorn gesehen, kniet im Vorgrund einer bergigen Landschaft, sie umfasst mit der einen Hand ihren vor ihr stehenden Sohn und hält in der andern, die auf einen steinernen Sockel gestützt ist, ein Buch. Mutter und Kind blicken zum kleinen Johannes nieder, der rechts in Verehrung des kleinen Weltheilandes mit dem einen Bein niedergeknict ist. Rechts auf der Höhe ein Kloster und vor demselben zwei dünne Bäume. Unten links auf einem Stein der Name verkehrt und dabei das Zeichen des Künstlers, ein Täfelchen mit einem Lamm. Rechts unter der Darstellung: *Joh. Ed. Schäffer in fet.* 1812.

Lithographien.

3. Copernikus.
H. 15″ 3‴, Br. 12″ 4‴ d. Tonpl.

Der berühmte Astronom ist nach links gekehrt an einem Tisch und hinter einer Mauerbrüstung sitzend vorgestellt, wen-

det aber das Gesicht gegen den Beschauer.   Er hält in den
Händen einen Ringglobus und einen Zirkel über einem aufge-
schlagenen, auf dem Tische vor ihm liegenden Folianten. Eine
Compassscheibe liegt vorn auf dem Tisch. Im Unterrand das
Wappen des Fürsten Lubomirski und die Schrift: COPERNIC
Tiré du cabinet de S. A. le Prince Henri Lubomirski et gravé
par ses ordres par son tres humble serviteur le Chevalier de
Scheffer.

4. Kardinal v. Salm-Reifferscheid.
H. des Ovals 5″ 3‴, Br. 4″ 4‴.

Der edle Gönner und Beschützer des Künstlers.   Er ist fast
in Profil nach rechts gekehrt vorgestellt, in geistlicher Tracht
und mit einer Ordenskette um den Hals.   Ein feines und edles
Gesicht.   Unter dem Oval: *Ritter v. Scheffer fec.*   Im Unterrand 5 Zeilen Schrift: FRANC. XAV. S. R. E. CARDINALIS
DE SALM-REIFFERSCHEID-KRAUTHEIM — — — CARDI-
NALIS FACTUS 1816, 23 SEPT.

I. Vor der mit Zügen verzierten, von fremder Hand gestochenen
   Schrift.

5. Die sterbende heil. Cäcilia.
H. 12″ 5‴, Br. 16″ 1‴.

Nach dem eigenen Bild im Belvedere. Die Heilige liegt vorn
in einer Landschaft am Boden; Blumen wachsen ihr zu Kopf
und zu Füssen.   Zwei nach rechts gekehrte Engel knien hinter
ihr, der eine faltet in Dankesfreude die Hände, der andere hält
in der ausgestreckten Hand eine Palme.   Ein runder Bogen
umspannt das Ganze und an diesem lesen wir oben links: SAta.
CECILIA VIRG. MAR. rechts: A ROMA PINX AN MDCCCXXI.
Im Unterrand: *Die sterbende heil. Caecilia etc.*, rechts: *Gemalt*
u. auf Stein gezeichnet von J. Ritter Scheffer von Leonardshof,
den 22ten November 1821. — Tondruck.

I. Vor der Schrift im Unterrand.

6. Votivbild in der Kapelle der Gräfin Wargemont zu Mödling.

H. 13″ 2‴, Br. 15″ 8‴.

Zwei Damen stehen in der Mitte und reichen Gaben an Arme und Kranke, welche um sie gruppirt sind. Links zwei Kinder und ein Greis mit verbundenen Augen, rechts schreitet eine den besseren Ständen angehörende Frau mit einem erwachsenen Mädchen und einem Säugling auf dem Arm davon, eine kranke Pilgerin liegt am Boden, eine Dame verbindet ihre Hand. Links vorn sitzt ein Herr mit einem Buch, betitelt OEUVRES DE MISERICORDE und neben ihm kniet ein Knabe, welcher in einem Buche liest. Im rechten Hintergrund ist eine Denksäule und in der Ferne Wien sichtbar. Das Bild ist oben gerundet. Man liest neben der Rundung links und rechts: TABLEAU DE LA CHAPELLE DE LA BONNE COMTESSE SOPHIE Ctesse DE WARGEMONT etc. 1819. Unten rechts im Boden: *Chev. de Scheffer faciebat avec Reconnaissance.*

INHALT
des Werkes des Joh. Ritter v. Scheffer.

Radirungen.

Lithographien.

FRANZ UND JOHANN RIEPENHAUSEN.

Es ist ein Brüderpaar, dessen Leben und Werke
wir jetzt betrachten wollen, mit Ehren genannt unter
jenen Kräften, welche von Rom aus der deutschen Kunst
neues Leben einflössten, von der Wiege bis zum Grabe
im Leben wie im künstlerischen Schaffen unzertrennlich
verbunden. — Sie erblickten in Göttingen das Licht der
Welt, Franz 1786, Johann Christian 1788 und waren Söhne
des würdigen Universitäts-Kupferstechers Ernst Riepenhausen. In Göttingen war damals wenig Gelegenheit, sich
zu praktischer Künstlerschaft auszubilden, Heyne las
Archäologie, Fiorillo Kunstgeschichte. Ersterer starb
bereits 1812, und Fiorillo, welcher als Zeichnenlehrer und
Professor an der Universität wirkte, war zu alt und
zu dem auch als Künstler zu mittelmässig um mit Erfolg die beiden jungen Talente auszubilden. Sie waren
wesentlich auf sich selbst angewiesen, denn auch der
Vater, der ihnen zwar die Anfangsgründe der Kunst
beibrachte, hatte bei seinem täglichen Berufe zu wenig
freie Zeit übrig, um ihnen einen geregelten Unterricht
zu geben. Er besass eine für seine Verhältnisse ansehnliche Kupferstichsammlung, in dieser suchten sie
Rath, Belehrung, ihre Vorbilder; auch Rumohr, der
während seiner Studienzeit in Göttingen ein fleissiger

Besucher des Riepenhausenschen Hauses war, hat diese Sammlung fleissig studirt und in ihr den Grund zu seinen späteren glänzenden Kenntnissen im Felde der Kupfer- stichkunst gelegt. — Im Jahre 1800 kam W. Tisch- bein, der Neapolitaner, von Cassel zum ersten Male nach Göttingen. Sein Homer war in Vorbereitung, Heyne schrieb den Text dazu. Seine Erscheinung be- geisterte die jungen kunstliebenden Gemüther, er hatte ja einen grossen Namen, war lange in Italien gewesen und nie war ein Maler von solchem Rufe nach Göttin- gen gekommen. Die Bearbeitung der Kupferplatten für den Homer brachte ihn mit dem alten Riepenhausen in Verbindung und die Söhne kamen nun nicht mehr aus Tischbeins Arbeitsstube. So wurden sie gleich praktisch mitten in die Kunst eingeführt, aber sie be- gnügten sich nicht lange mit dem Reproduciren fremder Ideen, die reine und edle Schönheit griechischer Kunst begeisterte sie zu eigenen verwandten Schöpfungen. Tischbein illustrirte den Homer, die beiden Riepenhau- sen fassten den Entschluss, die Gemälde des Polygnot in der Lesche zu Delphi nach der Beschreibung des Pausanias zu componiren. Eine Abhandlung von Göthe über diese Gemälde in der Jenaischen Literaturzeitung hatte dazu den ersten Anstoss gegeben.

Indessen entschlossen sich die Brüder die beschränk- ten Verhältnisse Göttingens mit dem Leben anderer, für ihre künstlerische Ausbildung geeigneterer Städte zu vertauschen. 1804 zogen sie nach dem benachbar- ten Cassel das eine Akademie und ein verhältniss- mässig reiches Kunstleben hatte; weder der Vater noch die Regierung konnten ihnen Unterstützung geben, sie müssten sich durchschlagen so gut es ging; von Cassel aus concurrirten sie zu den Preisaufgaben der Wei- marischen Kunstfreunde. 1805 vertauschten sie Cassel mit Dresden; Professor Hartmann war eben aus

Italien zurückgekehrt, er hatte Zeichnungen nach den
vorraphaelischen Meistern mitgebracht, die mit zünden-
der Begeisterung ihre Verehrung für diese Werke wach
rief. Sie kopirten diese Zeichnungen und kehrten mit
den Copieen nach Göttingen zurück. Die Reise nach
Italien war nun eine beschlossene Sache. Obschon sie
nur kurze Zeit in Dresden verweilt hatten, so trug sich
doch hier ein folgenschweres Ereigniss für ihre Zukunft
zu, sie wurden von jener mystisch-schwärmerischen
und romantischen Richtung ergriffen, die in Tieck·,
Friedrich, Runge u. A. ihre Vertreter hatte und
traten zur katholischen Kirche über, der ältere, Friedrich, nahm den Taufnamen Franz, der jüngere, Christian,
den Namen Johannes an. Auch Rumohr war ja während seines Aufenthalts in Dresden Katholik geworden.

Im Spätsommer 1805 wurde die römische Reise
angetreten, in München trafen sie mit Tieck und
Rumohr zusammen und alle vier pilgerten nun weiter dem Lande der Kunst zu. Die beiden Riepenhausen
hatten eine kleine Unterstützung vom westphälischen
Hofe erhalten. Verona, Padua fesselten die Reisenden
nicht lange, in Florenz weilten sie einige Monate, Rumohr, ungeduldig und unruhig wie er war, trieb zur
Eile, denn ihn verlangte nach Rom. Im Spätherbst
trafen sie in der ewigen Stadt ein, Rumohr nahm mit
Tieck und den Riepenhausen seine Wohnung im Eck-
hause alle quattro fontane, in demselben Hause in
welchem Reinhart wohnte. Er richtete seinen eigenen Haushalt ein und die beiden Riepenhausen hatten
für Nichts zu sorgen. Dieses hatte indess nicht die
günstigste Wirkung für sie, sie besahen die Stadt und
die Alterthümer, zeichneten in den Gallerien, kamen
aber nicht zu einem ernsten und gründlichen Studium.
Rumohr klagte häufig über ihre Lässigkeit ohne Neigung zu haben sie mit Strenge zu behandeln. Er blieb

nicht lange in Rom, im Frühjahr wandte er sich nach
Süditalien und im Herbst kehrte er wieder in die Heimath zurück. Was sollte aus den Riepenhausen werden,
wenn sie allein dastanden, selbst für ihr Fortkommen
sorgen mussten? dass ihnen bange um die Zukunft
war, bezeugt ein Brief des älteren Bruders an den
Vater (Februar 1806): er klagt dass Rumohr, der
einzige in den sie ein gewisses Vertrauen setzen könn-
ten, in wenigen Wochen von ihnen scheiden werde; sie
gedenken mit Sehnsucht der Heimath, „es sind meine
liebsten und wehmüthigsten Stunden in welchen ich
mich mit heisser Lust an Dich und alle Bekannte
zurückerinnere. Wie es uns hier gehen wird, wenn wir
mal ganz allein für uns sein müssen, das mag Gott
wissen, ohne einen wahrhaften Freund kann man doch
wahrlich nicht leben, einen solchen zu finden und dazu
in fremdem Land, ist immer ein Glück. Ein Architect
Schwarz ist jetzt unser einziger Freund, ich kann
nichts weiter über ihn sagen, als dass er Alles in sich
vereinigt, was einen herrlichen Menschen ausmacht,
auch Tieck liebt ihn sehr, bei dem wir fast alle
Abende sind, er liest uns aus den Nibelungen und
andern grossen Dichtungen vor". — Nun kommen
Klagen über die traurigen Zeitverhältnisse, über Deutschlands Unglück, „doch möchte und will ich nicht die
Zeit deshalb schlecht nennen, weil einzelne Individuen
in ihr leiden, nur dass eine ganze Nation, wie die
deutsche, so ihr unterliegen muss, dass ist die Trauer,
denn erst hier lernt man einsehen, welch eine Nation
und welch ein herrliches Land das Deutschland ist.
Die Thorheiten des Protestantismus hat Deutschland
seit beinahe 300 Jahren schrecklich büssen müssen,
geht man auf den wahren Grund des Unglücks dieses
Landes zurück, so liegt er in diesem unseeligen Dinge,
welches die Nation und alle schönen Gemüther auf

eine so erschütternde Weise spaltete." Wenn Rumohr
über die Lässigkeit der Riepenhausen klagte, so klagen
diese wieder über Rumohrs Trägheit, sie nennen ihn
einen unglücklichen Menschen, der die Welt nur als
ein blosses Reizmittel des Lebens betrachte, sie schelten
ihn, dass er Nichts schreibe, Nichts thue, von Plänen
hin- und hergerissen werde. „Es ist wirklich Schade
um ihn, da er ein offenbares Talent zu so vielen Dingen besitzt und auch ein wirklich gutes Herz hat, wenn
nur die eine Tugend Geduld nicht ganz und gar von
ihm gewichen wäre." Nach dieser Replik mag der
Vorwurf Rumohrs wohl etwas übertrieben gewesen
sein; fanden sie auch nicht sofort Muse zu eigenen
Compositionen, so benutzten sie doch ihre Zeit um in
Rom und seiner Kunst heimisch zu werden und das
war für den Anfang auch wohl das Richtige. „Wir
sind doch seit wir in Italien sind, ziemlich fleissig gewesen, wir sagen, dass, wenn schon wir noch nicht copirt
haben, wir doch Vieles gelernt, unsere Gedanken durch
das Beschauen so vieler grosser Dinge eine ganz andere Richtung gewonnen, ich meine, dass wir in der
wahren Bildung des Geistes grosse Fortschritte gemacht
haben." Ihre ersten selbstständigen Schöpfungen in
Rom waren ein Paar Madonnenbilder, die Rumohr für
den Vater in Göttingen mitnehmen sollte. „Du wirst
darin sehen, dass auch wir wieder auf der wahren
Spur der Oelmalerei sind, wie sie Raphael und Correggio
geübt haben, denn die neuere Technik ist gar zu
schlecht, statt dass bei den Alten die Farbe immer klar
und durchsichtig ist, ist sie bei den Neueren schwer
und plumb."

Die Riepenhausen haben bis an ihren Tod in Rom
stets ein stilles, zurückgezogenes Leben geführt, sie
drängten sich nicht gewaltsam an die Oeffentlichkeit,
sie mieden den grossen Künstlertross. Sie hatten wenige

Freunde, wenige Bekannte und wohl auch nicht die
Gabe sich die Welt- und Geselligkeitsformen anzueignen.
Nur mit Koch und Thorwaldsen verkehrten sie, anfangs wenigstens, fleissig, im Hause des preussischen
Gesandten v. Humboldt hatten sie Zutritt. — In den
ersten Jahren waren sie im Bildermalen wenig produk-
tiv, sie studirten die Werke der alten Meister, besonders
Raphael, fertigten Zeichnungen nach ihnen, verliehen
überhaupt ihrer Thätigkeit einen mehr wissenschaftlichen Charakter. Nur vereinzelt traten sie mit kleinen
Oelbildern hervor wie 1810 auf der Ausstellung mit
einer h. Cäcilia und einer Amorinenverkäuferin. Schwer,
ja unmöglich ist es ihre Leistungen zu sondern, so wie
sie brüderlich zusammen wohnten, so arbeiteten sie
auch zusammen; man sagt, dass die Erfindung oder
Composition ihrer Bilder mehr ein Werk des Johann
gewesen sei, während Franz in der Anordnung, im
Costüm, im gelehrten Apparat aushalf. Die ersten
Jahre ihres römischen Aufenthalts waren zu einem
grossen Theil wissenschaftlichen Arbeiten geweiht, den
Studien der vorraphaelischen Meister, sie reisten in den
Marken und in Toscana umher, zeichneten mit Eifer und
führten über diese Reisen ein Tagebuch das sie unter
dem Titel „Fragmente eines Journals auf einer Reise
durch Italien" herausgeben wollten. Das Buch erschien
leider nicht, aber bald jenes Werk, das ihren Namen
in weiten Kreisen bekannt gemacht hat, „Die Geschichte
der Malerei in Italien nach ihrer Entwickelung, Ausbildung und Vollendung", 2 Hefte, jedes mit 12
Kupfern von Barth und Rist. Tübingen, Cotta, 1810,
1811. „Die Entwickelung der italienischen Malerei
in einer richtigen Folge darzustellen, war einer
unserer frühesten Lieblingsgedanken, wir verfolgten
ihn schon in Deutschland, in Italien aber entdeckten
wir erst die wahren Quellen, welche zu seiner Ausfüh-

rung unentbehrlich sind. In Florenz, Siena, Pisa,
Assissi und andern Städten, welche ursprüngliche Doku-
mente der Kunst enthalten, wuchs unsere Sammlung
schneller als wir hoffen konnten und wir sahen uns in
den Stand gesetzt, das Bedeutende aneinanderreihen
um das Geistreiche auswählen zu können und dieses
war für uns die Hauptsache, wir wollten dem Auge
des Künstlers und Kenners Richtungslinien vorlegen
und wie billig nur die vorzüglichsten und sicher leitenden." Zugleich sollte das Werk andere Künstler zu
ähnlichen Unternehmungen anfeuern. Freilich ist ihr
Interesse an der ältern Kunst ein vorwiegend histori-
sches, die Kunst, die sie behandeln, ist nur eine aufkeimende, keine vollendete, und wenn schon sie die
Abneigung so Vieler gegen dieselbe nicht theilen, so
wollen sie doch auch nicht zu jenen sonderbaren En-
thusiasten gezählt werden, welche jedes eckige, ver-
worrene, unbeholfene Bild weil es alt ist, bejubeln oder
vollends gar in schwärmerische Verzückungen gerathen,
sobald sie das glänzende Verdienst des Goldgrundes
gewahr werden.

Als die Kriegsjahre verrauscht waren, Friede, Sicherheit und Arbeitslust zurückkehrten, gestalteten sich
auch die Verhältnisse der beiden Riepenhausen besser,
sie erneuerten ihre Beziehungen zu Deutschland, besonders zu Hannover und fanden Liebhaber für ihre
Werke. Zunächst traten sie mit Zeichnungen hervor
zu Göthe's Faust, zu Schillers Taucher, zum Leben
Karls des Grossen etc. und hatten im Plan diese Compositionen durch die Radirung zu vervielfältigen. Dann
griffen sie auch zum Pinsel nnd führten in Oel verwandte Compositionen und religiöse Darstellungen aus:
Göthe's Sänger vor dem König, Schillers Mädchen aus
der Fremde, welche Bilder in Besitz des russischen
Generalkonsuls K r a u s e gelangten, das Magnificat, die

Verstossung der Hagar, eine Madonna mit dem kleinen
Kind und Johannes, Christus die Kinder segnend; die
beiden letzten Bilder sah man auf der Ausstellung im
Pallast Caffarelli 1819. Aber auch Landschaften beschäftigten um jene Zeit ihren Pinsel, eine Ansicht von
Rom war 1820 auf der Ausstellung zu Berlin und
selbst Nachklänge ihrer einstigen Begeisterung für antike Kunst kommen auch jetzt noch, wenn schon vereinzelt vor, wie ihre Compositionen zu der Prachtaus-
gabe der Aneide der Gräfin Devonshire bezeugen. Für
den Herzog von Cambridge begannen sie 1821 die
Legende der heil. Elisabeth in zwei Bildern, Koch
führte die Landschaft aus; jenes Bild des Banquiers
Valentini: Raphael, wie ihm die Sixtina im Traum erscheint, bekannt unter dem Namen: „Raphaels Gesicht"
entstand das folgende Jahr. — Uns liegt ein Brief an
den Vater in Göttingen aus dieser Zeit vor Augen;
wichtige Notizen enthält er nicht, aber er bezeugt uns,
dass die Riepenhausen vollauf zu thun haben, sich im
Ganzen glücklich fühlen und die Hoffnung hegen bald
im Stande zu sein nach der geliebten Heimath zurück-
zukehren. Das Schicksal hat es anders gefügt. — Zu
jenen zuvor erwähnten Stoffen aus der Sage und Dichtung gesellen sich nun auch rein historische Motive:
Conradin wie er beim Schachspiel sein Todesurtheil
vernimmt und besonders jenes grosse Bild im Schloss
zu Hannover, dass für die grösste und gelungenste
Arbeit der beiden Brüder erachtet wird: Herzog Heinrich der Löwe wie er Barbarossa bei dem Volksauf-
stand in Rom vertheidigt. Das Bild ist 21 Fuss lang
und 14 Fuss hoch. Graf v. Reden gab 1826 eine historische Erläuterung in Druck.

Im Jahre 1831 starb der ältere Riepenhausen. —
Johann (der sich übrigens nebenbei gesagt gewöhnlich Christel nannte) stand nun allein da und war auf

sich allein angewiesen. Er entfaltete nach wie vor eine
rührige Thätigkeit und beschickte die Kunstausstellungen
Deutschlands häufig mit seinen Bildern. Freilich war
darunter eine ganze Reihe, die bereits bei Lebzeiten
des Bruders vollendet oder doch componirt fertig da-
stand. Seine nächste, zwar schon längst vorbereitete
Arbeit war das „Leben Raphaels" in 12 Bildern, das
uns die wichtigsten Lebensmomente dieses gefeierten
Meisters vorführt. Wir haben das in weiten Kreisen
bekannte Werk in der Anlage beschrieben. Von Oelbildern dieser Zeit nennen wir: Herzog Erich von Kalen-
berg, wie er Kaiser Maximilian in der Schlacht bei
Regensburg das Leben rettet, 1834 vom König von
Hannover angekauft, — eine Procession junger Mädchen in Rom zur ersten Communion; Amor durch Musik
über die Herzen der Menschen triumphirend; öffentlicher Schreiber zu Rom; Maria mit dem Kinde und
Johannes, diese Bilder auf der Ausstellung in Hannover 1834, Amor und Psyche (1835), — Raphaels
Tod; die Erscheinung, nach Wackenröders Herzens-
ergiessungen eines kunstliebenden Klosterbruders, auf
der Berliner Ausstellung 1836, — die Mildthätig-
keit; Amor zwei Mädchen in der Liebe unterrichtend
1837, — Kaiser Max in Kufstein von Herzog Ernst
v. Braunschweig um Gnade für die Gefangenen ange-
fleht 1837, — Beatrix vor Kaiser Otto IV. 1838, etc.
Manche der genannten Bilder hat Riepenhausen mehrere Male wiederholt und mit ganz besonderer Vorliebe
behandelte er Stoffe aus dem Leben des von ihm über
alle Künstler gepriesenen Raphael. Es kann nicht in
unserm Plane liegen, alle Bilder seiner Hand aufzuführen, zumal sie wenig in öffentlichen Gallerien ange-
troffen werden. Solange Riepenhausen noch rüstig bei
Kraft war, fand er sein gutes Auskommen, mit dem
Alter nahm dieses allmälig ab, Zeichnungen für Fremde

und Kunsthändler, für die Publicationen des archäo-
logischen Instituts, für Dr. Braun bildeten dann eine
Hauptquelle seines Einkommens und obschon er 1840
nach dem Tode des hannoverschen Hofmalers Ramberg
mit dessen Titel auch die Hälfte seiner Besoldung von
der hannoverschen Regierung erhielt, so ist er doch
in wenig glänzenden Verhältnissen gestorben im September 1860. Sein Nachlass, welcher in etwa 30 Oel-
gemälden und vielen Zeichnungen bestand, ging in den
Besitz eines gewissen Jeron. Forlini über, bei welchem
Riepenhausen die letzten Jahre gewohnt hatte.

Küchler hat 1840 sein Portrait radirt, Vogel
v. Vogelstein hat es für die Künstler-Bildniss-
Sammlung in Dresden gezeichnet.

Zum Schlusse wollen wir die Worte eines Verehrers
seiner Kunst, des Dichters H. Stieglitz in dessen
Reiseerinnerungen aus Rom vernehmen:

„Eine innige Genugthuung, ein Befriedetsein, wie es
die Werke der Alten uns zu gewähren pflegen, erfüllte
mich stets von Neuem bei den Schöpfungen des still
beredten J. Riepenhausen, dieses mit ewigem und edel-
stem Schönheitssinn ausgestatteten Meisters. Er begann mit Polygnot, ging dann zu den alten Florentinern
über, womit er nur der akademisch-deklamatorischen
Richtung Davids und seiner Schule entgegentreten
wollte. Man machte ihm den Vorwurf des Nazarener-
thums, aber es kam ihm nie in den Sinn, die Kunst
einem ausser ihr liegenden fremden Ziel dienstbar zu
machen, davon zeugen seine Leistungen, in welchen
Zartheit und Kraft, Humor und Pathos in richtiger
Mischung das Angemessene zu Tage fördern. Unter
seinen spätern Arbeiten nähert sich in Bezug auf Ver-
trautheit mit dem Griechengeist wohl sein Amor als
Genius des Gesanges am meisten dem Polygnot, reiche,
herrliche Composition, nur im Dienste des Schönen ge-

schaffen, mit klarem unbefangenem Künstlerauge, in welchem sich das Leben mit seinen mannigfaltigen Beziehungen in ruhiger Verklärung spiegelt, Liebe als die Seele des Gesanges, alles Lebens und Dichtens, auf alle Menschen, alle Geschlechter, Alter und Stände, zwar verschieden nach dem Grad ihrer Empfänglichkeit, aber unfehlbar auf jeden bald begeisternd, bald beruhigend, bald erheiternd wirkt. — Auf dem Felde der christlichen Malerei besonders sein Christus als Kinderfreund, an der Stelle dumpf schwärmerischer Ascetik, dämonischer Weltvernichtung hebt er durchaus das Reinmenschliche, Ethische, Humane hervor. — Ein drittes Gebiet ist die Historie, zumal in seinem Cyclus Leben Raphaels, des Hauses Cenci etc. — Dann auch römisches Volksleben, komisch und humoristisch: 1) der kleine, in Büchern kramende Abbate, in dem die staunende Mutter schon einen künftigen Papst sieht; 2) hochmüthiger Abbate, Landleuten einen Brief vorlesend; 3) Unterricht auf der Hirtenpfeife.

Gedicht an Riepenhausen, von Stieglitz.

Nicht wie des Orkanes Wüthen,
Der durch Felsenrippen saust
Und auf Blätter und auf Blüten
Wild verheerend niederbraust,
Wie des Frühlings mildes Wehen,
Das aus Morgenwolken taucht
Und der Schöpfung Auferstehen
Seinen Gruss entgegenhaucht.

So der Geist, der Deinem Dichten,
Deinem Trachten sich vermählt,
Als die Muse mit dem lichten
Bildnerauge Dich beseelt,
Das im Neuen wie im Alten
Lebenweckend wirkt und schafft
Und in quellendem Entfalten
Mit der Schönheit eint die Kraft.

Mögen Andre in den Wirren
Enger Selbstsucht sich zerstreun
Und das Toben und das Irren
Fruchtlos jeden Tag erneun,
Dir ward Besseres gegeben —
Aus dem Schachte tief und weit
Hebst Du, was dem flüchtigen Leben
Dauer, Würde, Werth verleiht.

Kupferstiche und Lithographien nach den beiden Riepenhausen.

1) Christus segnet die Kinder. *N. Hoff lith.* 1829.
2) Faust und Gretchen. *Emminger lith.*
3) Heinrich der Löwe vertheidigt Friedrich Barbarossa in Rom. *J. Giere lith.* Hannov. Kunstvereinsblatt.
4) Herzog Erich von Calenberg rettet bei Regensburg Kaiser Max I. das Leben. *Idem lith.*
5) Die Macht der Liebe. Carton. Photographirt von *Jägermayer* in Wien 1862.
6) Grieche im Kampf mit einer Amazone. *P. Anderloni sc.*
7) Die Sibylla Cervara. Radirt von *F. Loos.*
8) Leben Raphael Sanzio's in 12 Bildern, gest. von *C. Barth, G. Rist* und *Fried. Schultze.* Stuttgart, Scheible 1838.
9) Verschiedene Zeichnungen für ein 1840 in Rom erschienenes Kupferwerk, welches das religiöse Leben in Rom behandelt.
10) Zeichnungen nach der Antike für das archäologische Institut in Rom.

DAS WERK DER BRÜDER RIEPENHAUSEN.

1. Raphael Santi.

Schulterstück, nach rechts gekehrt, mit langem lockigen Haar und einer runden Mütze auf dem Kopf; er wendet den Blick gegen den Beschauer. Rechts neben seiner Brust das Zeichen: *R. f.*

Titelvignette zu: „Le Pitture di Raffaello Sanzio esistente nelle Stanze di Vaticano. Roma 1813" (*Banzo sc.*). Höhe der ganzen Platte 14" 9''', Breite 18" 6'''.

2. Albert Thorwaldsen.
H. 8" 2''', Br. 6" 1'''.

Brustbild in Profil nach rechts; mit lockigem Haar und entblösstem Hals. Ein Gewand bedeckt die Schultern. Im Unterrand: *ALBERTO THORWALDSEN*, rechts darunter: *Riepenhausen dis. e inc.*

3. 14 Bl. Leben und Tod der heiligen Genoveva.

Leben und Tod der heiligen Genoveva. In XIV. Platten von den Gebrüdern Franz und Johannes Riepenhausen. Mit beigefügter Erklärung. Frankfurt am Main, bei Varrentrapp und Wenner 1806. fol.

Titel, 1 Blatt Vorrede, 10 Blätter Erklärung, 14 Kupfer, die rechts im Oberrand beziffert sind, aber den Namen der Künstler nicht tragen.

1. Die Krönung der heiligen Genoveva.

Die Heilige ist auf Gewölk auf das eine Knie niedergesunken, der segnende Heiland, zur Linken sitzend, hält die Krone über ihrem Haupt, Maria, zur Rechten, einen Lilienstengel, zwei Engel sitzen zu jeder Seite und in den Ecken erblicken wir

lobpreisende Engelköpfchen. Oben in der Mitte schwebt in Taubengestalt der heilige Geist, an einem Band über ihm lesen wir: *ßa Genoveva*. (1)
H. 8" 3''', Br. 6" 6'''.

2. Der heilige Bonifacius.

Der heilige Bischof, von vorn gesehen, steht unter einem Kirchenportal, er erhebt die Rechte und hält in der Linken ein Schwert und einen Palmenzweig. Im Grund der Kirche ertheilt vor dem Altare ein Priester zwei Rittern das Abendmahl. (2)
H. 10" 5''', Br. 6" 5'''.

3. Graf Golo und die beiden Schäfer.

Der junge schöne Graf ist auf einem Ritt durchs Feld von seinem Pferd gestiegen, das er am Zügel festhält, er kniet mit dem einen Bein auf einem Stein, stützt das Kinn auf seine Hand und lauscht dem Gesang des jungen schönen Schäfers, seines Lieblings, der zur Seite eines alten Schäfers rechts vor einem Fels sitzt. Im Hintergrund links erblicken wir das Schloss Siegfrieds und die aufgehende Sonne. (3)
H. 8" 5''', Br. 10" 4'''.

4. Graf Siegfried nimmt Abschied von Genoveva.

Der Graf ist gerüstet zum Kriegszug, er umarmt mit der Rechten zum Abschied seine theuere Gattin, die voll Wehmuth an seine Brust gesunken ist. Zur Rechten sieht man durch die offene Thür des Frauengemachs die Trommler und Hornisten zum Abschied von der Burg ihre Instrumente rühren. (4)
H. 7" 8''', Br. 9" 2'''.

5. Der Hausmeister Drago liest Genoveva aus der heiligen Legende vor.

Die Gräfin, betrübten Muthes, den Kopf auf die Hand gestützt und den Blick niederwärts gesenkt, sitzt rechts bei einem Fenster, der fromme Drago, vor ihr stehend, liest ihr die

7*

wundervollen Begegnisse heiliger Männer der Vergangenheit
vor. Ein lauschender Engel steht zur Linken in der Thür. (5)

H. 8″ 8‴, Br. 9″ 7‴.

6. Die heilige Jungfrau erscheint Genoveva.

Genoveva erblickt in nächtiger Stunde die wunderbare Erscheinung. Sie hat sich auf ihrem Bette emporgerichtet und die
Hände mit dem Rosenkranz zum Gebet gefaltet. Maria, mit
dem segnenden Kinde auf dem Schooss, hält in der Linken das
Kreuz und eine Palme. Sie ist von drei musicirenden und
singenden Engelchen begleitet. (6)

H. 8″ 3‴, Br. 8″ 10‴.

7. Golo zwischen der Tugend und dem teuflischen Laster.

Der unglückliche junge Mann schreitet, zwischen Tugend
und Laster unentschieden schwankend, jene, in Gestalt eines
lieblichen Engels mit einer Palme, hat ihren Arm um seinen
Nacken gelegt, das Laster in lockender, gleisnerischer Teufels-
gestalt fasst ihn unter dem Arm und zeigt ihm das Bild der
Genovova. Andere teuflische Fratzen schweben daneben und
rechts unten öffnet sich der flammende Höllenrachen. Ein
Satan kettet seine Beine. (7)

H. 8″, Br. 9″ 3‴.

8. Genoveva im Kerker.

Sie sitzt voll Wehmuth einsam im schaurigen Kerker und
drückt ihr neugeborenes Knäblein Schmerzenreich innig an
ihre Brust. (8)

H. 7″ 5‴, Br. 5″ 4‴.

9. Der Engel erscheint Genoveva in der Wüste.

Genoveva, leicht und dürftig bekleidet, mit einem Blumenkranz
um das Haar, das in langen Locken auf den Rücken herabwallt,

kniet vorn rechts in Verehrung der lichtumflossenen Engels-
erscheinung, die ihr das heilige Crucifix zeigt. (9)

H. 8" 4''', Br. 9" 10'''.

10. Genoveva mit dem kleinen Schmerzenreich in der Wüste.

Sie sitzt auf einem Stein, auf welchem links das vom Engel
erhaltene heilige Crucifix aufgepflanzt ist, und hat den kleinen
Schmerzenreich auf dem Schooss, der ein singendes Vöglein
in der Hand hält. Hasen und Rehe ruhen bei ihr. (10)

H. 8" 6''', Br. 5" 7'''.

11. Genoveva durch zwei Engel vom Tode erweckt.

Sie ist rechts auf einem Stein, das heilige Crucifix mit dem
Arm umschlungen, in Todesschlaf hingesunken, der kleine
Schmerzenreich umfasst klagend ihre Brust. Zwei links daher-
schreitende Engel rufen die Entschlummerte wieder in's Dasein
zurück. (11)

H. 7" 6''', Br. 9" 6'''.

12. Graf Siegfried findet seine Gemahlin wieder.

Genoveva, mit langem Mantel bekleidet, steht rechts vor dem
Eingang ihrer Höhle und erfasst die Hand des vor ihr nieder-
geknieten Grafen. Der kleine Schmerzenreich kommt links,
mit Blumen in den Händen, um die Ecke der Höhle herge-
schritten. (12)

H. 8" 7''', Br. 9" 6'''.

13. Golo's Tod.

Der Bösewicht, in der Brust vom Schwert durchbohrt, liegt
entseelt am Boden, der junge Hirt, dessen Liedern er einst ge-
lauscht, steht schmerzerfüllt über ihm. Die beiden *Henker*
entfernen sich im Mittelgrund der hinten gebirgigen Landschaft. (13)

H. 8" 3''', Br. 8".

14. Graf Siegfried und sein Sohn im Kloster.

Beide knieen vor dem Altare der neuerbauten, der heiligen
Genoveva geweihten Kapelle. Drei singende Engelchen mit
einem leeren Spruchband schweben auf Gewölk über dem Altar.
Der heilige Bonifacius steht zur Rechten hinter dem Rücken
der Andächtigen. Oben in der Mitte lesen wir: *Ora pro nobis
sancta Genoveva*. (14)

H. 8" 2''', Br. 8" 11'''.

4. 13 Bl. Das Leben Raphaels.

*VITA DI RAFFAELLE DA URBINO DISEGNATA ED
INCISA DA G. RIEPENHAUSEN IN XII. TAVOLE. ROMA
MDCCCXXXIII. qu. fol.*

Gestochener Titel mit Raphaels Portrait, 1 Blatt italienische
Erklärung, 12 Kupfer mit italienischen Unterschriften und Be-
zifferung im Unterrand. Die Platten sind um 10" h. und
13" 9''' breit. — Ueber die Copien, welche fast immer mit
den Originalen verwechselt werden, siehe weiter unten.

1. Titelblatt. Die oben angegebene Titelschrift und das
nach rechts gewendete Brustbild Raphaels. Das Blatt hat
nicht wie die übrigen Blätter Einfassungslinien. Höhe der
Platte 10", Br. 13" 9'''.

In der Copie ist die Platte nur 6" 8''' hoch und 7" 5'''
breit.

2. No. I. NACQUE L'ANNO MCDLXXXIII. NEL VE-
NERDI SANTO, E FÙ ALLEVATO COL LATTE MATERNO.

Die Mutter stillt den kleinen Raphael. Sie sitzt in der
Mitte ihres Zimmers bei der linksstehenden Garnwinde. Rechts
ist ihr Bett und vor demselben die Wiege.

H. 6" 8''', Br. 9" 3'''.

3. No. II. CRESCIUTO CHE FU, COMINCIÒ A ESER-
CITARLO NELLA PITTURA.

Der junge Raphael versucht sich unter Anleitung seines
Vaters im Malen. Er malt am Gesicht einer heiligen Jungfrau,
welcher der Verkündigungsengel erscheint. Der Vater sitzt
auf einer Bank vor der Staffelei, die Mutter, auf seine Schulter
gelehnt, schaut zu. Links im Zimmer reibt ein Lehrling Farben.
H. 6" 8''', Br. 9" 5'''.

4. No. III. NON SENZA MOLTE LAGRIME DELLA
MADRE CHE TENERAMENTE L'AMAVA, LO PORTA A
PERUGIA.

Raphael nimmt Abschied von der Mutter, um zu Pietro
Perugino zu gehen. Die betrübte, sich vom Sessel erhebende
Mutter umschlingt seinen Nacken, der reisefertige Vater hält
ihn am Arm und eine Matrone richtet zur Rechten Gebete für
das Wohlergehen des Knaben gen Himmel.
H. 6" 7''', Br. 9" 3'''.

5. No. IV. IL PADRE LO CONSEGNA A PIETRO PE-
RUGINO.

Der Vater stellt ihn Pietro Perugino vor, der zur Linken
vor der Staffelei sitzt und dem Knaben die Hand reicht. Vier
neugierige, halberwachsene Knaben oder Malerlehrlinge stehen
rechts in der Thür.
H. 6" 8''', Br. 9" 5'''.

6. No. V. ARRIVATO A FIRENZE OSSERVA IL CAR-
TONE DI M. ANG. BUONAROTTI.

Der zum Jüngling herangewachsene Raphael betrachtet
den berühmten Carton der im Baden überraschten Soldaten
des Michel Angelo. Leonardo da Vinci und Fra Bartolomeo,
ersterer den Carton erklärend, bilden ausser drei andern
Figuren seine Begleitung.
H. 6" 8''', Br. 9" 3'''.

7. No. VI. IMPARA DA FRA BARTOLOMEO IL MODO SUO DI COLORIRE.

Raphael befragt Fra Bartolomeo nach seiner Methode im Coloriren. Fra Bartolomeo sitzt links vor der Staffelei, an welcher der heilige Marcus zu sehen ist; er zeigt mit der Rechten auf seine Palette, während er zum jungen Raphael spricht, der hinter der Lehne seines Sessels steht.

H. 6″ 7‴, Br. 9″ 3‴.

8. No. VII. CHIAMATO A ROMA, BRAMANTE LAZZARI LO PRESENTA AL PAPA GIULIO II.

Bramante stellt Raphael dem Papst vor. Raphael ist, von Bramante begleitet, zur Linken vor Julius II. auf das eine Bein niedergekniet, der Papst streckt seine Rechte gegen ihn aus. Ein Cardinal und ein anderer geistlicher Würdenträger sind zur Rechten bei dem Sessel des Papstes.

H. 6″ 8‴, Br. 9″ 4‴.

9. No. VIII. MI SERVO DI CERTA IDEA CHE MI VIENE ALLA MENTE.

Raphael im Nachsinnen über die Erscheinung der Madonna di Sisto. „Ich halte mich an ein gewisses Bild im Geiste, welches in meine Seele kommt."

H. 6″ 8‴, Br. 9″ 3‴.

10. No. IX. LEONE X. NELLO STUDIO DI RAFFAELLO PITTORE, SCULTORE, E ARCHITETTO.

Leo X. im Atelier Raphaels. Der Papst sitzt in einem Lehnsessel und betrachtet den Grundriss der Peterskirche, den der junge Raphael erklärend hält. Vier Cardinäle, zur Linken, bilden das Gefolge des Papstes, zwei von ihnen betrachten ebenfalls den Plan, zwei andere das Bildniss des Papstes. Zur Rechten stehen vier Schüler und Gehülfen.

H. 6″ 8‴, Br. 9″ 3‴.

11. No. X.   RITRASSE MOLTE DONNE E PARTICO-
LARMENTE LA SUA.

Raphael sitzt vor der Staffelei, an welcher das Bildniss
der Fornarina zu sehen ist, sie schlingt ihren Arm um seinen
Nacken.

H. 6" 7"', Br. 9" 2"'.

12. No. XI.   RACCOMANDA AL PAPA LEONE X. LA
CONSERVAZIONE DELLE ANTICHITÀ ROMANE.

Raphael empfiehlt dem Papst Leo X. die Erhaltung der
römischen Alterthümer.   Drei Arbeiter unter Raphaels Leitung
sind auf dem Forum Romanum mit Ausgraben von solchen beschäftigt und halten ein eben gefundenes Basrelief.   Der Papst
mit Gefolge ist von der Linken herzugeschritten und legt voll
Anerkennung seine Hand auf Raphaels Schulter.

H. 6" 8"', Br. 9" 3"'.

13. No. XII. MORI NELL' ANNO MDXX, NEL VENERDI
SANTO.

Raphael auf dem Todtenbette, umgeben von seinen Freunden
und Schülern, die von Schmerz und Verzweiflung ergriffen
sind.

H. 6" 9"', Br. 9" 4"'.

Die Copien sind in Deutschland verbreiteter als die
Originale und als solche fast gar nicht bekannt.   Sie haben auf
dem Umschlag den deutschen Titel: „12 Umrisse zum Leben
Raphaels von Urbino, entworfen von G. Riepenhausen, Berlin
und Göttingen.   Verlag von Gebrüder Rocca", und statt der
italienischen eine deutsche Erklärung der Kupfer.   Das Titelblatt ist im Original und in der Copie italienisch, doch fehlt das
„ed incisa" in der Copie, auch ist die Titelplatte nur 6" 8"' h.
und 7" 5"' br., im Original dagegen grösser, 10" h. und
13" 9"' br. — Die Darstellungen selbst sind von gleicher

Grösse, die Platten alle aber um ein Bedeutendes kleiner, um
8" h. und 10" 3''' br.   Die Nachbildung ist ziemlich genau,
im Ganzen aber trockener, kälter und kupferstecherischer.

5.   Maria mit dem Kinde und kleinen Johannes.
H. 7" 2''', Br. 5" 6'''.

Nach A. Thorwaldsen.   Sie sitzt im Vorgrund einer
römischen Landschaft auf einem Stein, säugt das auf ihrem
Schooss sitzende nackte Kind, während sie mit der Rechten
den nackten Johannes umfasst, der bei ihr steht und sein Gesicht liebkosend an ihre Wange schmiegt.   Durch den flachen
Mittelgrund der Landschaft strömt ein Fluss, auf welchem
rechts zwei Schwäne wahrgenommen werden.   Höhen und Felsen
begrenzen auf den Seiten des Blattes im Hintergrund die See.
Links unter der Radirung: *A. Thorwaldsen inv. e dis.*, rechts:
Riepenhausen inc.

   I. Vor den Künstlernamen.

6.   Die heilige Familie.
H. 8" 10''', Br. 7".

Nach Thorwaldsen.   Römische Landschaft.   Maria sitzt
vorn auf einer Erdbank und betrachtet liebevoll das Jesuskind
und den kleinen Johannes, welche sich, zum Kusse bereit, umarmen, Johannes ist auf das eine Knie niedergesunken, auf
seinem Kopf ruht die linke Hand der heiligen Jungfrau.   Joseph
kommt mit dem Esel links in der Nähe eines Baumes aus dem
Mittelgrund dahergeschritten.   Ein Fluss schlängelt sich durch
den Mittelgrund der Landschaft, eine Brücke führt über ihn
rechts zu Gebäuden.   Im Unterrand: *LA SAGRA FAMIGLIA*,
links unter der Radirung: *A. Thorwaldsen inv. e dis.*, rechts:
Riepenhausen incise.

   I. Vor der Schrift.

7. Chiron und Achilles.
H. 6″ 9‴, Br. 8″ 8‴.

Nach Thorwaldsen. Der Centaur, halb Pferd, halb
Mann, mit einem Lorbeerkranz um den Kopf und einem Fell
um die Schultern, ruht vor einer Felswand, er unterrichtet den
nackten jugendlichen Achilles, der sich gegen seinen Pferde-
leib lehnt, im Leierspiel. Bogen und Pfeilköcher liegen
rechts vorn am Boden. Im Unterrand: *CHIRONE ED ACHILLE,*
links unter der Radirung: *A. Thorwaldsen inv. e dis.,* rechts:
Riepenhausen inc.

I. Vor der Schrift.

8. Dieselbe Darstellung anders.

Ebenfalls nach Thorwaldsen. Leider ist uns das Blatt
bis jetzt nicht zu Gesicht gekommen.

9. Herkules und Omphale.
H. 7″ 9‴, Br. 7″ 2‴.

Nach Thorwaldsen. Der nackte, spinnende Held sitzt
in der Mitte, nach rechts gewendet, vor einer Felswand,
Omphale, ebenfalls nackt, mit der umgehangenen Löwenhaut
des Herkules und seiner auf dem Boden stehenden Keule, die
sie mit der Hand hält, steht zu seiner Seite, stützt sich auf
seine Schulter und schaut seiner Spinnthätigkeit zu. Der
kleine Alkaos macht sich rechts unten mit der Spule zu schaffen.
Im Unterrand: *ERCOLE ED OMPHALE,* links unter der Radirung: *A. Thorwaldsen inv. e dis.,* rechts: *Riepenhausen inc.*

I. Vor der Schrift.

10. Hygieia und Amor.
H. 8″ 8‴, Br. 6″ 5‴.

Nach Thorwaldsen. Die nach rechts gewendete Göttin
sitzt auf einem Stein vor der Quadermauer eines Gebäudes, sie

hält eine Schlange in der Rechten, die aus einem, von Amor hingehaltenen Napf trinkt. Der nackte Liebesgott, mit seinem Bogen in der Hand, und hinter dem Rücken von Hygieia gehalten, steht gegen das Bein der Göttin. Beide schauen mit Aufmerksamkeit dem Trinken der Schlange zu. Im Unterrand: *IGIA ED AMORE*, links unter der Radirung: *A. Thorwaldsen inv. e dis.*, rechts: *Riepenhausen inc.*

I. Vor der Schrift.

11. Bacchus und Amor.
H. 8" 8''', Br. 6" 5'''.

Nach Thorwaldsen. Der nackte Bacchus, mit umgehängtem Bocksfell, sitzt zur Linken unter einer Weinlaube und giebt Amor aus einem Napfe Wein zu trinken, er neigt seinen bekränzten Kopf auf die Schulter und hält mit der Linken seinen Thyrsusstab. Sein Fuss ruht auf dem vor seinem Sitz liegenden Panther. Im Unterrand: *BACCO ED AMORE*, links unter der Radirung: *A. Thorwaldsen inv. e dis.*, rechts: *Riepenhausen inc.*

I. Vor der Schrift.

12. Dante und Virgil auf dem Geryon.
H. 8" 10''', Br. 6" 11'''.

Nach Thorwaldsen. Die beiden Dichter schweben auf der gräulichen Truggestalt des Geryon in Rauch und Feuer zum achten Höllenkreise hernieder. Geryon hat Drachengestalt mit menschlichem Kopf und zwei Pranken, mit welchen er sich fortbewegt. Die Aufmerksamkeit beider Dichter ist durch unten rechts aufschlagende Flammen gefesselt. Auf der Höhe der Felsen rast oben in wilder Flucht eine Schaar Verdammter vorbei. Ein Blitz fährt zur Linken im finstern Gewölk in die Tiefe. Im Unterrand: *DANTE E VIRGILIO*, links unter der Radirung: *A. Thorwaldsen inv. e dis.*, rechts: *Riepenhausen inc.*

I. Vor der Schrift.

13. Die Kupfer zu Micali, Antichi Monumenti.

ANTICHI MONUMENTI PER SERVIRE ALL' OPERA INTITOLATA L'ITALIA AVANTI IL DOMINIO DEI RO-MANI. FIRENZE MDCCCX. fol.

Titel, 1 Bl. Prefazione von G. Micali, 4 Bl. Spiegazione delle Tavole in Rame, 60 Kupfertafeln und Karte. Die Mehrzahl der Blätter dieses berühmten Werkes ist von den Riepenhausen in Umrissen radirt, doch haben auch L. Campani und V. Feoli Antheil am Stich; sie sind im Oberrand numerirt, tragen keine Aufschriften, sondern im Unterrand nur die Künstlernamen und die Grössen der abgebildeten Gegenstände. — Wir nennen selbstverständlich nur die von den Riepenhausen radirten Blätter.

1. Herkules oder ein Faun, Wein schöpfend, nach einem geschnittenen ovalen Stein. Bezeichnet: *Fini dis. R. inc.* Vignette auf Seite XI.

H. 5" 3''', Br. 4" 3''' d. Pl.

2. Zwei Krieger mit Spiessen und ein junger Herkules, im archaistischen Stil und mit etrurischen Inschriften, jene beiden in Profil nach links, dieser, viel kleiner, von vorn. *M. A. Palmerini dis. Riepenhausen inc.* T. XIV.

H. 7" 5''', Br. 8" 8''' d. Pl.

3. Frauenstatuette im alterthümlichen Stil, mit hoher konischer Mütze, von vorn und von hinten. *C. Ansidei dis. R. inc.* T. XV.

H. 6" 3''', Br. 6" 9'''.

4. Fragment eines Altars in demselben Stil, mit fünf Figuren, zur Linken ein Faun und eine weibliche Gestalt. *L. de Vegni dis. R. inc.* T. XVI.

H. 9" 4''', Br. 10" 6''' d. Pl.

5. Vier Seiten eines Altars, jede mit drei weiblichen Figuren, in verschiedenen, zum Theil sehr erregten Stellungen.

Von einem liegenden Löwen bekrönt. *C. Ansidei dis. R. inc.*
T. XVII.

H. 4″, Br. 10″ 4‴ d. Pl.

6. Fries eines Altars mit dreizehn Figuren, welche mit
Spiel und Tanz einen Festzug halten. Zur Linken ein Mann,
der eine ihm von einem halberwachsenen Mädchen dargereichte
Frucht zum Munde führt. *L. de Vegni dis. R. incise.* T. XVIII.

H. 4″ 3‴, Br. 13″ 2‴ d. Pl.

7. Sarkophag mit einem Opfer; zwei Abtheilungen, die
untere mit zwölf, die obere, schmale, nur mit drei Figuren.
Der Priester hält eine Patene hin, in welche ein Ministrant
Wein aus einer Kanne giesst. *R. dis e inc.* T. XIX.

H. und Br. 7″ 9‴ d. Pl.

8. Drei Darstellungen: Fragment der Statue eines behelmten Kriegers mit Schild, von zwei Seiten, und zwei Reliefs, das
eine mit einem kämpfenden Kriegerpaar, das andere mit zwei
Reitern. Ohne Bezeichnung. T. XX.

H. 8″ 9‴, Br. 9″ 1‴ d. Pl.

9. Statue eines behelmten Kriegers mit Schild, von Bronze,
halb von vorn und von hinten. *Luigi Scotti dis. R. inc.* T. XXI.

H. 7″ 7‴, Br. 9″ 11‴.

10. Geflügelte Meeresgöttin, mit zwei Wiederhaken in den
Händen, von vorn. *Riepenhausen dis. e inc.* T. XXII.

H. 5″ 2‴, Br. 6″ 9‴.

11. Ein Meeresgott, in Begriff ein junges Mädchen und
einen Jüngling, die er mit seinen Schwänzen umschlingt, an
sich zu ziehen. Verzierung eines Sarkophags. *Palmerini dis.*
R. inc. T. XXIII.

H. 5″ 8‴, Br. 10″ 6‴ d. Pl.

12. Geflügelte Seegöttin mit einem Schwert. An jedem Flügel
ein Auge. Von einem Sarkophag. *Palmerini dis. R. inc.* T. XXIV.

H. 5″ 10‴, Br. 9″ 6‴.

13. Aurora, zwischen vier Pferden, sich aus dem Meer erhebend. Vorn zwei Delphine. Von einem Sarkophag. *Palmerini
dis. R. inc.* T. XXV.

H. 4″ 10‴, Br. 9″ 3‴ d. Pl.

14. Die Seele (anima) zu Pferd, geleitet vom bösen und
guten Genius; jener, mit Faunskopf, fasst die Zügel. Von einem
Sarkophag. *Palmerini dis. R. inc.* T. XXVI.

H. 6″ 1‴, Br. 11″ 2‴ d. Pl.

15. Bedeckter Reisewagen, bespannt mit zwei Mauleseln,
geleitet von Kindern und Sklaven; eine weibliche Figur, die
mit einem Reiter spricht, ruht in ihm. Von einem Sarkophag.
Palmerini dis. R. inc. T. XXVII.

H. 6″ 11‴, Br. 13″ d. Pl.

16. Anderer, mit zwei Pferden bespannter und ebenfalls
von Sklaven geleiteter Reisewagen mit einem Mann und einer
jungen Frau. Von einem Sarkophag. *Riepenhausen dis. c inc.*
T. XXVIII.

H. 6″ 6‴, Br. 12″ 2‴.

17. Tod des jugendlichen Kapaneus, der rechts von zer-
brochener Leiter zu Boden stürzt. Von einem Sarkophag.
Palmerini dis. R. inc. T. XXIX.

H. 7″ 9‴, Br. 9″ 8‴ d. Pl.

18. Kampf der Sieben gegen Theben, das rechts durch ein
Stadtthor angedeutet ist. Drei Köpfe schauen oben von den
Zinnen. Von einem Sarkophag. *L. Campani dis. R. inc.*
T. XXX.

H. 8″ 3‴, Br. 12″ 8‴ d. Pl.

19. Anderer Angriff auf Theben durch fünf Helden, von
welchen einer erschlagen am Boden liegt. Drei Thebaner
schleudern einen Spiess und Steine vom Thor herab. Von
einem Sarkophag. *Palmerini dis. R. inc.* T. XXXI.

H. 7″ 8‴, Br. 10″ 7‴ d. Pl.

20. Kampfscene mit einer Quadriga und acht Figuren, von welchen eine einen Stier auf dem Rücken davonträgt. Von einem Sarkophag. *L. de Vegni dis. R. inc.* T. XXXII.
H. 8" 1''', Br. 11" d. Pl.

21. Aehnliche Scene mit einer Quadriga, vier Figuren — die mittlere mit einer Fackel — und einem Löwen. Von einem Sarkophag. *Le de Vegni dis. R. inc.* T. XXXIII.
H. 8", Br. 11" d. Pl.

22. Triumphaufzug eines Königs in einer Quadriga, sechs Musicirende schreiten voran. Von einem Sarkophag. *Palmerini dis. R. ins.* T. XXXIV.
H. 6" 8''', Br. 12" 11''' d. Pl.

23. Festzug, drei Soldaten schreiten voraus und begrüssen einen mit der Toga bekleideten Mann, der einem der Soldaten die Hand reicht. Von einem Sarkophag. *L. Campani dis. R. inc.* T. XXXV.
H. 6" 2''', Br. 10" 2'''.

24. Häusliche Scene. Eine auf einem Ruhebett ruhende Matrone nimmt ein Kästchen entgegen, das ihr eine von zwei andern Frauen begleitete Frau darreicht. Von einem Sarkophag. *Palmerini dis. R. inc.* T. XXXVI.
H. 6" 9''', Br. 11" 1''' d. Pl.

25. Ein Gastmahl, aus fünf Figuren, von welchen die zur Rechten ruhende, vielleicht der Ehrengast, einen Stab hält. Von einem Sarkophag: *Palmerini dis. R. inc.* T. XXXVII.
H. 6" 6''', Br. 10" 8''' d. Pl.

26. Ein Frauengelage, links drei Musicirende, rechts halten zwei Frauen einen jungen nackten Mann. Von einem Sarkophag. *Palmerini dis. R. inc.* T. XXXVIII.
H. 6" 11''', Br. 11" 7''' d. Pl.

27. Zwei Darstellungen. Pirithous empfängt Deidamia aus den Händen des Theseus, beide halten den Ehecontract;

Pirithous in Begriff seine Verlobte mit sich fortzuführen. Von einem Sarkophag. *Palmerini dis. R. inc.* T. XXXIX.

H. 6" 9"', Br. 9" 6"' d. Pl.

28. Aufzug von Senatoren; zwei Lictoren und vier andere Figuren mit der sella curulis und Schreibtafeln schreiten voraus. Von einem Sarkophag. *Palmerini dis. R. inc.* T. XL.

H. 6" 9"', Br. 10" d. Pl.

29. Orakel. Sieben Figuren; eine nackte männliche Figur hat sich vorn beim Altar zu Boden geworfen, der das Orakel beschützende geflügelte Genius setzt den Fuss auf ihren Rücken. Von einem Sarkophag. *Palmerini dis. R. inc.* T. XLI.

H. 6" 9"', Br. 11" d. Pl.

30. Ruhende männliche Gestalt mit einer Schriftrolle. Deckel eines Sarkophags. *Palmerini dis. R. inc.* T. XLII.

H. 5" 11"', Br. 9" 10"' d. Pl.

31. Sarkophag mit einer Kampfscene. Auf dem Deckel ruht eine reichbekleidete Matrone mit einem Spiegel. *L. Scotti dis. Riepenhausen inc.* T. XLIII.

H. 10", Br. 10" 7"' d. Pl.

32. Sarkophag mit einer Kampfscene, auf welchem sieben Figuren und eine Quadriga. Den Deckel bildet eine aufwärts blickende, ruhende weibliche Gestalt. Zu jeder Seite ein besonderes Bild mit einem Genius. *Riepenhausen dis. e inc.* T. XLIV.

H. 9" 1"', Br. 13" 10"' d. Pl.

33. Polyphem schleudert einen Stein nach dem Schiffe des Odysseus. Von einem Sarkophag. *L. Campani dis. R. inc.* T. XLV.

H. 7" 2"', Br. 10" 11"' d. Pl.

34. Dem Oedipus werden von den Sclaven des Lajus(?) die Augen ausgestochen. Composition von elf Figuren. Von einem Sarkophag. *L. Scotti dis. Riepenhausen inc.* T. XLVI.

H. 7" 9"', Br. 12" 8"' d. Pl.

III.   8

35. Orest tödtet Klytämnestra. Composition von elf Figuren. Von einem beschädigten Sarkophag. *Palmerini dis.* *R. inc.* T. XLVII.

H. 6" 10'", Br. 12" 3'" d. Pl.

36. Orest in Delphi, bei dem Altar des Apollo Schutz suchend. Composition von neun Figuren, unter welchen in der Mitte eine geflügelte weibliche Geniusgestalt. Von einem Sarkophag. *Palmerini dis.* *R. inc.* T. XLVIII.

H. 6" 9'", Br. 12" 11'" d. Pl.

37. Zwei Darstellungen: Handwerker mit Sägen von Hölzern und Behauen von Steinen beschäftigt. *L. Campani dis.* *R. inc.* T. XLIX.

H. 9" 7'", Br. 6" 3'" d. Pl.

38. Ein pflügender Landmann, der die beiden vor den Pflug gespannten Stiere antreibt. Bronce. Rechts die Figur des Landmanns von hinten. Ueber den Stieren das Joch ebenfalls in besonderer Abbildung wiederholt. *Riepenhausen dis. e inc.* T. L.

H. 5" 11'", Br. 10" 6'" d. Pl.

39. Seelen Verstorbener von guten und bösen Genien — letztere schwarz — an ihren Bestimmungsort geleitet. Friesförmige Darstellung in zwei Abtheilungen, auf deren oberer eine weibliche Figur auf einem Wagen, der von einem guten und bösen Genius gezogen wird, den Zug eröffnet. *P. Piotti dis.* *R. inc.* T. LII.

H. 8" 6'", Br. 13" 1'".

40. Todesfeier. Männerkampf mit kurzen Schwertern. Friesförmige Composition von acht Figuren. *G. Piotti dis.* *R. inc.* T. LIII.

H. 5" 11'", Br. 16" 3'".

41. Zwei geschnittene Steine: Tydeus, im Begriff den Bogen zu spannen, wird durch einen Pfeil am Bein verwundet.

Ein Mann mit einer beschriebenen Tafel, vor einem Tisch in Form eines Dreifusses sitzend.   Auf dem Tisch drei kleine Steine.   *S. Scotti dis.   R. inc.*   T. LIV.

H. 5″ 5‴, Br. 6″ 11‴.

42. Drei geschnittene Steine.   Ein nackter Jüngling mit einer Votivtafel.   Ein Jüngling giebt einem Pferd zu trinken. Eine sitzende Figur, die ein Insect betrachtet.   *R. dis. e inc.* T. LV.

H. 5″ 6‴, Br. 7″ 2‴.

43. Vier Broncen und zwei geschnittene Steine, erstere stellen Jongleurs und einen Tänzer vor.   *R. inc.*   T. LVI.

H. 7″ 10‴, Br. 7″ 5‴.

44. Drei Darstellungen: weibliche Statuette im archaistischen Stil, bewaffneter Krieger und behelmter Kopf eines Kriegers, letzterer von zwei Seiten.   *R. dis. e inc.*   T. LVII.

H. 7″ 2‴, Br. 4″ 9‴.

45. Zwölf Münzen.   Avers und Revers mit einander verbunden.   In sechs Reihen.   *Riepenhausen inc.*   T. LVIII.

H. 9″, Br. 5″ 6‴.

46. Zwölf Münzen.   Ebenso.   In fünf Reihen.   *R. inc.* T. LIX.

H. 8″ 2‴, Br. 6″ 4‴.

47. Acht Münzen. Ebenso. In vier Reihen.   *R. inc.*   T. LX.

H. 8″ 1‴, Br. 6″ 4‴.

14. Die Statuen und Basreliefs des Thorwaldsen.

Le Statue et Bassirelievi inventati da A. Thorwaldsen dis. ed. inc. dai Riepenhausen. F. Mori. Roma 1811. *fol.*

Das Werk, welches 80 Blätter enthält, ist uns leider nicht zu Gesicht gekommen, so dass wir keine Detailbeschreibung geben können.

8*

15. 16 Bl. Die Gemälde des Polygnot in der Lesche zu Delphi.

GEMAELDE DES POLYGNOTOS IN DER LESCHE ZU DELPHI. NACH DER BESCHREIBUNG DES PAUSANIAS GEZEICHNET v. F. u. I. RIEPENHAUSEN. GÖTTINGEN BEI H. DIETERICH. Titel und 15 oben rechts numerirte Kupfertafeln in Contourradirung, mit den Namen der dargestellten Figuren im Unterrand. Die Blätter sind mit Ausnahme des Titelblatts ohne Einfassungslinien und Bezeichnung.

Goethe gab mit seiner Abhandlung über diese Gemälde die Veranlassung zur bildlichen Reproduction derselben. Sie wurde sehr beifällig aufgenommen und man muss es zum Lobe der jungen Künstler nachsagen, dass sie die Schilderung des Pausanias getreu im Bilde wiedergegeben und den Geist des Alterthums, soweit es zu ihrer Zeit möglich war, trefflich erfasst haben.

1. Titelblatt.

Unterhalb des Titels der thronende Zeus mit Scepter und Wagschale in den Händen, Apollo und Minerva, jener zur Linken, stehen zu Seiten des Thrones.

H. 10″ 8‴, Br. 15″ 9‴.

2. (1) Menelaos lässt sein Schiff zur Abfahrt von Troja rüsten.

Man sieht das Schiff und auf demselben Knaben und Männer, Im Ganzen sieben Figuren. Der Steuermann Phrontis, mit zwei Rudern in den Händen, steht vor dem Mast und hinter der jugendlichen Gestalt des Ithaimenes, der ein Kleid auf beiden Händen trägt. Ein Matrose, neben diesem, zieht die Segel auf, ein zweiter rechts, mit einem Ruder in der Linken, streckt die Rechte gegen Phrontis aus. Der jugendliche Echoiax schreitet links, mit einem ehernen Krug in den Händen, die Schiffsleiter (ein Brett) herab.

H. 10″ 10‴, Br. 16″.

3. (2) Der Abbruch des Zeltes des Menelaos.

Amphialos, Alphios, Strophios und Polites sind mit der Arbeit beschäftigt, die beiden letzteren, zur Rechten, reissen gemeinsam an einem Pfahl, Alphios, in der Mitte vor der Thür des Zeltes auf das eine Bein niedergekniet, ist mit einem Pfosten auf der Schulter in Begriff sich zu erheben, Amphialos, mit zwei Pfählen in den Händen, steht links bei einem auf dem Boden ruhenden Knaben.

H. 10'' 9''', Br. 16''.

4. (3) Electra befestigt der Helena die Sandalen.

Composition von sieben Figuren. Helena sitzt links in einem Sessel, Electra, in der Mitte niedergekniet, schlingt das Band der Sandale um ihren Fuss. Die Dienerin Pantalis steht hinter dem Rücken der Helena, und der junge Euybates, gegen einen Stab gestützt, zu ihrer Linken. Diomede, Briseis und Iphis, rechts zu einer Gruppe vereinigt, betrachten die schöne Gestalt der Königin.

H. 10'' 10''', Br. 16''.

5. (4) Euryalos, Lycomedes, Meges und Helenus.

Helenus, des Priamos Sohn, sitzt, in einen Purpurmantel gehüllt, in Nachsinnen versunken, zur Rechten, Euryalos steht gegenüber mit dem erhobenen linken Fuss auf einem Stein, vorn übergebeugt und gegen seinen Spiess gestützt, Lycomedes und Meges, jener mit zwei Spiessen, dieser mit einem Helm auf dem Kopf, stehen gegeneinander und gegen einen Stein gelehnt, zwischen beiden.

H. 9'' 2''', Br. 15'' 10'''.

6. (5) Demophoon und Etra.

Demophoon, des Theseus Sohn, sitzt zur Linken auf einem Stein, er stützt in nachsinnender Haltung den Kopf auf die Hand, er denkt darüber nach, wie er seine vor ihm stehende

Mutter, die Aethra, deren Kopf kahl geschoren ist, zu befreien vermöge. (Das Blatt hat keine Nummer.)

H. 7″ 2‴, Br. 10″ 7‴.

7. (6) Die klagenden Trojaner.

Andromache mit einem nach ihr verlangenden kleinen Knaben sitzt zur Rechten, Medesikaste, eine Tochter des Priamos, ist auf das Knie niedergesunken und verhüllt vor Schmerz ihr Gesicht, Polyxena, sehnsüchtig in die Ferne blickend, steht hinten bei einem Stein. Links sieht man Nestor ein unruhiges, ungestümes Pferd halten.

H. 9″ 1‴, Br. 15″ 11‴.

8. (7) Kreusa, Aristomache, Klymene und Xenodike.

Gefangene Trojanerinnen; Xenodike steht zur Rechten gegen einen Oelbaum gelehnt, Aristomache, mit dem Fuss auf einem Stein und Klymene ihr gegenüber, Kreusa, in einen Mantel gehüllt, bei ihnen zur Linken.

H. 8″ 6‴, Br. 12″ 10‴.

9. (8) Epeus und die Frauen auf dem Ruhebett.

Epeus, zur Linken, ist dargestellt, wie er die Mauer von Troja, über welche der Kopf des hölzernen Pferdes hervorragt, einreisst. Vier Frauen, Deinome, Meliocho, Pisis und Kleodike, sitzen, zwei und zwei beisammen, in der Mitte auf einem Ruhebett.

H. 10″ 10‴, Br. 16″.

10. (9) Der Eidschwur des Ajax.

Der gerüstete Ajax steht in der Mitte am Altar, auf dessen Sockel er seinen Fuss gesetzt hat, und streckt die Rechte gen Himmel. Sein runder Schild trägt das Symbol eines liegenden Löwen. Kassandra, mit der Statuette der Pallas, sitzt vor dem Altar. Menelaos und Agamemnon, in voller Rüstung und jener mit dem Scepter, stehen links, Odysseus, Akamas und Polypoites

rechts. Akamas ist nackt. Am Schilde des Monelaos ist eine
Schlange.

H. 12''', Br. 18'' 10'''

11. (10) Neoptolemos erschlägt Astynoos.

Der Held, in voller Rüstung mit rundem Schild, an welchem
der Medusakopf abgebildet ist, stürzt mit geschwungenem
Schwert über Elassos, der erschlagen am Boden liegt, weg auf
den Astynoos, der auf die Kniee gesunken ist und seine Linke,
wie um Gnade flehend, gegen Neoptolemos ausstreckt.

H. 9''', Br. 13'' 11'''.

12. (11) Laodike bei dem Altar.

Die sorgenvolle, den Kopf auf die Hand stützende Laodike,
Gattin von Antenors Sohn Halikaon, steht bei einem Altar,
auf welchem ein Harnisch liegt; ein um Schutz flehender nackter
Knabe umfasst den Altar. Medusa ruht links am Fusse eines
grossen Weihbeckens, das sie umfasst, und hinter demselben
liegt der erschlagene Leokritos. Eine kahlköpfige Dienerin mit
einem weinenden Kind auf den Knieen sitzt hinter Medusa.

H. 10'' 9''', Br. 16''.

13. (12) Eine Gruppe von vier erschlagenen Helden.

Pelis, Euoneus, Koroibos und Admetos. Sie liegen bei einander am Boden, Pelis links, Euoneus und Admetos noch in
ihrer Rüstung, die beiden andern nackt.

H. 9'' 1''', Br. 15'' 9'''.

14. (13) Anchialos und Sinon tragen den Leichnam
des Laomedon weg.

Beide, nackt, nur mit einem Mäntelchen hinter dem Rücken,
sind links, und hinter ihnen liegt der erschlagene Eresos,
Agenor, Priamos und Axios, in Purpurmäntel gehüllt, ebenfalls
erschlagen, in der Mitte und rechts.

H. 10'' 9''', Br. 16'' 1'''.

15. (14) Die Abreise der Familie des Antenor.

Die Gattin Theano steht rechts vor der Thür des Palastes, vor welcher zum Zeichen der Schonung ein Parderfell hängt, sie streckt ihre Hand aus über ihre beiden auf einem Panzer und Stein sitzenden jungen Söhne, Glaukos und Eurymachos; Antenor in Reisekleidung sitzt in Gedanken versunken bei ihnen und seine Tochter Krino, mit einem Säugling auf dem Arm, schreitet hinter zwei Dienern her, die einen Kasten auf ein Pferd laden, auf welchem bereits ein Knabe sitzt.

H. 12″, Br. 17″ 10‴.

16. (15) Gesammttableau der Gemälde auf der rechten Seite der Lesche.

Die Mauer von Troja scheidet die Darstellung in zwei Hälften; oben in der Mitte sieht man Epeus die Mauer einreissen und die vier Frauen auf dem Ruhebett, rechts unten auf der Küste den Abbruch des Zeltes des Menelaos und Vorkehrungen zur Abfahrt, links unten die Abreise der Familie des Antenor.

H. 9″ 3‴, Br. 15″ 10‴ d. Pl.

16. Dasselbe Werk.

Zum Unterschied vom vorigen wollen wir es den „Römischen Polygnot" nennen. Es ist ein ganz neues Werk, in weit grösserem Format und erschien in zwei Abtheilungen, jedoch ohne Bezeichnung als solche, 1826 und 1829 in Gross Querfolio-Format.

Der Titel lautet: *Peintures de Polygnote à Delphes, dessinées et gravées d'après la description de Pausanias. Par F. et J. Riepenhausen. Rome 1826. 1829.* Hinter der Vorrede steht: *Imprimé à Rome par Phil. et Nicol. de Romanis.* Die erste Abtheilung enthält auf 20 Tafeln incl. des Titelblatts mit 29 Bildern lib. 10. c. 28—31, die zweite auf 18 Tafeln lib. 10. c. 25—27. Die erste Abtheilung ist ganz neu, die zweite behandelt meist dieselben Gegenstände der ersten oder deutschen

Ausgabe, aber ganz neu und abweichend. Im Ganzen ist die Behandlung wohl correcter und treuer, jedoch moderner, weniger charakteristisch, weniger Geist als Routine, ein entschiedener Rückschritt. — Als Text ist jeder Abtheilung eine kurze Erläuterung vorgeheftet.

Wir verdanken diese Beschreibung der Güte des Herrn Prof. Unger in Göttingen; wir selbst haben die römische, in Deutschland wenig bekannte Ausgabe des Polygnot noch nicht gesehen.

.

17. Die Darstellungen zu Virgils Aeneide der Herzogin v. Devonshire. 1820.

H. 4″ 6‴, Br. 6″ 6‴.

Wir besitzen von dieser seltenen, oben rechts numerirten Folge nur 6 Blätter, die Nummern 1, 3, 4, 5, 6, 8. In den Handel ist sie nicht gekommen, da bekanntlich der Kupferstecher Gmelin die Kupfer zu diesem Prachtwerk gestochen hat. Riepenhausens Blätter, obschon gut ausgeführt, scheinen keine Berücksichtigung gefunden zu haben.

Unser Exemplar hat keine weitere Schrift als den Namen des Künstlers links unter der Darstellung und römische Ziffern oben rechts.

Wir geben in Kürze den Inhalt der Blätter an:

1. (I.) Abreise. Ein alter und junger Mann, auf Mauleseln reitend, verlassen ein Haus, aus dessen Thür rechts ein Maulthiertreiber hervortritt.

2. (III.) Beide Männer, aus einem Kahn an's Land gestiegen, löschen ihren Durst an einer Fontaine mit einer Nymphe.

3. (IV.) Begrüssungsscene. Beide in der Thür eines Hauses stehend, begrüssen und laden drei Männer ein, deren Pferde links ein Knecht hält.

4. (V.) Bewillkommnungsscene. Acht Figuren; zwei Paare umarmen sich. Der Greis freudig erstaunt, tritt rechts zur Thür hervor.

5. (VI.) Ball- oder Kugelspiel in einem offenen Hofraum; vier Männer üben das Spiel, zwei rechts sitzende Greise schauen zu.

6. (VIII.) Abschied. Ein Mann auf einem Maulthier nimmt von drei andern Abschied.   Links im Hintergrund auf der Höhe eine Stadt.

INHALT

des Werkes der Brüder Riepenhausen.

ALBERT CHRISTOPH DIES.

Dieser vielseitig begabte, leider unglücklich geendete
Künstler ward 1755 zu Hannover geboren und war der
Sohn des landschaftlichen Wittwenkassen-Registrators
Anton Dies. Sein Vater bestimmte ihn zum gelehrten
Stande und liess ihn bis zu seinem 16. Jahre das Gymnasium besuchen, allein warme Ideale von Freiheit und
Hang zur Musik und Malerei erfüllten seine Seele; sie
mögen durch Iffland und C. Ph. Moritz, die zu
gleicher Zeit mit ihm die Schule besuchten, noch mehr
angeregt und befestigt worden sein. Er entschied sich
für die Malerei, ohne der Musik je ganz zu entsagen.
Leider erhielt er zum Lehrer einen ganz talentlosen
Zunftmaler und Brodarbeiter, im Grunde aber, da ihm
dieser keinen befriedigenden Unterricht ertheilen konnte,
wurde Dies, indem er Preisler's Zeichnenbuch und andere Kupferstiche copirte, sein eigener Lehrer. Im
zweiten Jahre erklärte der Meister, er sei im Zeichnen
bereits fest genug und kaum konnte der Schüler den
Pinsel führen, so musste er für seinen Brodherrn schon
Gemälde copiren. „Gewöhnlich," sagt Dies selbst, „sass
er und vergoldete den Rahmen zu dem Bilde, das ich
verfertigt hatte. Dabei trank er viel Branntwein und
dann machte er sich über sich selbst lustig. Schön!
der Schüler malt das Bild und der Meister vergoldet

den Rahmen! Einst sollte er ein altes Brustbild zu
einem Kniestück vergrössern, er durchsuchte alle seine
nach Kneller copirten Stellungen, bis er eine fand, die
tauglich schien. Es musste ein Arm gezeichnet werden,
er konnte aber nie eine passende Proportion treffen
und rief endlich: „Was Regel! die Natur übertrifft alle
Regeln." Nun mass er seinen eigenen Arm und über-
trug die Länge und Dicke desselben auf die Lein-
wand. — Gegen Ende des dritten Jahres verliess Dies
auf Antreiben seines Vaters diesen unbefähigten Lehr-
meister und reiste mit 30 Ducaten Unterstützung von
der hannoverschen Kammer nach Düsseldorf. Im Frühjahr 1775 wanderte er rheinaufwärts nach Mannheim
wo er an Pigage empfohlen war, er sah die Gallerie,
Schwetzingen und lernte Verschaffelt und F. Kobell
kennen. Letzterer schlug ihm vor, einige Jahre bei
seinem Freunde H. Wüst in Zürich zu studiren und
gab ihm Empfehlungen mit auf den Weg. Pigage em-
pfahl ihn an den Kupferstecher Ch. van Mechel in
Basel, in dessen Hause er drei Monate weilte. Hier
sah er Bilder von Wüst, in welchen er aber seine Ideale
nicht finden, vielmehr in Vergleich mit den herrlichen
Schöpfungen Poussin's nur leere und mühsame Natur-
nachahmung erkennen konnte. Sein Entschluss war
rasch gefasst, er legte dem Empfehlungsschreiben an
Wüst einige Entschuldigungen bei und machte sich
fertig zur Reise nach Rom, das schon längere Zeit das
Ziel seiner Sehnsucht gewesen war. — In jugendlicher
Verwegenheit, ohne Kenntniss der italienischen Sprache,
mit nur 30 Ducaten Unterstützung von seiner Regierung,
trat er mitten in der heissen lebensgefährlichen Zeit
seine Reise an, die er dennoch glücklich vollendete, indem er 1775 am 24. August in der ewigen Stadt ein-
traf. Indessen erkannte er bald, wie unvorsichtig er
gehandelt hatte: er sollte sich nähren von der Land-

schaftsmalerei, und musste sie selbst erst lernen, da
er bisher fast nur Portraits und Figürliches gezeichnet
und copirt hatte. Doch hielt er den Muth aufrecht,
copirte mehrere berühmte Gemälde, versäumte das
Studium der Natur nicht und zeichnete Abends nach
dem Modell. Drei Jahre trieb er mit gleichgesinnten
Freunden diese Studien. Die Copie eines Gemäldes
des Salv. Rosa, nach einer Hackertschen Nachbildung
gefertigt, misslang, Dies übermalte sie nochmals vor
dem Originale mit breiten und kühnen Strichen und
nun fand er an Piranesi einen enthusiastischen Be-
wunderer. Der bekannte Lord Bristol stimmte bald
in den Ton mit ein und wollte in seiner bekannten
Einseitigkeit durchaus einen Maler im Geschmack Salv.
Rosa's aus ihm machen, wozu Dies jedoch wenig Lust
hatte. — Seine Genügsamkeit schützte ihn vor der Nothwendigkeit allzu häufigen Copirens, dem Verderben so
vieler junger Künstler. So oft er 20—30 Ducaten übrig
hatte, lag er an der reichen Isisbrust der Natur in den
reizenden Gegenden von Albano und seinem geliebten
Tivoli.

Seine grosse Fertigkeit in Aquarell zu zeichnen, verband ihn einige Jahre mit Volpato, dem er bei der
Colorirung seiner römischen Ansichten Hülfe leistete.
Doch eine schwere Krankheit und der innere Vorwurf,
dass solche Fabrikarbeiten, anstatt Künstler zu bilden,
das Genie ersticken und der wahren Kunst nur scha-
den, löste zwar die Verbindung auf, aber nicht die
gegenseitige Freundschaft beider. — David malte um
diese Zeit in Rom seine berühmten Horazier und suchte
Dies, den er kennen gelernt hatte, zu bereden, nach
Paris zu gehen. „Hier in Rom," erklärte ihm David,
„wird man immer für einen Schüler gehalten, man altert,
ohne sein Glück zu machen." Dies schlug den Vorschlag aus und zweifelsohne zu seinem Glück, denn

bald darauf ereigneten sich die Gräuelscenen der Revolution. — Nachdem Dies von einem zweiten Ausfluge
nach Neapel zurückgekehrt war, vereinigte er sich 1792
mit seinen Freunden Reinhart und Mechau zur
Herausgabe der malerisch radirten Prospecte aus Italien für Frauenholz in Nürnberg, über welches schöne
und Aufsehen erregende Werk wir bereits ausführlich
im Leben Reinhart's gesprochen haben.

Ende des Jahres 1795 hatte Dies seine Platten für
dieses Werk bereits vollendet, während Reinhart noch
in Rückstand war. „Ich habe nunmehr,“ schreibt er an
Frauenholz, „die letzte Platte unter Händen und
nähere mich dem gänzlichen Ende unsers Werkes.“ —
Er bittet Frauenholz um Geld, „Sie werden sich wun-
dern, dass wir das Geld so nöthig haben, denn Sie
glaubten in einem Ihrer Briefe, dass wir mit unserm
Verdienste so ziemlich gut auskommen müssten. Ich
sage Ihnen als ein ehrlicher Mann, dass mir nichts
davon übrig geblieben ist und ich glaube, meine Collegen
sind in gleichem Fall. Es kommen viele Zufälle in Er-
wägung, von denen einer der ist, dass man jetzt 20 pCt.
auf Zettel gegen Geld verliert. Sogar die Kupfermünze
ist so rar, dass man 8 pCt. zahlt.“ Er hat den Plan
gefasst, eine neue Suite radirter Landschaften in gleicher
Grösse herauszugeben und schreibt darüber an Frauenholz: „Ich bin gewillt, eine Suite Landschaften in
gleicher Grösse der bisherigen Blätter zu radiren und
4 Platten (oder höchstens 6) jährlich zu liefern. — Die
ersten zwei Platten sollen das Aeussere und Innere
der Grotte des Neptun zu Tivoli darstellen. In der
Folge werde ich viele Gegenstände der Villa des Hadrian
mit einmischen. Rom selbst bietet in der Nähe viele
Punkte dem Künstler zur Behandlung dar, die ich benutzen werde.“ Das Vorhaben blieb leider in Folge
der kriegerischen Unruhen unausgeführt.

Frauenholz hatte zu wiederholten Malen seine Un-
zufriedenheit mit den Arbeiten von Dies und Mechau
gegen Reinhart geäussert. Dies antwortet: „Sehr oft
haben Sie Recht gehabt, aber verzeihen Sie — zuweilen
auch geirrt. Wenn Sie vorschlugen, dass Reinhart
(der es bekanntlich abgelehnt hatte) die Figuren zu
allen Blättern machen möchte, so war das ein Schreib-
fehler, es hätte billig Mechau diese Commission treffen
sollen, denn er macht sie, Thiere ausgenommen, wirklich am besten. Uebrigens hat die Kritik, sofern sie
mich anging, mich nie beleidigt. Ich kann es nicht
übel nehmen (ähnlich urtheilte auch Reinhart gegen
Frauenholz über diesen Punkt), dass der Geschmack
der Kunstrichter verschieden ist. So liebt der Eine
vorzüglich die Ausführung, hingegen der Andere das
Flüchtige. Ja, ich habe selbst Liebhaber gekannt, die
nur die Blätter vorzüglich schätzten, die mit äusserst
feinen Linien verfertigt waren. Hollar's Blätter mögen
zum Beweise dienen, von wie Vielen werden sie den
malerischen Kratzereien des Waterloo vorgezogen! Ich
halte es daher für billig, dass ein Jeder das Talent, was
ihm die Natur mitgetheilt hat, zu benutzen und soviel
auszuführen sucht, als er will und kann. Die verschiedenen Arten von Kunstproducten, die alsdann entstehen,
geben dem Liebhaber Stoff zum Vergnügen. Wären wir
aber gezwungen, alle denselben (einen) Weg zu gehen,
so würde manches Talent auf dem Wege zu Grunde
gehen. — Zum Schönen giebt es so viele Wege als es
Menschen giebt, die sich dem Schönen nähern wollen.
Hat nun Einer unter Tausenden wirklich das Schöne
gefunden, so kommen gleich die Kunstrichter hinterher,
ziehen Regeln heraus und prätendiren, dass alle Uebri-
gen auf demselben Wege gehen sollen. Lange nach
Homer schrieb erst Aristoteles seine Regeln über die
Dichtkunst. Seitdem nun geht man in den Schranken,

die Aristoteles festgesetzt hat und es entstehen keine
Homere! Mit allen Regeln über die Malerei — kein
Raphael! kein Claude! Ruysdael! Lauter Menschen,
die ihrem Talente folgten und aus deren Werken man
später Recepte für die Kunst zog. Beinahe möchte es
scheinen, als erstickte die Theorie das aufkeimende
Genie oder legte ihm Fesseln an!"

Der Krieg näherte sich der Stadt Rom, die Aussicht des Künstlers war misslich und so verliess er
im Mai 1796 die ewige Stadt in Gesellschaft seiner
jungen Frau, einer Römerin, mit welcher er sich als
Protestant heimlich vermählt hatte, um nach Deutschland
zu gehen. Sein Geist war frisch und munter wie immer,
sein Körper aber nahm ein schleichendes Siechthum
mit in die Heimat, dem er erst spät nach unsäglichen
Leiden erliegen sollte. Er hatte bei einer Erkrankung
das Unglück gehabt, von zwei Flaschen im Dunkeln
die unrechte zu ergreifen und anstatt Medizin eine
starke Quantität aufgelösten Bleizuckers zu trinken.
Da keine Bleikolik eintrat, achtete er die Sache nicht
gar hoch. Erst nach Verlauf einiger Jahre stellte sich
eine langsam zunehmende Nervenschwäche an der rechten Seite, an der Zunge, vorzüglich aber an der Hand
ein, die ihn jedoch viele Jahre hindurch wenig am Arbeiten hinderte.

Nach seiner Rückkehr nach Deutschland nahm Dies
anfangs seinen Wohnsitz in Salzburg, dessen malerische
Lage ihn gewaltig fesselte. Er bereiste das Salzkammer-
gut und Tirol, um Zeichnungen nach der Natur zu
fertigen, und malte im Auftrag des Erzbischofs
Hieronymus unter andern Bildern eine Ansicht von
Salzburg, im Westen der Stadt vom Ufer der Salza
aufgenommen. „Ich habe ihm (dem Erzbischof)," schreibt
er 1797 den 11. Mai, „die ersten 4 Stück um so billigen

Preis gemacht, dass ich Nichts daran gewonnen habe.
Ich sah diese durch 2 Bilder vermehrt, ohne dass vom
Preise die Rede war, ich machte daher Vorstellungen
und legte die Frage vor, ob es nicht billig sei, dass
ein Maler suche am Ende eines jeden Jahres wenigstens 100 Dukaten erspart zu haben, wenn er anders
einen gesunden Blick in die Zukunft machen will?
Der ganze Adel sah die Billigkeit dieser Frage ein,
nur der Erzbischof hat sich bis jetzt noch nicht ent-
schliessen können, eine bestimmte Antwort darüber zu
ertheilen. Ich bin nun gewillt, die Antwort nicht zu
erwarten, und sobald ich mit dem vierten Gemälde fertig
bin, anfangen Zeichnungen zu machen. — Ich habe
Commission für Artaria in Mannheim Zeichnungen
zu machen und er schreibt selbst, dass er weitläufige
Aussichten habe, aber ich kenne ihn nicht genug und
er ist mir auch etwas zuweit entfernt, so dass ich
lieber mit Ihnen (Frauenholz) in fernerer Verbindung
zu stehen wünsche." Am 10. Juli: „Ich habe diesen
Sommer ganz dem Zeichnen bestimmt. — Es giebt zwar
eine Art, die Zeichnungen mit der Feder zu umreissen
und leicht weg zu tuschen und zu coloriren. Diese Art
befriedigt mich nicht, denn ich liebe Farbe und Effekt
und suche daher, so viel ich kann, die Wirkung eines
Gemäldes hervorzubringen. Meine Methode, den Preis zu
bestimmen (4 bis 10 Dukaten), nehme ich nicht nach der
Grösse der Zeichnung, sondern nach der Zeit und Mühe,
so mir dieselbe kostet, so dass ich mir oft für grössere
Zeichnungen weniger zahlen lasse als für kleinere. —
Bei der Ablieferung des letzten Gemäldes war der Erzbischof sehr gnädig und liess mich mehrere Arbeiten
hoffen, ja ich vermuthe, dass er den berühmten Wasserfall zu Gastein, wo er sich gegenwärtig im Bade auf-
hält, verlangen wird. Ich weiss nicht mehr, ob ich
Ihnen schrieb, dass der Graf Kuenburg bei mir

III.   9

2 Gemälde bestellt hat und 100 Dukaten dazu bestimmt, auch die Grösse und Wahl mir freilässt?"

Gegen Herbst 1797 siedelte Dies nach Wien über,
wo er bis an seinen Tod gelebt und gewirkt hat. Er
machte anfangs öfters Ausflüge in die nahen und entfernteren Umgebungen der Kaiserstadt, selbst bis nach
Ungarn und erfreute sich besonders der Gunst des
Fürsten Esterhazy. Indessen wurde sein durch
die Wirkungen des Bleizuckers bereits zerstörter Körper
durch seine eifrigen Studien noch mehr angegriffen.
Die Schwäche der rechten Hand und der Zunge nahm
immer mehr zu, die Besorgniss, sich bald an allem Erwerb für sich und die Seinigen völlig gehemmt zu sehen,
gewann täglich mehr Wahrheit, Capitalien hatte er sich
nicht erworben, seine Frau nur aus Liebe geheirathet;
vom Bilderhandel, einem Erwerbszweig, der sich von
selbst anzubieten schien, hielt ihn innerlicher Wider-
wille und wohl auch Mangel merkantilischen Geistes ab.

Die Lähmung des Körpers griff weiter und weiter
um sich und am Ende versagten ihm alle Glieder den
Dienst, er war an den Sorgenstuhl gebannt und weinte
oft bittere Thränen über sein hartes Loos. Mit un-
glaublicher Langsamkeit vermochte er in den letzten
Jahren kaum am Arm eines ihn Leitenden und mit
Hülfe eines Stockes im Zimmer umherzugehen. Ein
häufig wiederkehrender Krampf hielt ihn oft lange in
einer angefangenen Bewegung festgebannt, die er nicht
vollenden konnte. Er trug sein Leiden mit männlicher
Kraft und Ruhe, man sah sein Angesicht nie verändert,
eine ewiggleiche freundliche Heiterkeit glomm in seinen
blauen Augen und zeugte von unerschütterlicher Ruhe
des Gemüths, ja er ergoss sich oft gradezu in Laune
und muthwilligen Frohsinn. Seine Phantasie war dabei
so thätig, dass er aus den Falten des Tischtuches, den
Holzadern des Fussbodens, wie einst Leon. da Vinci

aus dem ungleichen Kalkbewurf der Mauern, Stoffe zu
Gemälden herauslas. — Der Tod erlöste endlich nach
jahrelangen Leiden den seelenvollen Künstler 1822 den
28. December.

Dies war zu seiner Zeit ein Künstler von Ruf. Er
genoss in Rom eine ausgebreitete Bekanntschaft und
hatte die Ehre von namhaften Männern aufgesucht zu
werden. Er kam mit den Dichtern Goethe, Heinse,
Graf Stolberg u. A. in Verbindung, doch war es nicht
allein die Malerei, sondern besonders seine Vorliebe für
Poesie und Musik, welche diese Verbindungen knüpfte.
Er machte selbst kleine Gedichte und Epigramme, fertigte ein grösseres komisches Epos: „Der wachende
Genius über die Kunst der Malerei." Er wollte mit
diesem Epos keineswegs als Dichter glänzen, nur auf
leichte, mehr spielende Weise auf den hohen Werth
der Malerei aufmerksam machen und zur Reinigung
des Geschmacks beitragen. — Für die Vaterländischen
Blätter (1811) Nr. 6 und 9 schrieb er zwei Abhand-
lungen: „Hingeworfene Bemerkungen über Kunst und
deren Nothwendigkeit in Hinsicht auf Finanzwesen" und
einen „Vorschlag zu einem Museum heutiger Kunst für
Oesterreich," die einen denkenden und umsichtigen
Künstler verrathen. — In der Musik war Haydn, dessen
Leben er auch beschrieben hat, sein Lieblingsmeister;
er spielte mit gleichem Geschick auf Violine, Viola und
Violoncello, componirte Quartette und Sonate, ver-
nichtete sie jedoch meist wieder schon in Rom.

Seine Leistungen in der Malerei und Aetzkunst
zeugen von Talent, Fleiss und eifrigem Studium. Freilich hat er die Höhe seines Freundes Reinhart nicht
erreicht und in der Technik gelang ihm die Aquarelle
besser und leichter als das Oelbild. Er kam in einer
Zeit nach Rom, wo der Hackertsche Einfluss in voller
Blüthe stand, anfangs gezwungen, viele Copien, zum

Theil nach Hackert, zu malen, hielt er auch später an
der Hackertschen Richtung fest, indem er fast nur Ansichten und Veduten fertigte. Betrachtet man diese
Arbeiten neben verwandten Leistungen Reinharts, besonders in der Radirung, so lässt sich in ihnen bei
aller Geschicklichkeit in Auffassung und Wiedergabe
der Natur ein gewisses nüchternes und oberflächliches
Wesen nicht verleugnen.

Von seinen Bildern nennen wir: Die Cascatellen von
Tivoli, 1792 nach eigenem Bilde radirt; Ansicht bei
Salzburg mit dem Geissberg im Hintergrund, 1796, und
Landschaft aus der Umgegend Salzburgs mit Gewitter,
1797, beide im Belvedere zu Wien; sechs Ansichten
aus der Gegend von Eisenberg in Ungarn, für Fürst
Esterhazy gemalt. Die Cascatellen zu Tivoli und das
Thal Ustica, 1798, in Prag (patriotische Kunst-
freunde); zwei Landschaften nach Hackert, im
Schloss zu Sagan; zwei Ansichten aus dem Co-
losseum und Felsgrotte mit Durchsicht auf einen Fluss,
ebenfalls nach Hackert, in der Sammlung des Fürsten
Hohenzollern-Hechingen zu Löwenberg; Landschaft nach einer Idylle S. Gessners, für den Herzog
von Curland, 1787; Ansicht des Vesuvs mit dem
Golf von Neapel und Ansicht eines Theiles der Stadt
Neapel. Zwei Gouachebilder, Gegend von Albano und
die Pyramide des Cestius waren in der Sammlung des
Dekan Veith zu Schaffhausen.

DAS WERK DES A. CHR. DIES.

1—2. 2 Bl. Die Landschaften mit Armida und Medea in den Lüften.

H. 6" 9''', Br. 8" 11''' — 9" 2'''.

Nachtstücke 1784 und 1792 zu Rom nach eigenen Compositionen radirt, mit zweizeiligen italienischen Versen in der Mitte und den Ziffern I. und II. rechts im Unterrand.

I. Vor den Versen und vor den Ziffern, sowie vor Veränderung des mit der Nadel gerissenen Künstlernamens.

II. Mit den Versen, Ziffern und der Veränderung des Namens, der wie die übrige Schrift mit dem Grabstichel gestochen ist. Die Jahreszahl 1792 ist auf dem zweiten Blatt weggelassen.

1. Armida und Rinaldo.

Felsige Seeküste mit dicken Bäumen rechts vorn. Armida entführt Rinaldo in einem, mit einem Drachen bespannten Wagen auf dunkelm Gewölk links über der felsigen Seeküste, sie zeigt mit ihrem Scepter himmelaufwärts, Amor, mit Bogen in der Hand, schwebt vor dem Drachen voraus. Am Himmel steht der Mond, der sich in der Flut spiegelt. Im Unterrand der Vers:

Giace Rinaldo sovra un carro aurato
E dorme in sen della diletta Armida.

Links unter der Radirung: *A. C. Dies fec. aq. fort. Roma* 1784, rechts die römische Ziffer I.

Dies merkt in einem Briefe an Frauenholz, der die Platte um 10 Zechinen kaufte, an, dass er den obigen Vers wegnehmen und dafür die Worte aus Tasso:

— mentre egli dorme, il fa riporre
Sovra un suo Carro, e ratta il ciel trascorre.
Tasso Canto 14. Stanza 68.

einstechen lassen wolle.

2. Die Flucht der Medea.

Düstere Gewitterlandschaft. Felsiges zerrissenes Terrain mit
einem Wasserfall rechts vorn, zwei grossen, vom Sturm ge-
peitschten Bäumen links und mit einer Seebucht im Hintergrund zwischen felsiger Küste. Blitze leuchten durch das
schwarze Gewölk. Medea, in einem, mit einem dreiköpfigen
feuerspeienden Drachen bespannten Wagen fährt rechts auf
Gewölk vorüber. Drei Furien mit Pechfackeln schweben über
dem Drachen. Im Unterrand der Vers:

Ecco l'empia Medea, che in aer fugge
Le furie ha innanzi ed il rimorso in petto.

Links unter der Radirung: *A. C. Dies fec. aq. fort. Romae* (die
I. Abdrücke haben A. C. Dies f. Romae 1792), rechts die
Ziffer II.

3. Der See Nemi.
H. 4'' 11''', Br. 6'' 8'''.

Felsige Landschaft mit weiter Ferne, bergigem Hintergrund
und mit einem See im Mittelgrund, der links vorn einen Abfluss
hat. Links auf felsiger Höhe erblicken wir eine Ruine, im
Mittelgrund hinter dem See Gebäude einer Stadt. Rechts vorn
erhebt sich bis oben eine zerklüftete Felsmasse, neben welcher
Bäume stehen. Ein Hirt sitzt in der Nähe dieser Bäume auf
dem Ufer des Sees, in Gespräch mit einer ihm gegenüberstehenden Frau, die einen flachen Korb unter dem Arm trägt,
seine aus fünf Ziegen bestehende Heerde ruht auf dem Rande
des Ufers. Unten links unter der Radirung: *A. C. Dies f.
Roma* 1794, rechts die Zahl 1.

I. Aetzdruck. Vor der Luft und vor vielen Arbeiten am
Terrain und Laub der Bäume behufs Dämpfung der
weissen Lichtflächen.

II. Aetzdruck. Mit diesen Arbeiten und mit der Luft, —
aber noch vor der Zahl 1 und vor verschiedenen Vollen-
dungsarbeiten auf dem Boden des Vorgrundes und an
den Felsen links, worauf die Ruine ruht.

Vollendeter Abdruck. Mit der Zahl 1 und mit den zuvor
noch vermissten Arbeiten. Der Boden in der Mitte vorn,
der hinter dem Laub des hier liegenden abgebrochenen
Baumastes noch ganz weiss war, ist jetzt zugestrichen.

4. Der Satyr mit der Rohrpfeife.
H. 2″ 4‴, Br. 3″.

Der Satyr sitzt links vorn auf dem Ufer eines Baches unter
dem überhangenden Ast eines Baumes auf einem Stein und
bläst auf einer Rohrpfeife; er hält sein Instrument mit beiden
Händen und hat das eine Bein über das andere geschlagen.
Neben seinem Fuss lehnt bei seinem am Boden liegenden
Thyrsusstab ein Tamburin. Der Hintergrund der Landschaft
ist durch einen Fels geschlossen. Links im Unterrande:
A. C. Dies 1791.

Aetzdruck. Vor der Luft und vor der Zustreichung der
weissen Stellen am Fels.

5. 24 Bl. Malerisch radirte Prospecte aus Italien.

Ueber diese schöne Folge, welche Dies in Verein mit Reinhart und Mechau radirte, haben wir ausführlich im Catalog
des J. C. Reinhart, Band I. Seite 588, gesprochen und ver-
weisen dahin in Betreff der Entstehung, Ausführung wie der
Abdrucksgattungen.

5. Muro torto, preso in Villa Borghese. (1792.)
Aussicht aus dem Garten der Villa Borghese auf eine alte
mit Schlingkraut bewachsene Mauer, die sich an hüglichtem
Terrain links in den Mittelgrund hineinzieht. Links vorn erblicken wir vor einer Baumgruppe ein Monument, in der Nähe
auf einem breiten Wege einen Herrn, eine Dame und einen
Knaben, — letzteren mit seinem Hut in der Hand, — welche
die Aussicht von der Villa betrachten, rechts vorn ein kleines
Stück vom See des Gartens, auf welchem zwei Enten schwimmen·

In der Mitte des Hintergrundes ist S. Giovanni in Laterano sichtbar. Unten links unter der Ansicht: *A. C. Dies f. Romae* 1792.
H. 9″ 3‴, Br. 13″ 1‴.

6. Cascatella di Tivoli. (1792.)

Aussicht in das felsige und bewachsene Gebirgsthal des Anio
mit dem Wasserfall, der rechts im Hintergrund von der Höhe
herabstürzt. Das Thal öffnet sich vorn in ganzer Breite des
Blattes, auf den Seiten stehen hier links drei hohe Bäume,
rechts eine alte Eiche. Eine Strasse schlängelt sich an der Felswand aus dem linken Mittelgrund gegen vorn, wo eine Frau,
rechtshin auf einem Esel reitend, den Tönen eines die Guitarre
spielenden, nebenherschreitenden Mannes lauscht. Unten links
unter der Ansicht: *A. C. Dies pinx et incid. Romae* 1792.
H. 9″ 3‴, Br. 13″ 2‴.

7. Cascatella di Tivoli. (1792.)

Andere Ansicht. Aussicht in ein enges felsiges Flussthal mit
einer Cascade, die rechts oben von der bewachsenen Höhe
schäumend herunterstürzt. Von der Stadt selbst ist nichts
sichtbar. Der Fluss (Anio), aus dem Mittelgrund gegen vorn
strömend, bildet mehrere Fälle. In der Mitte vorn oder unten
ruht ein Hirt, seine kleine aus drei Ziegen bestehende Heerde
befindet sich links. Links unter der Ansicht: *A. C. Dies f.
Romae* 1792.
H. 12″ 5‴, Br. 9″ 2‴.

8. Lago di Nemi. (1792.)

Aussicht auf den See von Nemi mit weiter durch das Meer begrenzter Ferne, ähnlich der kleinen Reinhartschen Radirung
und von derselben Stelle aus aufgenommen. Der See, in
kesselartiger, von Höhen eingeschlossener Vertiefung, breitet
sich im Mittelplane aus. Links auf der Höhe ist das Städtchen
Nemi, rechts hinter dem See ein anderes, ebenfalls auf der
Höhe gelegenes Städtchen sichtbar. Rechts vorn erhebt sich

ein hoher Baum auf einem Felsstück, bei dessen Fuss drei
Ziegen weiden. In der Nähe sitzt auf einem Stein ein Hirt,
welcher sich mit einem rechtshin zeigenden Jäger unterhält.
Unten links unter der Ansicht: *A. C. Dies f. Romae* 1792.

H. 9" 3''', Br. 13" 3'''.

9. Ponte lupo a Tivoli. (1792.)

Enges, felsiges und bewachsenes Flussthal, übrigens ohne
Brücke. Eine schroffe, an der Vorderseite kahle Felsmasse erhebt sich rechts vorn bis zur obern Ecke des Blattes, unten vor
ihrem Fuss kommt ein Jäger, mit einem Hund am Leitseil aus
dem Flussbett heraufgestiegen, er spricht mit einem andern
Mann, der mit der einen Hand linkshin zeigt und mit der andern
einen Stock über der Schulter hält, an welchem sein Mantel
hängt. Unten links unter der Ansicht: *A. C. Dies f. Romae* 1792.

H. 12" 6''', Br. 9" 2'''.

10. Tivoli. (1793.)

Ansicht von Tivoli, welches sich oben auf felsiger und bewachsener Höhe durch die ganze Breite des Blattes erstreckt. Die
Staffage bildet ein junger Mann links unten, der mit einem
Stock nach einer sich aufrichtenden Schlange schlägt. Unten
links unter der Ansicht: *A. C. Dies f. Romae* 1793.

H. 9" 4''', Br. 13" 1'''.

11. Tempy della Sivilla, e di Vesta á Tivoli. (1793.)

Die beiden Tempel der Sibylla und Vesta zu Tivoli. Sie liegen
oben rechts dicht nebeneinander auf abschüssiger bewachsener
Felswand, der eine ein runder Bau mit Säulenumgang, der
andere ein länglicher Bau mit einem Thurm. Ein drittes, läng-
liches Gebäude, ebenfalls mit einem Thurm, wird links fast in
gleicher Höhe wahrgenommen. Unten links in der Tiefe sitzt
der Künstler, welcher die Ansicht zeichnet. Bei ihm steht ein
witternder, nach rechts gekehrter Dogge. Unten links unter
der Ansicht: *A. C. Dies f. Romae* 1793.

H. 12" 7''', Br. 9" 7'''.

12. A pié del monte Catillo detto monte della Croce a Tivoli. (1793.)

Am Fusse des Kreuzberges bei Tivoli. Aussicht in ein offenes, zum Theil bewachsenes Gebirgsthal mit einem Fluss, der zwei Wasserfälle bildet und aus dem Mittelgrund gegen links vorn strömt. Rechts vorn erhebt sich ein dürrer, von Epheu berankter Baum; ein Bauer zerhackt mit einer Axt die Aeste eines zweiten, abgebrochenen Baumes, während seine Frau das gespaltene Holz aufliest, um es auf ein Maulthier zu laden. Links unter der Ansicht: *A. C. Dies f. Romae* 1793.

H. 9″ 4‴, Br. 13″ 1‴.

13. Terme di Caracalla. (1793.)

Die Ruinen der Termen des Caracalla, massive Mauerüberreste im Hintergrund der Landschaft in gleicher Entfernung mit einem castellartigen Gebäude, welches rechts von ihnen auf einem bewachsenen Hügel wahrgenommen wird. Der grösste Theil des mittleren und vorderen Planes ist mit dichtem Baumwuchs bedeckt, namentlich auf der rechten Hälfte des Blattes. Vorn auf beiden Seiten erheben sich alte Mauerüberreste, von welchen der links stehende geborsten ist und beinahe bis zur oberen Einfassungslinie hinaufreicht. In der Mitte vorn sitzt bei einem Baufragment, das reliefartigen Schmuck mit einem springenden Panther oder Löwen in einer Laubarabeske trägt, ein Bauer oder Hirt einer Frau gegenüber, die ein Wickelkind auf dem Schoos hält. Rechts grast ein Esel. Links unter der Ansicht: *A. C. Dies f. Romae* 1793.

H. 9″ 2‴, Br. 13″ 1‴.

14. Lago in Villa Borghese. (1793.)

Ansicht des Sees im Park der Villa Borghese. Der See, auf der rechten Seite von üppigem Baumwuchs eingefasst, erstreckt sich durch den ganzen Mittelgrund, ein antiker Tempel, links hinter demselben gelegen, spiegelt sich in seinem klaren Wasser. Auf beiden Ecken der Estrade, auf welchem dieser

Tempel ruht, sitzen ein Flussgott und eine Flussnymphe. Unter einer Baumgruppe auf einer vorn in den See vorspringenden kleinen Erdzunge liegt eine Gondel. Ein Herr mit einer Dame am Arm lustwandelt rechts vorn auf ein zweites in der Mitte befindliches Paar zu, von welchem die Dame sich amüsirt, den Schwänen und Enten des Sees Futter zu reichen. Unten links unter der Ansicht: *A. C. Dies f. Romae* 1793.

H. 9" 3"', Br. 13" 2"'.

15. Nemi. (1793).

Gebirgige Landschaft mit Ansicht des Städtchens Nemi, das rechts auf der Höhe des Blattes auf Felsen liegt. Links unten in der Tiefe ist ein Stück des Sees sichtbar. Auf einem grossen Fels in der Mitte des Vorderplans wächst ein grosser, auf die linke Seite geneigter Baum, dessen Fuss von Buschwerk umwachsen ist Rechts vorn sitzt ein in einen Mantel gehüllter Herr, der mit einem vor ihm stehenden Burschen spricht, letzterer trägt in der Hand einen Korb mit Früchten. Unten links unter der Ansicht: *A. C. Dies f.* 1793.

H. 12" 7"', Br. 9" 8"'.

16. Rudera, esistenti a Tivoli del Piano inferiore della Villa di Cassio. (1793.)

Mauer- und Bogenüberreste des Unterbaues der Villa Cassius zu Tivoli. Sie erstrecken sich von der linken Seite bis in den rechten Mittelgrund und sind von Erde verschüttet oder bedeckt und mit Bäumen bewachsen. Im rechten Vorgrund ruht eine aus sechs Schafen, Ziegen und zwei Lämmern bestehende Heerde, deren Hirt weiter zurück sich mit einem Manne unterhält, der auf einem verwitternden Baumstamm sitzt. Ein Berg schliesst den Hintergrund. Unten links unter der Ansicht: *A. C. Dies f. Romae* 1793.

H. 9" 2"', Br. 13" 2"'.

17. Rovine del Piano superiore della Villa di Cassio a Tivoli.   (1794.)

Ansicht eines andern Mauerüberrestes aus dem Erdgeschoss derselben Villa.   Das Fragment steht in der Mitte vorn, trägt als äussere Mauerverzierung ein rautenartiges Geflecht und ist in der Mitte oben mit Schlingkraut bewachsen.   Es lehnt gegen einen Hügel, der mit Bäumen bewachsen ist.   Vorn links steht ein in einen Mantel gehüllter Mann, welcher mit einer auf einem Stein sitzenden Frau spricht.   Ein Armkorb steht neben der Letzteren.   Links unter der Ansicht: *A. C. Dies f. Romae* 1794.

H. 12" 7''', Br. 9" 5'''.

18. Terme publiche in Villa Adriana.   (1794.)

Ueberreste der öffentlichen Thermen in der Villa des Hadrian. Ausgedehnte Ruinen in zwei Gruppen, links und rechts im Mittelgrund des Blattes, mit Gesträuch und Schlingkraut bewachsen.   Vorn links erheben sich zwei hohe Bäume, rechts sitzen bei Baufragmenten ein Hirt und ein Mönch einander gegenüber und sind in Gespräch begriffen, in der Mitte erblicken wir zwei Stiere und zwei Schafe.   Links unter der Ansicht: *A. C. Dies f. Romae* 1794.

H. 9" 1''', Br. 13".

19. Avanzi della Villa di M. Bruto a Tivoli.   (1794.)

Ansicht der Villa des Brutus zu Tivoli.   Langgestreckte, auf Bogen oder Arkaden ruhende Ruine, oben mit Schlingkraut und Gesträuch bedeckt, vorn durch vorliegende Hügel von verschiedener Grösse zum Theil verdeckt.   Vor dem grösseren Hügel rechts vorn ruht eine Gruppe von zwei Ziegen, einem Schaf und Widder.   Links vorn ruhen zwei Stiere — der eine liegt — und im Mittelgrund dieser Seite erblicken wir fünf ruhende Schafe, sowie dicht vor der Ruine zwei Hirten auf einem Hügel.   Hinter der Villa stehen Bäume.   Unten links unter der Ansicht: *A. C. Dies fece. Roma* 1794.

H. 9" 1''', Br. 13".

20. Villa Mecenate. (1794.)

Ansicht der Villa des Mäcen zu Tivoli. Sie liegt oben auf bewachsener felsiger Höhe, von der ein Wasserfall gegen den linken Mittelgrund herunterstürzt. Links unten auf dem Ufer des Flusses treibt ein Bursche, der ein Tuch unter dem Arm trägt, einen mit zwei Bottichen beladenen Maulesel. Unten links unter der Ansicht: *A. C. Dies f. Romae* 1794.

H. 12″ 9‴, Br. 9″ 5‴.

21. Porta scura, o sia Entrata nella Villa Mecenate. (17 4.)

Eingang zur Villa des Mäcen. Dunkle und dicke Thorwölbung mit zwei grossen Bogenöffnungen in der linken Wand. In der Mitte vorn sitzt ein Hund, rechts steht ein von hinten gesehener Bursche an einer Balustrade oder Mauer, der einen hinter dieser Mauer vorbeibrausenden Bach betrachtet. — Der Blick fällt durch die Thoröffnung auf ein im Hintergrund gelegenes Haus und eine hohe Mauer mit einer Laube. Zwei Frauen, die eine mit einem Bündel auf dem Kopf, schreiten in der Richtung des eben genannten Hauses. Unten links unter der Ansicht: *A. C. Dies incise.* *Roma* 1794.

H. 9″ 2‴, Br. 13″.

22. In Villa Mecenate. (1794.)

Innere Ansicht aus dem Gewölbe der Villa des Mäcen, in welcher rechts ein kleiner Fluss vorbeiströmt. Zwei Männer, der eine mit einer Hacke in der Hand, stehen in der Mitte auf dem Ufer des Wassers. Unten links unter der Ansicht: *A. C. Dies incise.* *Roma* 1794.

H. 9″ 2‴, Br. 13″ 1‴.

23. Sepolcro di L. Cellio a Tivoli. (1795.)

Ueberrest vom Grabmal des Cellius zu Tivoli. Es liegt in einer bewachsenen Thalschlucht und scheint ursprünglich von runder oder konischer Gestalt gewesen zu sein. Vorn rechts

treibt ein Bursche einen Packesel, links schreitet in der Richtung des Mittelgrundes eine vom Rücken gesehene Frau, die
einen Korb unter dem Arm trägt. Der Hintergrund ist bergig.
Unten links unter der Ansicht: *A. C. Dies f. Romae* 1795.

H. 9" 1''', Br. 13" 1'''.

24. Templo di Giove Olimpico in Villa Adriana. (1795.)

Mauerüberreste vom Tempel des Olympischen Zeus in der Villa
des Hadrian.   Die Ruine erhobt sich im Grunde des Blattes
hinter hohen Bäumen.   Eine kleine aus sechs Schafen bestehende Heerde ruht im Mittelplan und rechts von ihr bei dem
Fuss eines Baumes ruhen zwei Hirten, von welchen der eine,
stehend und gegen den Stamm des Baumes gelehnt, die Flöte
bläst, während der andere, sitzend, sich mit einem kleinen
Mädchen unterhält.   Das Licht fällt von der linken Seite in das
Blatt. Links unter der Ansicht: *A. C. Dies incise. Roma* 1795.

H. 9" 1''', Br. 13" 1'''.

25. Situatione del Templo di Vesta a Tivoli dirim-
petto la Cascata.   (1795.)

Ansicht aus Tivoli mit dem Wasserfall, der links vorn herunterstürzt. Rechts oben ist der runde Tempel der Vesta sichtbar.
Unten links unter der Ansicht: *A. C. Dies f. Roma* 1795.

H. 9" 2''', Br. 13" 1'''.

26. Sepolcro di Plauzio vicin' a Tivoli.   (1795.)

Grabmal des Plautius bei Tivoli.   Ein grosser massiver Rundthurm, links im Grunde des Blattes gelegen; rechts in unmittelbarer Nähe und nur durch eine Strasse geschieden gewahren wir ein modernes Gebäude, wie es scheint eine Locanda,
und vor der Ecke desselben eine steinerne einbogige Brücke
über einem Fluss.   Links vorn erhebt sich ein grosser Baum.
In der Mitte vorn auf dem Ufer des Flusses hält ein Treiber
ein beladenes, aus einem Futtersack fressendes Packpferd, das
von einem schreienden gesattelten Esel begleitet ist.   Der

Treiber spricht mit einer auf einem Stein sitzenden Frau, die einen kleinen Knaben bei sich hat. Unten links unter der Ansicht: *A. C. Dies f. Roma* 1795.

H. 12″ 6‴, Br. 9″ 4—5‴.

C. H o r n y hat dieses Blatt in verkleinertem Maasstabe copirt 1796.

27. Cascata, e Ponte di St. Rocco a Tivoli. (1795.)

Ansicht der St. Rochusbrücke zu Tivoli, von unten aus gesehen, wo rechts unter aufgespanntem Sonnenschirm der zeichnende Künstler sitzt. Die hochgewölbte, einbogige, auf zum Theil bewachsenem Felsgrund ruhende Brücke gewährt Durchsicht auf den Wasserfall zu Tivoli und einige Häuser der Stadt, sie wird links oben von einem Gebäude überragt, an dessen Mauer sich Schlingkraut hinaufrankt. Unten links unter der Ansicht: *A. C. Dies f. Roma* 1795.

H. 12″ 7‴, Br. 9″ 5‴.

28. Cascatella Superiore a Tivoli. (1796.)

Ansicht des obern Wasserfalles zu Tivoli, der in der Mitte des Blattes schäumend und in breiter Masse von einem Bergrücken herabstürzt. Auf diesem Bergrücken, der die Aussicht in den Hintergrund der Landschaft sperrt, werden oberhalb der Cascade zwischen Bäumen drei Gebäude wahrgenommen. Der Vorgrund ist eben, rechts steht eine Gruppe von fünf Bäumen, von dieser Gruppe zieht sich eine Reihe grossblättriger Pflanzen nach der linken Seite hinüber, wo am Fusse eines schlanken Baumes ein Hirt sitzt der sich mit einem vor ihm stehenden Jäger unterhält. Eine kleine Heerde von fünf Schafen und Ziegen ruht in der Nähe. Unten links unter der Ansicht: *A. C. Dies incise Roma* 1796.

H. 9″ 1‴, Br. 12″ 9‴.

.

INHALT

des Werkes des A. Chr. Dies.

———

CLEMENS v. ZIMMERMANN.

Vor wenigen Monaten verschied in München ein hochverdienter, in weiten Kreisen bekannter Künstler, ein Mitschöpfer des neuen monumentalen München, ein Freund und Berather des kunstglühenden Königs Ludwig I., der ihm vertrauensvoll hohe Aemter in die Hand gelegt, ein Mitzeuge der Wiedergeburt unserer Kunst, Landsmann und Mitarbeiter des berühmten Cornelius. Bei dieser hervorragenden Stellung Zimmermann's in Kunst und Leben geziemt es sich wohl, dass wir ausführlicher auf sein Wirken eingehen. Verfolgen wir es an dem Faden der Erinnerungen, die der Verewigte in den letzten Jahren für dieses Buch eigenhändig niedergeschrieben hat.

Clemens v. Zimmermann erblickte den 8. November 1788 (nicht 1789) in Düsseldorf das Licht der Welt. Es war in der Zeit des Ausbruchs der französischen Revolution, deren Stürme bald ganz Europa in Erschütterung setzten; die Eltern blickten mit Bangen in die dunkele Zukunft, ihr Sohn aber, damals noch Kind, schaute sorglos in's Leben, denn seine Welt war noch das heitere Spiel. Sieben Jahre alt geworden ward er in die Elementarschule geschickt, in welcher bereits der um zwei Jahre ältere P. Cornelius sass. Dieser zeichnete schon damals fleissig nach Raphael und der Antike, und diese

III.   10

Uebungen, die er öfters in die Schule mitbrachte, erregten das Staunen seiner Mitschüler, und ganz besonders unsers jungen Zimmermann, der sich herzlich
sehnte bald ähnliche Zeichnungen ausführen zu können.
— Bis zum Jahre 1800 blieb Zimmermann in der Elementarschule, dann besuchte er etwa ein Jahr lang
das Gymnasium und trat aus diesem in das Lyceum
über. Er war dreizehn Jahre alt, als er seine ersten
Versuche im geregelten Zeichnen begann, sie wurden
in der Akademie von P. Langer, der das Directorat
dieser Anstalt verwaltete, geleitet und eine der ersten
Arbeiten dieser Art war die Copirung der zwölf Apostel
des Marcanton nach Raphael. Freilich konnte der
junge Zimmermann noch nicht frei über seine Zeit verfügen, er schwärmte wohl für die Kunst, aber die
Schularbeiten des Lyceums forderten fürs erste drin-
gendere Berücksichtigung, was er im Zeichnen leistete
war wesentlich nur eine Frucht der Thätigkeit seiner
Musestunden. — Das änderte sich im Jahre 1804, wo
Zimmermann das Lyceum verliess und den festen Entschluss fasste, sich ganz der Kunst zu widmen. Er
trat in die Akademie ein und fing bereits an Versuche
in der Oelmalerei zu machen, seine ersten Uebungen
waren Köpfe grau in Grau nach Gypsbüsten, und als
er sich allmälig die Führung des Pinsels angeeignet
hatte, wagte er sich an die Herstellung eines farbigen
Bildes nach einem Original des Belucci, das auch so
ziemlich zu seiner Zufriedenheit ausfiel.

Die Zeitverhältnisse waren für den akademischen
Unterricht in Düsseldorf wenig günstig, die Franzosen
bedrohten den Rhein, die berühmte Gallerie musste
flüchten, zuerst nach Ostfriesland, von da nach Holstein
und wenn sie allerdings, nachdem die Gefahr des Raubes
glücklich abgewendet worden war, auch wieder zurückkehrte, so war ihr Bleiben in Düsseldorf doch nur von

kurzer Dauer. — Trotz mehrfacher Unterbrechungen und Störungen des akademischen Unterrichts schritt Zimmermann in seinen Studien, mit denen es ihm voller Ernst war, glücklich fort und errang sich die Zufriedenheit seines Lehrers Langer. Freilich so weit war er in der Ausbildung noch nicht vorgeschritten, dass er sich an Aufgaben wagen durfte, die bereits damals sein Freund Cornelius zu allgemeiner Zufriedenheit löste. Auch dieser hatte mit Copien nach Bildern der Gallerie begonnen, und es war unter diesen vornehmlich eine Ruhe der von der Jagd ermüdeten Diana mit ihren Nymphen, nach Rubens, besonders glücklich gelungen. Sein grosses Altarbild für die Kirche der Franciskaner in Düsseldorf, ganz besonders aber seine Malereien in der Kuppel der Kirche zu Neuss offenbarten bereits jenes ernste und tiefe Kunststreben, das später so glänzend zur Wiedergeburt unserer historischen Malerei geführet hat.

Im Jahre 1805 trat in Düsseldorfs Kunstverhältnissen eine gänzliche, vielfach folgenschwere Umgestaltung ein. Als Preussen gegen die Verbündeten in den Kampf trat, befürchtete Bayern eine Wegnahme der Gallerie, es kam der Befehl aus München, Gallerie und Archive abzuführen.

Die Stände protestirten, aber der Wille des Fürsten war mächtiger, die Gallerie, begleitet von den Inspectoren Brulliot und Treuillon, wanderte nach München, Langer und Hess, jener Director, dieser Professor der Akademie, folgten in Kurzem nach. Wohl befand sich noch eine ziemliche Anzahl Schüler in Düsseldorf, und an Langer's Stelle wurde Lambert Cornelius mit der Leitung der Akademie betraut, aber mit dem Weggang der besten Lehrer und der Gallerie war auch der Ruf der Anstalt aufs Tiefste erschüttert.

Zimmermann setzte noch zwei Jahre seine Studien

10*

in Düsseldorf fort, er war mit dem Erfolg nicht zufrieden, wollte er sein hoffnungsvoll begonnenes Streben
nicht gänzlich vereitelt sehen, so blieb ihm nichts Anderes übrig, als seinem alten Lehrer nach München zu
folgen.

Dies geschah im Jahre 1808, dem Gründungsjahr
der neuen, gänzlich umgestalteten Akademie, an welcher
Peter Langer als Director und sein Sohn Robert
als Professor wirkten. Es herrschte ein ausserordentlich reges Leben an dieser Anstalt, der Ruf der Lehrer
hatte eine so grosse Schülerzahl herangezogen, dass die
Klasse, in welcher das Zeichnen nach dem lebenden
Modell gelehrt wurde, in zwei Hälften getheilt werden
musste. Diese Uebungen nach dem lebenden Modell
fanden Abends statt, am Tage malte Zimmermann mit
einigen andern Schülern, Muxel, Rhomberg etc., unter
Leitung des Directors unmittelbar nach dem Leben.
Der Wetteifer der Schüler trug bald seine guten Früchte,
Zimmermann war schon so weit fortgeschritten, dass er
sich an eigene Compositionen wagen konnte; seine
erste, Mercur und Argus, entstand im Jahre 1811, seine
zweite, das Opfer Noah's, zugleich Concurrenz-Aufgabe
der Akademie, trug 1812 den ersten akademischen
Preis davon. Neben historischen Compositionen, deren
Inhalt zum grössten Theil der Bibel entlehnt war, führte
Zimmermann auch viele Portraits in Oel und Zeichnung
aus, die wir als eine gute Bildungsschule für den an-
gehenden Historiker betrachten können.

Bis zum Jahre 1814 blieb Zimmermann im Verbande
der Akademie, es fand in diesem Jahre eine grosse
Ausstellung statt, auf welcher seine Arbeiten zahlreich
vertreten waren; ausser den Portraits des Gallerie-In-
spectors Brulliot, der Grafen Seinsheim und Trips, des
Barons Freiberg, ausser mehreren grossen Zeichnungen
und Skizzen, welche fast sämmtlich biblische Stoffe be-

handelten, war es besonders ein Bild: Theseus wie
ihm seine Mutter von den Thaten des Vaters
erzählt, welches die Aufmerksamkeit der Kunstfreunde
auf sich zog. Rumohr ist in seinen „Denkwürdig-
keiten der Kunstausstellung 1814" des Lobes voll, er
zählt Zimmermann neben Muxel und Rhomberg zu
jenen jungen Kräften, die bereits der Meisterschaft sehr
nahe gekommen sind: „der erstere (Zimmermann) scheint
zunächst mit jenem lebensfröhlichen Sinne begabt, dem
die Dichtung des Alterthums den gefälligsten Stoff
leiht und in der Behandlung desselben unterstützt ihn
ein nicht gemeiner Geschmack. Das ausgestellte Bild,
Theseus und seine Mutter, ist bei grosser Reinheit
der Form, Schönheit der Stellung und Gewandung, an-
ziehend durch die alterthümliche Einfalt der Charaktere
und einen gewissen Ernst, der glücklich zum Gegen-
stande stimmt. Eine angeborene und glücklich ausge-
bildete Leichtigkeit in der Auffassung der Form und
Behandlung der Farbe, kündigt sich in jedem Zuge an
und vorzugsweise in dem guten Localton und in dem
gefälligen Farbenauftrag der nackten Theile."

In Jahre 1814 löste Zimmermann sein Verhältniss
zur Akademie; er wollte eine selbstständige Existenz,
ein eigenes Haus gründen und trat in die Ehe mit der
Tochter des bekannten Königlichen Garten-Intendanten
v. Skell. Aber seit sechs Jahren hatte er die Heimat,
die Eltern, die alten Freunde und Studiengenossen
nicht wieder gesehen, die Sehnsucht nach Düsseldorf
ward wach in seiner Seele und am 30. December reiste
er dahin ab. Manches hatte sich verändert: der ältere
Bruder war als Freiwilliger in einem französischen
Regiment an die spanische Grenze gegangen; ein lieber
Studiengenosse, der Maler Breitenstein, der auch
zu Cornelius in innigem Freundschaftsverhältniss
stand, war auf diesem Zuge gestorben; Cornelius

selbst weilte schon seit drei Jahren in Rom. Zimmermann fand von seinen alten Freunden und Studiengenossen wenige mehr vor, dennoch richtete er sich ein
Haus ein und begann zu malen; eine Flucht nach
Aegypten war die erste in Düsseldorf entstandene Composition, das Bild fand sofort seinen Käufer; darauf
führte Zimmermann eine Reihe Portraits aus, unter
welchen wir in erster Reihe die Bildnisse seiner Eltern
und Brüder nennen.

Im Herbste 1815 trat ein entscheidender Wende-
punkt für Zimmermann's Lebensverhältnisse ein, er
ward, ohne es zu ahnen, durch ein Decret der Akademie
in München überrascht, in welchem König Max I. ihn
zum Leiter der Filial-Kunstschule in Augsburg ernannt
hatte. Er säumte nicht, alsbald nach München zurück-
zukehren, um seinen ehrenvollen Posten anzutreten.
Die Augsburger Kunstschule lag sehr im Argen, eine
gänzliche Umgestaltung war dringend nöthig und Zimmermann, der sich eine reiche Fülle praktischer Kunst-
kenntnisse angeeignet hatte, gewiss der rechte Mann,
das gesunkene Institut neu zu beleben. Bauliche Arbeiten am Gebäude verhinderten die sofortige Eröffnung.
Zimmermann glaubte diese unfreiwillige Muse nicht
besser ausfüllen zu können als durch eine Studienreise
in Italien, nach welcher er sich schon längst gesehnt
hatte. Freiherr v. Grafenreuth, königl. General-
Commissär in Augsburg, ertheilte ihm gerne den ge-
wünschten Urlaub und der König wies zur Unterstützung
eine ansehnliche Summe aus seiner Privatkasse an.

Im Anfange des Jahres 1816 trat Zimmermann seine
Römerfahrt an. Verona fesselte zuerst den jungen
Mann, Padua gewährte reichere Ausbeute, besonders
waren es die Fresken des Giotto in St. Annunziata und St.
Antonio, die ihn anzogen; dann wurde Venedig besucht
und seine Kunstschätze, besonders die Werke von Tizian

und Paul Veronese, volle vierzehn Tage mit Muse betrachtet. Ueber Padua wieder nach Verona zurückgekehrt suchte er nun Mantua auf, um die berühmten Fresken
des Giulio Romano im Palazzo del T zu betrachten, er
bewunderte die geistvolle Composition, vermisste aber
vollendeten Schönheitssinn und Adel in den Körper-
formen sowie in der sehr braunrothen und monotonen
Farbe. Von Mantua ging es weiter über Ferrara nach
Bologna, wo die schönsten Bilder der Akademie soeben
wieder aus Paris zurückgekehrt waren; Rimini, Ancona,
Loretto und andere Städte wurden nur flüchtig besucht,
Zimmermann sehnte sich nach Rom, wo ihn sein Freund
Mosler aus Coblenz schon längere Zeit erwartete. Er
nahm seine Wohnung auf Trinitá del Monte, in demselben Hause, wo der bekannte Bildhauer Eberhard
sein Atelier hatte. Der erste Gang mit Mosler und
Eberhard war zum Hause Bartholdi, wo Zimmermann
Cornelius, Overbeck, Veit und Schadow in
voller Arbeit begriffen fand. Keiner wusste von der
Ankunft Zimmermann's, und um so grösser war die
Freude der Ueberraschung. Die berühmten Fresken
waren damals schon fast zur Hälfte vollendet, Zimmermann erkannte in ihrem ernsten und geistvollen Vortrag
eine neue, an die Werke des 15. Jahrhunderts erin-
nernde Kunstrichtung, die ernsten Vorboten der Wiedergeburt unserer Malerei aus der Versumpfung und Lüstern-
heit des vorigen Jahrhunderts. — Den Sommer blieb
Zimmermann in Rom; aus München waren alte liebe
Bekannte angekommen: Galleriedirector v. Dillis, Dom-
capitular Späth, Aug. Graf v. Seinsheim, Phil.
Veit und Banquier Strasburger, sie wollten weiter
ziehen, nach Neapel und Sicilien, und Zimmermann
schloss sich ihnen an. Es war im Herbste 1816. Was
Neapel und seine Umgebung in Kunst und Natur Schönes
und Merkwürdiges bieten konnte, ward aufgesucht

und bewundert. Amalfi, Pästum, Pompeji, der Vesuv, Capo di Monte, Bajä etc.; reich an neugewonnenen Eindrücken, voll Jubel über die mannigfaltigen malerischen Reize der Umgebungen Neapels langte die kleine Künstlergesellschaft im November wieder in Rom an. Dillis, Veit und Strasburger reisten nach München zurück, Seinsheim und Zimmermann blieben in Rom.

Bis jetzt hatte Zimmermann noch wenig gearbeitet, die meiste Zeit war auf Reisen, Betrachten und Studiren verwendet worden. Es galt das Versäumte nachzuholen, zumal auch Graf Seinsheim in der Absicht ernstlicher Studien nach Rom gekommen war; er begann mit Zeichnungen von Köpfen und ganzen Figuren nach den Fresken des Raphael im Vatican, und sein ihm angeborener Sinn für Schönheit der Form und epische Ruhe in seinen Bildern hat durch dieses Studium Raphaelischer Kunst die geeignete Förderung erhalten.

Als die vorgerückte herbstliche Jahreszeit das Arbeiten im Vatican nicht mehr erlaubte, richtete er sein Studium in seiner eigenen Wohnung ein, indem er Skizzen mit der Feder zu alttestamentlichen Compositionen entwarf, um sie in Oelfarben auszuführen.

Zimmermann's Urlaub ging zu Ende, er nahm Abschied von Rom, und kehrte nach kurzem Aufenthalt in Florenz, wo ihn Rumohr zu den schönsten Denkmälern dieser Stadt geleitete, nach München und auf seinen Posten an der Kunstschule in Augsburg zurück.

Neu belebt, legte er alsbald Hand an ein grösseres Werk, eine Madonna mit dem Kind und kleinen Johannes in landschaftlicher Umgebung (in Besitz des Sensals Vannoni in Augsburg), welches nebst drei andern kleineren Bildern, einer Flucht nach Aegypten, einem Abschied des Tobias von seinen Schwiegereltern und einem Por-

trait des Hofgarten-Intendanten v. Skell, 1817 auf der
Kunstausstellung in München erschien. In Augsburg
waren die baulichen Einrichtungen der Kunstschule zur
Vollendung gediehen und die neu eingerichtete Anstalt
ward noch im Herbst desselben Jahres dem Studium
geöffnet. Der Unterricht erstreckte sich auf fast alle
Zweige der ausübenden Kunst, er begann mit dem
Zeichnen nach Vorlagen, Gypsbüsten und Statuen, ging
dann zur Zeichnung nach dem lebenden Modell über
und zuletzt kamen jene Schüler, welche besondere Begabung für die Malerei offenbarten, in den Actsaal, um
nach der Natur in Oel zu malen.

Zimmermann hat zehn Jahre lang diese Schule zu
vielfachem Segen geleitet und eine Anzahl Schüler heran-
gebildet, die sich später einen guten Namen in der
Kunst erworben haben, wir nennen die Genremaler J.
B. Kirner († 1866) und J. Geyer, die Historienmaler
C. Nilson und M. Veith († 1846), den Landschafter
M. Rugendas († 1858) u. A. Seine eigene selbst-
schöpferische Thätigkeit bewegte sich während dieser
Zeit besonders auf dem Felde der Portraitmalerei, seine
Bildnisse, die frappante Aehnlichkeit der Züge mit
sprechendem Charakter, eine warme Carnation mit
zartem gefälligen Farbenauftrag verbanden, waren be-
liebt und wurden öffentlich vielfach belobt, wir nennen
die Portraits der Banquiers Vollmuth und Grammich,
des Sensals Vannoni, des Doctors Brunner von Neuburg, des Finanzraths Schätzler und der Frau des
Wechslers J. Obermaier, besonders aber das Bildniss
des Königs Maximilian I., das Zimmermann in Lebensgrösse und in königlichem Ornat 1820 für den Magistrat
ausführte, und jenes der Königin Hortensia, die mit
ihrem Sohne Louis Napoleon damals in Augsburg lebte.
Hortensia besass Talent zur Kunst, sie dichtete, componirte, malte und zeichnete auf den Stein, Zimmer-

mann hatte Zutritt zu ihrem Hause und hat sie in der
Kunst der Zeichnung auf den Stein unterrichtet.

Im Jahre 1825 ward Zimmermann als Professor an
die Akademie in München berufen, mit deren Directorat
nach Langer's Tod Cornelius betraut worden war. Der
kunstbegeisterte Kronprinz Ludwig hatte in demselben
Jahre den väterlichen Thron bestiegen und unter seinen
Auspicien begann jetzt ein neues Leben an der Akademie, ein grosses, in Deutschland unbekanntes Ringen,
Wetteifern und Schaffen in der Kunst. Eine der ersten
Früchte dieser reichen Thätigkeit war die von Klenze
erbaute Glyptothek, die 1816 begonnen und 1830 vollendet ward. Cornelius wurde 1819 mit der malerischen Ausschmückung dieses Gebäudes betraut, indem
die beiden grossen Festsäle und ihre Vorhalle mit
Fresken aus der griechischen Götter- und Heldensage
in cyklischer Folge geschmückt werden sollten. Die
Aufgabe war umfangreich und Cornelius, zumal er
lieber componirte als malte, sah sich veranlasst, sich
seiner Schüler und Gehülfen bei diesem Werke, dessen
Vollendung dennoch zehn Jahre (1820—1830) in Anspruch nahm, zu bedienen, es waren Hess, Schlotthauer, Heydeck, Sippmann, Neureuther, Eberle,
Thelott und unser Zimmermann. Von Zimmermann,
dessen Wirksamkeit hier allein in Betracht kommt,
wurden folgende Fresken (nach den Zeichnungen des
Cornelius wie alle Bilder) ausgeführt, im Göttersaal das
Hauptbild des Gewölbviertels: der Morgen: Aurora, zwischen den Horen, voran Lucifer, fährt Blumen streuend
mit ihrem Zweigespann empor; — links: Aurora beim
Hahnenruf sich vom Lager erhebend, Tithonus und
Memnon schlummern noch auf ihrem Lager; — an den
Wänden die Hauptgemälde: das Reich des Neptun
oder die Wasserwelt, der Olymp oder das Reich des
Zeus, die Unterwelt oder das Reich des Pluto von

Cornelius unter Beihülfe von Zimmermann und Schlotthauer gemalt, — links vom Fenster an der Decke:
Hekate, Nemesis und Harpokrates, — in der Arabeske
das Streiten der wilden und geheimnissvollen Natur-
kräfte, welches das organische Leben vorbereitet, —
in der kleinen Vorhalle die linke Lünette mit Pandora
und Epimetheus, — im Trojanischen Saal: das Urtheil
des Paris, die Hochzeit des Menelaos, das Opfer der
Iphigenia, von Zimmermann und Schlotthauer gemein-
schaftlich gemalt, — Achilles unter den Töchtern des
Lykomedes, Menelaos im Zweikampf mit Paris, Achilles,
dem Priamos die Leiche Hektors gewährend, — die
Wandgemälde: der Zorn des Achilles, der Kampf um
den Leichnam des Patroklos, die Zerstörung von Troja,
von Cornelius mit Beihülfe von Zimmermann und
Schlotthauer gemalt. — Von Oelbildern, die während
dieser Zeit entstanden, nennen wir: Joseph von seinen
Brüdern verkauft, auf der Münchener Ausstellung 1826,
die Vermählung der h. Katharina, Italienische Pilger
auf dem Wege nach Loretto, auf derselben Ausstellung .1829.

Gleichzeitig mit den Malereien in der Glyptothek
entstand in München ein zweites Denkmal der neube-
lebten Freskomalerei, das aber nicht der alten Kunst,
sondern der vaterländischen Geschichte geweiht war,
ich meine jene Fresken in den Arkaden, welche die
Vermittelung zwischen der Residenz und dem 1822 nach
Klenze's Plan erbauten Bazar bilden. Rottmann zierte
diesen Bazar mit landschaftlichen Fresken aus Italien;
die historischen Fresken, die wichtigsten Ereignisse
Bayerns unter der Herrschaft der Wittelsbacher darstellend, wurden von verschiedenen Künstlern selbstständig ausgeführt; auch Zimmermann war dabei be-
theiligt, er malte die Belehnung Otto's v. Wittelsbach
mit dem Herzogthum Bayern 1180.

Nach Beendigung der Malereien in der Glyptothek erhielt Cornelius den Auftrag den Corridor der alten Pinakothek mit Fresken zu schmücken. Er hatte bereits begonnen den Grundgedanken des Ganzen und kleine Skizzen der Einzelbilder zu entwerfen, da er aber gleichzeitig mit den umfassenden Malereien in der Ludwigskirche beschäftigt war, fand er keine Muse die Ausführung der Pinakothekarbeiten zu unternehmen und zu leiten.

König Ludwig beauftragte nun 1827 Zimmermann, die weiteren Vorbereitungen, die Anfertigung der Cartons und die Ausführung der Bilder selbst vorzunehmen. 1830 ward das umfangreiche Werk begonnen und mit Beihilfe von Gassen, Hiltensperger, Neureuther 1840 glücklich zu Ende geführt. Die Disposition des Bildercyklus ist hier durch die örtliche Räumlichkeit bedingt. Der ganze Corridor, 419 Fuss lang, 18 Fuss breit, und 29 Fuss hoch, enthält 25 Bogenstellungen, die mit ebensovielen auf Wandpfeilern ruhenden flachen Kuppeln überwölbt sind. Nur diese Kuppeln und die an der Wand darunter befindlichen Lünetten sind mit Fresken geschmückt und veranschaulichen in reicher Fassung die geschichtliche Entwickelung der christlichen Kunst. Die ersten 13 Kuppeln behandeln die Geschichte der Malerei in Italien, die übrigen beziehen sich auf die Entwickelung der Kunst in Deutschland, Niederland und Frankreich, jede Kuppel ist irgend einem der einflussreichsten Künstler oder auch einer ganzen Schule zugetheilt. Beide Reihen beginnen an den beiden Enden und vereinigen sich in der Mitte in der Loggie Raphael's, wie gewissermassen um den Grundgedanken des Ganzen zu veranschaulichen, dass die Kunst der christlichen Welt, weil in Raphael zu schönster Blüthe gereift, auf der innigen Verschmelzung christlichen und antiken Geistes beruhe.

Während Zimmermann noch mit dieser Arbeit beschäftigt war, war 1836 die von Klenze erbaute neue Residenz zur Vollendung gediehen; das schöne Gebäude, dessen Aeusseres an den Palast Pitti in Florenz erinnert, sollte innerlich mit reichem bildnerischen Schmuck ausgestattet werden, und Zimmermann war wieder einer jener Auserwählten, welche mit dieser Ausschmückung durch König Ludwig betraut wurden. Er hatte den Bilderschmuck des Speisesaales in 34 Gemälden nach den Dichtungen Anakreon's auszuführen; sie sind theils al fresco, theils enkaustisch und mit Beihülfe der beiden Freunde Anschütz und Nilson gemalt. Anakreon selbst als Sänger der Liebesgötter sehen wir an der Mitte der Decke, an der den Fenstern gegenüberstehenden Wand dann Anakreon am Altare des Bacchus die Leyer spielend, Anakreon als König des Schmauses und sein Kelterlied, in den Lünetten Anakreon's Traum wie er von scherzenden Mädchen geneckt wird, seine Aufforderung zur Freude, Amor's Wettstreit mit Mars etc.

An diese Werke reihen sich unmittelbar Zimmermann's Fresken im neuem Palais des Herzogs Max in Bayern. Klenze hat dieses 1830 vollendete Palais gebaut, Rob. v. Langer, Kaulbach und Zimmermann haben die Malereien ausgeführt. Von Zimmermann ist der Plafond des Tanzsaales mit tanzenden Figuren und das Altarbild der Kapelle, Maria von zwei Engeln gekrönt in Lebensgrösse.

Zimmermann hatte nun volle zwanzig Jahre fast nur al fresco gemalt, ob er noch so fest und sicher in der Technik des Oelmalens wie früher war, stand in Zweifel, und doch durfte er das Oelbild um so weniger vernachlässigen, als die grossen monumentalen Freskomalereien in München allmälig zur Vollendung gediehen waren. Er zog sich auf sein Atelier auf der Akademie

zurück, nahm Skizzen, die er schon früher gezeichnet
hatte, zum Vorwurf und fand zu seiner Freude, dass
es mit dem Oelmalen noch ganz gut von Statten ginge.
Verfolgen wir seine nächsten Schöpfungen auf diesem
Felde: eine heilige Cäcilia mit zwei singenden Engeln
erwarb 1836 der Münchener Kunstverein; ein Abschied
des jungen Tobias von seinen Eltern (1837), eine Madonna mit einem Kinde das die Mutter mit beiden
Händen umfasst und sie küsst, kamen in Besitz des
Hofbuchdruckers Rösel. Dazwischen entstand ein so-
genanntes Staffeleibild, welches König Ludwig 1845
erwarb, es stellt Cimabue zu Pferde vor, wie er den
jungen Giotto beobachtet, welcher, umgeben von Hirten,
die Umrisse eines Schafes in den Sand zeichnet; ein
anderes Staffeleibild, die drei theologischen Tugenden,
erwarb 1840 Bolgiano; eine mythologische Darstellung,
Mars, Venus und drei Amoretten, ward 1843 begonnen,
es ist noch in der Hinterlassenschaft des Künstlers.
Eine lebensgrosse Madonna mit dem schlafenden Kinde
auf dem Schoos, in einer Landschaft sitzend, wanderte
1846 auf die belgische Kunstausstellung und ward dort
verkauft. Eine grosse Composition mit lebensgrossen
Figuren, der Zug des Paulus zur Christenverfolgung in
Damaskus, gedieh nicht zur Vollendung (was erst spät,
1867, geschehen ist), nur der Carton und eine Farben-
skizze wurden fertig. Eine Himmelfahrt Mariä, grosses
Altarbild, malte Zimmermann (1852) für König Ludwig,
es ging als Geschenk des Königs nach Claire Village
in Australien.

Mittlerweile war Zimmermann nach dem Tode des
R. v. Langer 1846 mit der Direction der königlichen
Centralgallerie betraut worden, in dieser seiner neuen,
die Aufsicht von Kunstsammlungen verschiedener Art
umfassenden Stellung gab es viel zu ordnen, umzuge-
stalten und neu einzurichten; mit Liebe und Sorgfalt

erfüllte er seine Pflichten, aber beschränkt in seiner
Muse fand er wenig freie Zeit, um grössere selbstständige
Arbeiten auszuführen; sein Zug des Paulus zur Christenverfolgung in Damaskus konnte aus diesen Gründen
nicht zur Vollendung gedeihen. — Am 20. März 1848
übergab König Ludwig seinem Sohne Maximilian die
königliche Gewalt, der Politik müde, zog er sich in ein
stilles, ganz der Kunst geweihtes Leben zurück. Um
einen Sammelpunkt für Werke der neuen Kunst, wie
ein solcher schon für die alten Meister in der alten
Pinakothek bestand, in München zu schaffen, beschloss
Ludwig den Bau der neuen Pinakothek; dieselbe ward
1853 vollendet und Zimmermann mit der Einrichtung
und Leitung derselben betraut. Nur Gemälde unsers
Jahrhunderts fanden Platz in diesem Museum, sie
wurden unter jenen Bildern in Schleisheim, die Privat-
eigenthum des Königs waren, ausgewählt und sind
alljährlich durch neue Erwerbungen bereichert worden.
Bald nach der Einrichtung der neuen Pinakothek hatte
Zimmermann in Schleisheim eine ähnliche Aufgabe zu
erfüllen, König Max II. wünschte die Anlegung einer
vollständigen Genealogie des königlichen Hauses Bayern,
es gelang Zimmermann die grösste Mehrzahl der Bildnisse bayerischer Fürsten vom Jahre 1180 bis auf die
Gegenwart aufzufinden, nur in einigen Linien aus älterer Zeit blieben unausfüllbare Lücken.

Zimmermann vereinigte in seiner Hand die Direction
der Alten und Neuen Pinakothek sowie der Glyptothek; jene, (die Direction der Alten Pinakothek),
für sein hohes Alter zu mühsam geworden, wurde vor
drei Jahren dem Professor Ph. Foltz übertragen, die
Leitung der Neuen Pinakothek und Glyptothek blieb in
seinen Händen und eine seiner letzten Arbeiten war es,
alle jene Kunstwerke, welche bisher in der Bibliothek
Königs Ludwig gestanden hatten, in den untern Sälen

der Neuen Pinakothek aufzustellen. Diese Aufstellung
nahm fast volle drei Monate in Anspruch, leider hat
König Ludwig ihre Vollendung nicht mehr erlebt. Auch
Zimmermann stand dem Schlusse seines Lebens nahe,
der rüstige Greis hatte dasselbe auf 80 Jahre gebracht
und beschloss es, von den Vorboten des Todes vor der
Staffelei überrascht, nach kurzem Krankenlager gefasst
und ruhig den 24. Januar 1869. — München verlor in ihm
einen Mitschöpfer und Zeugen seiner ersten glänzenden
Kunstperiode, die Künstler und seine Freunde einen
liebenswürdigen, von Bescheidenheit, Herzensgüte und
Dienstbereitwilligkeit beseelten Genossen. — Er war
Ritter des Civil-Verdienstordens der bayerischen Krone,
des Ordens vom hl. Michael, des kgl. bayerischen Lud-
wigsordens, des k. k. österreichischen Franz-Josephs-
Ordens und des königl. württembergischen Kronenordens.

Wir haben Zimmermann's Werke bereits im Text
genannt. Versuchen wir eine kurze Charakteristik, so
dürfen wir im Allgemeinen sagen, dass Zimmermann
zwischen der akademischen Richtung und den selbstständigen Bestrebungen der neuen Kunst mitten inne
steht, zwischen beiden zu vermitteln sucht, in der
Schule der beiden Akademiker Peter und Rob. v. Langer
hatte er seinen Sinn für Schönheit der Form und tech-
nische Vollendung glücklich entwickelt, unter dem Einfluss der neuen, von König Ludwig beschützten Kunst
des Cornelius rang er dahin, seinen Gestalten innere
Belebung, gemüthvolle Beseelung zu verleihen. Grosse
Charaktere, gewaltige historische Ereignisse waren sein
Fach nicht, sanft und liebevoll von Gemüth wie er war
bevorzugte er auch in der Kunst liebliche, seelenvolle,
von starker leidenschaftlicher Erregung befreite Darstellungen, ja viele seiner besten Schöpfungen tragen ein
entschieden idyllisches, von heiterer Lebensanschauung
beseeltes Gepräge.

Als Radirer tritt uns Zimmermann auf einem neuen von ihm wenig angebauten Feld entgegen, dem Feld der landschaftlichen Darstellung. Es ist manches Steife und Harte in diesen Blättern, man fühlt die Ungewohntheit des Materials und des Gegenstandes und wir sind nach der eigenen Aussage des Künstlers auch nur berechtigt, sie als Versuche zu nehmen. — Die Platten kamen in Besitz des bekannten Kunsthändlers Joh. Grünling in Wien; es scheinen wenige oder gar keine Abzüge gemacht worden zu sein, da die Blätter äusserst selten vorkommen, nur zwei Platten scheinen sich erhalten zu haben, da uns von diesen neue Abdrücke zu Gesicht gekommen sind.

Zimmermann's Portrait ist uns in Lithographie erhalten in Kohler's Münchener Album 1841—42.

Folgende Compositionen Zimmermann's sind durch Reproduction in weiteren Kreisen bekannt geworden:

Die heil. Mutter. *J. Melcher* lith. König-Ludwigs-Album, gr. Fol.

Die Vermählung der heil. Katharina. Veni de Libano etc. *H. Kohler* lith. roy. Fol.

St. Cäcilia. *G. Scheuerlin* lith. gr. Fol.

Raphael's Tod, nach der Composition des Cornelius. *J. Rigal* lith. gr. qu. Fol.

Belehnung Otto's von Wittelsbach mit dem Herzogthum Bayern. *W. Gail* lith. Im Werk: Freskogemälde aus der Geschichte der Bayern. 19 Bl. München, qu. Fol. — Die Copien, München Herrmann, sind kleiner.

Dasselbe. *Wengg* lith., für das Cotta'sche Kunstblatt 1828.

DAS WERK DES CLEMENS v. ZIMMERMANN.

Radirungen.

1. S. Giovanni und Paolo in Rom.
H. 7" 1''', Br. 9" d. Pl.

Die grosse Ansicht. Die alte Kirche, mit viereckigem, von
offenen Arkadenbogen durchbrochenem Thurm, von einer Anzahl An- und Nebenbauten umgeben, liegt auf erhöhtem, mit
Gebüsch bewachsenem Terrain. Vorn ist eine Mauer und rechts
in gerader Richtung zwischen steinerner Mauer ein Weg,
auf welchem eine zahlreiche Procession mit Fackeln daherschreitet; Frauen und Kinder, rechts vorn den Zug erwartend,
sind auf die Kniee gesunken. — Mit breitem weissen Unterrand,
jedoch ohne Schrift und ohne den Namen des Künstlers.

2. Das Colosseum in Rom.
H. 9''', Br. 10" 11''' d. Pl.

Die Ueberreste des gewaltigen Bauwerks erheben sich links
hinter einem mit Gras bewachsenen Hügel, den ein Weg durchschneidet, auf welchem zwei Männer schreiten; dieser Weg
krümmt sich unsichtbar im Vorgrund nach rechts, wo er in
einen breiteren, von einer hohen Mauer begrenzten einmündet;
eine Frau mit einem Bündel auf dem Kopfe ist in der Nähe
eines Säulenstückes in Begriff, die Einmündung dieses Weges
zu betreten; in einiger Entfernung auf dem breiten Wege
schreitet ein Pilger und jenseits des Säulenfragments eine zweite
Frau mit einer Last auf dem Kopfe. Rechts im Mittelgrund
sieht man auf der Höhe einer Mauer die Pinien des Gartens
St. Giovanni und Paolo, in der Ferne den Monte cavo. Ohne
Bezeichnung. Der breite für eine Schrift bestimmte Unterrand ist leer. — Das Scheidewasser hat die Platte etwas zu
schwach angegriffen. — Es giebt neue Abdrücke.

3. Die St. Peterskirche in Rom.
H. 7'''. Br. 8'' 11''' d. Pl.

Die berühmte Kirche, im Vordergrund durch eine Mauer und Häuser verdeckt, ragt hinten mit ihrer gewaltigen Kuppel empor, man sieht die Uhr und rechts neben derselben die Loggien. Der Vordergrund ist wenig malerisch, eine verfallene Mauer mit einem alten Thore zur Rechten und dahinter Hütten und Häuser von unregelmässiger Anlage. Ohne Bezeichnung und Schrift.

4. Die Ruinen der Basilica Constantina in Rom.
H. 7'' 10''', Br. 10'' 10''' d. Pl.

Links S. Francesco al foro Romano mit viereckigem, von Arkadenbogen durchbrochenem Thurm; eine Mauer mit drei Rundbogen, durch welche der Blick auf das im Hintergrunde liegende Colosseum fällt, bildet die Vermittelung zwischen S. Francesco und einer sich rechts erhebenden chorähnlichen hohen Ruine: es sind die Ueberreste der Basilica Constantina oder des Friedenstempels. Ohne Bezeichnung. — Die Schatten sind sehr schwarz, indem das Scheidewasser etwas zu stark gefressen hat.

Die Aetzdrücke sind vor den Arbeiten der kalten Nadel, die sich namentlich am Colosseum in grosser Fülle bemerkbar machen.

Es giebt neue Abdrücke, die Platte ist in der Luft ritzig geworden.

5. Die kleine Ansicht von S. Giovanni und Paolo in Rom.
H. 3'' 4''', Br. 4'' 6'''.

Von einer andern Seite aufgenommen, so dass die Kirche hier im Profil erscheint und das Chor derselben mit der Gallerie nach rechts gekehrt ist. Links ein Nebengebäude mit dem viereckigen Thurm. Im Vorgrund rechts steht zwischen niedrigem Gebüsch ein kleines Häuschen und links krümmt sich

11*

der Weg zur Kirche. Oben rechts an der Luft der Name Zimmermann fec.

6. Ansicht aus Rom.
H. 3″ 4‴ Br. 4″ 6‴.

Auf bewachsenem Terrain erblicken wir links im Grund ein grosses Gebäude oder vielmehr eine Gruppe von drei zusammenhängenden Gebäuden; in dem vorderen ist die Mauer von zwei spitzbogigen Thoröffnungen durchbrochen und vor seiner Ecke steht eine Palme. Die Ecke des rechten Vorgrundes wird von einer Quadermauer durchschnitten. Gebüsch und Bäume umgeben die Gebäude. Oben links in der Luft Zimmermann's Name.

Lithographien.

7. Die Abnehmung Christi vom Kreuz.
H. 15″, Br. 11″ 1‴ des Tondrucks.

Für die Sammlung von „Originalhandzeichnungen der vorzüglichsten lebenden bayerischen Künstler," München J. G. Zeller, IV. Heft, auf den Stein gezeichnet. Das Blatt ist unten rechts C. Zimmermann inv. et del. bezeichnet.

8. 20 Blätter. Das Zeichnenbuch.

Anleitung zum Schattiren in der Figurenzeichnung von Professor Zimmermann. München 1818 in Verlag der lithographischen Kunstanstalt an der Feyertags-Schule. gr. fol. Zum Theil Köpfe aus Raphael's Bildern: Disputa, ·Messe von Bolsena, Schule zu Athen und Petrus im Gefängniss, von Zimmermann während seines Aufenthalts in Rom gezeichnet und bald nach seiner Rückkehr nach München lithographirt.

Die ersten, schöneren Abdrücke sind vor den Nummern.

1) Geometrische Figuren, Würfel, Pyramiden, Kugeln etc 12 Stück.

2) Acht Augen, sieben Nasen.

3) Acht Munde, sieben Ohren.

4) Fünf Gesichtstheile.

5) Kopf des heiligen Augustinus aus der Disputa von Raphael.

6) Papst Gregorius aus der Disputa von Raphael. Nach dem Originale und auf Stein gezeichnet von C. Zimmermann.

7) Aus einer Gruppe der Messe von Bolsena, gemalt von Raphael. C. Zimmermann del.

S) Kopf des heil. Ambrosius aus der Disputa von Raphael. Nach dem Originale und auf Stein gezeichnet von C. Zimmermann.

9) Kopf eines Schülers des Archimedes aus der Schule von Athen von Raphael. Nach dem Original und auf Stein gezeichnet von C. Zimmermann.

10) Kopf eines Kindes aus der Messe von Bolsena von Raphael. C. Zimmermann del.

11) Kopf des Savonarola aus der Disputa von Raphael. Nach dem Original etc.

12) Kopf des heil. Thomas von Aquin, aus der Disputa von Raphael. Nach dem Originale und auf Stein gezeichnet von C. Zimmermann.

13) Der heil. Bonaventura aus der Disputa von Raphael. Nach dem Originale und auf Stein gezeichnet von C. Zimmermann.

14) Kopf eines Mönchs aus der Disputa von Raphael. Nach dem Originale und auf Stein gezeichnet von C. Zimmermann.

15) Der heil. Hieronymus aus der Disputa von Raphael. Nach dem Original etc.

16) Pietro Lombardo aus der Disputa von Raphael. Nach dem Original etc.

17) Vier Hände.

18) Hände, darunter zwei Kinderhände.

19) Zwei Füsse und drei Zehen.

20) Drei Venusfüsse.

9. Amorinen mit einem Faune scherzend.
H. 8″ 8‴, Br. 17″ 1‴ der Tonplatte.

Für *Kohler's* Münchener Album lithographirt. Ein Faun, mit Weinlaub um die Hüften, die Hände mit einem Strick hinter dem Rücken gefesselt, schreitet in der Mitte von sechs neckischen Amorinen, gezogen und gestossen, nach links. Von den drei ihm vorausschreitenden Liebesgöttern zieht ihn der eine am Strick, der andere am Bart, während der dritte tanzend seinen Thyrsusstab gegen das Gesicht des Geneckten richtet; von den nachfolgenden Amorinen schieben ihn zwei mit der Hand und dem Thyrsusstab gewaltsam vorwärts, indem der eine derselben den Bogen schwingt wie um ihm einen Schlag zu versetzen, während ein dritter vor Freude die Arme jubelnd in die Höhe streckt. Rechts unten am Boden das Monogramm zwischen der Jahrzahl 1841. Links unter der Darstellung : *Comp. und auf Stein gezeichnet von Professor C. Zimmermann*, rechts : *Gedr. v. Th. Kammerer.* Im Unterrand : *Amorinen mit einem Faune scherzend. Amours batinant avec un faune;* darunter in der Mitte: *Münchener Album, Herausgegeben — — — v. Christian Weiss und H. Kohler in Würzburg.*

10. König Max I. von Bayern.
H. 20″ 3‴, Br. 17″ 2‴.

Brustbild nach links, in Oval. Bezeichnet: *Gemalt und auf Stein gezeichnet von C. Zimmermann. Gedruckt und verlegt von J. G. Zimmer in München.*

11. Männliches Portrait.
H. 19″ 3‴, Br. 12″ 6‴.

Nach *A. van Dyck* für das alte Münchener Galleriewerk lithographirt. — Ganze Figur vor einer Mauer stehend, von vorn und etwas nach links gewendet, mit dem einen Fuss auf einer Stiege.   Mit Wams, Kniehosen und Mantel bekleidet; die Brust ziert eine dreifache Kette; an der Seite der Degen. Unten links: *A. van Dyck pinx*, in der Mitte: *gedruckt von Joseph Selb*, rechts: *Zimmermann Prof. del.*

21. Der Warth-Thurm zu Molo di Gaeta.
H. 10″, Br. 9″ 4‴.

Der runde Thurm steht in der Mitte, die Wogen der See branden gegen verfallenes Gemäuer, die Strasse führt vorn rechts in das Thor der Stadt hinein, wo eine Frau mit einem Wasserkrug auf dem Kopf, begleitet von einem Knaben schreitet. Im Unterrand: *Warth-Thurm zu Molo di Gaeta,* rechts unter der Ansicht: *C. Zimmermann del.*

INHALT
des Werkes des Clemens v. Zimmermann.

Radirungen.

Lithographien.

CARL OESTERLEY.

Carl Wilhelm Friedrich Oesterley, Historienmaler
und Professor zu Hannover, ward den 22. Juni 1805
zu Göttingen geboren. Neigung zur Kunst äusserte sich
schon frühzeitig in seiner Seele, bereits als zehnjähriger
Knabe zeichnete er Menschen und Thiere nach der
Natur, oft in Lebensgrösse, sei es mit Kohle an die
Wände, oder mit der Feder auf die Ränder seiner
Schulbücher. Bis zu seinem 14. Jahre besuchte er das
Gymnasium zu Göttingen, wo Fiorillo und Eberlein
den Zeichnenunterricht ertheilten. 1819 vertauschte er
Göttingen mit der Schule zu Holzminden in der Nähe
des alten Stiftes Corvey. Fast jeden Sonntag besuchte
er dieses Kloster mit seinem Bruder, welchem der
Fürstbischof die Erlaubniss ertheilt hatte, die Orgel
in der Klosterkirche zu spielen. Der junge Oesterley
sahe hier die ersten grossen Altargemälde, sie regten
vereint mit den Klängen der Orgel seine Phantasie so
mächtig an, dass er gelobte die Kunst der Historienmalerei zu seiner Lebensaufgabe zu wählen. In den
Musestunden wurde das Zeichnen nach der Natur
fleissig geübt, und diese Arbeiten, welche vorzugsweise
in Portraits seiner Schulkameraden bestanden, lenkten
die Aufmerksamkeit des Kloster-Baumeisters Müller
auf den talentvollen Knaben. Müller verwandte sich

bei dem Vater, der endlich seine Einwilligung gab, dass
sein Sohn sich der Malerei widmen dürfe, jedoch nur
unter der Bedingung, dass er sich zuvor an der Universität wissenschaftlich ausbilde.

Im Jahre 1821 bezog Oesterley die Universität
Göttingen, um die nöthigen Vorlesungen zum Studium
der Theorie und Geschichte der Kunst zu hören; zu
gleicher Zeit wurden die Ferien benutzt, um die Kas-
seler Akademie und Gallerie, sowie den Privatunterricht
des Zeichners Krauskopf, eines tüchtigen Schülers
von David, zu geniessen. Nach dreijährigem fleissigen
Studium beschloss Oesterley seinen akademischen Cursus und erlangte den 29. März 1824 unter Mitscherlich's
Decanat das Diplom eines Doctors der Philosophie.

Nun galt es, sich mit Eifer in praktischer Kunstübung
zu vervollkommnen. Auf Anrathen des dem Vater be-
freundeten Archäologen Böttiger ging er zunächst
nach Dresden, um in die Schule des Professors F.
Matthäi einzutreten. „Folgen Sie, ermahnte Böttiger,
Ihrem Meister, einem der grössten Zeichner unter den
Lebenden, aber hüten Sie sich vor der Farbe, sie ist
eine Schlange, die aus dem Paradiese der Kunst führt."

Oesterleys Aufenthalt in Dresden währte bis zum
Jahre 1826, seinen Lehrcursus beschloss er mit der
Ausführung seines ersten grösseren Oelbildes, des Götz
von Berlichingen wie ihm im Kerker von seiner Gattin
seine Wunden verbunden werden. — Oesterley's Ausbildung war vielfach, namentlich in der Correctheit
der Zeichnung, in Matthäi's Schule gefördert worden,
aber keineswegs war er mit den erzielten Resultaten
zufrieden; er hatte 1827 von Dresden einen Ausflug
nach Berlin gemacht, wo schon damals die Arbeiten
Schadow's und seiner Schüler Hildebrandt, Hüb-
ner u. A. Aufsehen erregten. Diese neue Schule ent-
sprach seinem Sinnen und Trachten weit mehr als das

Dresdener conventionelle Kunsttreiben, gern wäre er in
Berlin geblieben, gern wäre er nach Beendigung des
Dresdener Cursus nach Düsseldorf übergesiedelt —
doch das nächste Ziel seines Strebens war eine einiger-
massen gesicherte Lebensstellung, welche er auf einem
andern Wege, durch eine Reise in Italien, mit grösserer
Sicherheit zu erreichen hoffen durfte. 1827 trat er
diese Reise an, die für seine künstlerische Entwicklung
vielfach bedeutsam geworden ist. Den Werken des
Giotto, Masaccio, Fiesole und Perugino widmete er ein
tiefes Studium, er zeichnete nach ihren Bildern in
Assissi, Perugia, Orvieto und Florenz und verfolgte
dabei, von Rumohr's Mittheilungen angeregt, nicht
blos rein künstlerische, sondern auch wissenschaftliche
Zwecke. In Rom, wo er den Abschied des jungen
Tobias malte, wurde er mit Jos. Führich bekannt,
eine gleiche Ansicht von der Kunst knüpfte ein inniges
Freundschaftsband, beide wohnten in einem Hause, mit
andern gleichgesinnten Künstlern bildeten sie einen
Verein, wo Compositionen vorgelegt und gegenseitig be-
urtheilt wurden.

Im November 1829 wieder nach Göttingen zurückgekehrt, habilitirte Oesterley sich als Privatdocent für
neuere Kunstgeschichte an der Universität. 1831 wurde
er zum ausserordentlichen Professor ernannt und erhielt
die Aufsicht über die Gemälde- und Kupferstich-Samm-
lung. Seine neue Stellung nöthigte ihn für's Erste, wissenschaftliche Studien in den Vorgrund seiner Bestrebungen
zu stellen, neben seinen Vorlesungen schrieb er Recen-
sionen für die Göttinger gelehrten Anzeigen und 1833
begann er in Verbindung mit Ottfried Müller das
bekannte Werk: Denkmale der alten Kunst, herauszugeben, das später von F. Wieseler und dem Maler
Reise fortgesetzt worden ist. — Doch vernachlässigte
er über diesen wissenschaftlichen Bestrebungen keines-

wegs die ausübende Kunst, er zeichnete und malte viele Portraits und für eine Verloosung zum Besten der Armen die heil. Elisabeth wie sie Almosen vertheilt; 1832 errichtete er in Göttingen eine Akademie, wo er seine Schüler und andere angehende junge Künstler nach dem Act zeichnen und malen liess; um die ansehnlichen Schätze der Universitätskupferstichsammlung den Kunstfreunden leichter zugänglich zu machen, veranstaltete er seit 1834 jeden Sommer im Locale der Gemäldesammlung eine Ausstellung der interessantesten Blätter in chronologischer Folge.

Die Errichtung des hannoverschen Kunstvereins wurde für Oesterley die nächste Veranlassung, sich wieder eingehender mit der Ausübung der Historienmalerei zu beschäftigen. Sein Bild, Moses in Gebet zwischen Hur und Aaron, auf der Ausstellung 1835 in Hannover, hielt den Vergleich mit den Leistungen der Düsseldorfer Schule nicht aus, Oesterley fühlte, dass ihm ein gründliches Studium des Colorits noch dringend nöthig sei und begab sich nach Düsseldorf in Schadow's Schule. Der belehrende Rath dieses berühmten Lehrers trug bald die besten Früchte, schon sein erstes in Schadow's Atelier ausgeführtes Oelbild, nach einer bereits in Göttingen entstandenen Composition, die Tochter Jephtha's, zeigte die glücklichsten Fortschritte in der Technik und Behandlung der Farbe. Seine Düsseldorfer Studien galten aber nur dem Oelbild; als sich ihm 1838 die erste Gelegenheit zur Ausübung der Freskomalerei bot, indem er vom Hofe den Auftrag zu einem Fresko der Himmelfahrt Christi in lebensgrossen Figuren in der Schlosskirche zu Hannover erhielt, wandte er sich zu seiner weiteren Ausbildung nach München, um die Fresken des Cornelius und ihre Technik einer gründlichen Betrachtung zu unterziehen. — Nach Vollendung des Gemäldes der Schloss-

kircho malte Oesterley wieder eine Reihe Oelbilder,
meist Bildnisse, und begab sich, nachdem er 1842 Paris
besucht hatte und zum ordentlichen Professor ernannt
worden war, im Sommer 1844 abermals nach Düsseldorf, um hier eine ältere, durch Julius Mosen's Ahasverus angeregte Composition „Christus auf dem Wege
nach Golgatha vor der Thür des Ahasverus verstossen",
in Oel auszuführen. Nach der Ausstellung dieses
Bildes in Hannover wurde Oesterley 1845 zum wirklichen
Königl. Hofmaler ernannt und nach Hannover berufen,
mit der Bedingung, zehn Monate des Jahres in der Residenz zu wohnen, jeden Sommer aber während der
Monate Juni und Juli seine Vorlesungen über neuere
Kunstgeschichte an der Universität in Göttingen fort-
zusetzen.

Oesterley's weitere Lebensverhältnisse sind einfach
und bieten keine besonders denkwürdgen Momente, es
ist das stille, zurückgezogene Leben eines rastlos
schaffenden Künstlers, das vor unsern Augen ausge-
breitet liegt, und obschon der Künstler gegenwärtig bereits in seinem 64. Lebensjahre steht, so erfreut er sich
dennoch ungebrochener Arbeitskraft. Aus einer glück-
lichen Ehe sind zwei Kinder hervorgegangen, welche
sich zur Freude des Vaters mit gutem Erfolg ebenfalls
der Kunst geweiht haben: M a r i a, geb. den 1. October
1842, die mit vielem Talente für das Blumen- und
Fruchtfach begabt ist, und C a r l, geb. den 23. Januar
1839, der sich in der Schule Bendemann's und Deger's
zum Historienmaler ausgebildet hat und vor Kurzem
in Lübeck das berühmte Memling'sche Bild in der Gre-
veraden-Kapelle des Domes getreu und mit grossem
Verständniss des alten Meisters copirt hat.

Oesterley hat eine lange Reihe historischer Bilder
und Portraits geschaffen. Competente Beurtheiler rüh-
men in seinen Arbeiten einen tiefen sittlichen Ernst

und ein unermüdliches Ringen nach Klarheit und Wahrheit sowohl in der Auffassung der Idee als in der Durchführung des Einzelnen. In der Composition geht er einen eigenen, durch seinen eigenthümlichen Bildungsgang bedingten Weg, in der Technik und Farbe macht sich aber durchaus der Einfluss der Düsseldorfer Schule bemerkbar, und jene Bilder die er nach der Zeit seines Düsseldorfer Aufenthaltes gemalt hat, übertreffen weit die früheren an Vollendung, harmonischer Durchführung und malerischer Wirkung. Es ist namentlich sein Christus und Ahasverus in welchem diese Vorzüge in hohem Grade zu Tage treten, „Situation, Charaktere und Ausdruck sind durchweg trefflich gedacht und richtig empfunden, die Gesammtwirkung ist ernst und gediegen, und steigert die Wirkung des Einzelnen zu grosser Energie." — Unter seinen Bildern heben wir folgende als die bedeutenderen hervor: Götz von Berlichingen wie ihm seine Gattin im Kerker die Wunden verbindet, Dresdener Schulbild 1826; — Abschied des jungen Tobias, in Rom gemalt 1829; — Wittekind von Ludgerus zum Christenthum bekehrt (1833), im Besitz des Herzogs v. Cambridge, — Moses im Gebet zwischen Aaron und Hur (1835), bei Herr v. Laffert in Clausthal; — Die Tochter Jephtha's, in Düsseldorf gemalt (1835), bei dem König von Hannover; — Ruth, Naemi und Arpa (1836), vom Braunschweiger Kunstverein angekauft; — Christus den Jüngern ein Kind als Vorbild hinstellend (1836), bei Pastor Merkel in Lüneburg; — Die Himmelfahrt Christi, Fresko in der Schlosskapelle zu Hannover (1838); — Lenore fuhr ums Morgenroth etc. nach Bürger (1839), kleines Oelbild für den Casseler Kunstverein; — Christus die Kinder segnend (1841), zweimal, für den Hamburger Kunstverein und das Waisenhaus in Göttingen; — Christus und Ahasverus 1844, beim König der

Belgier, eine kleine Wiederholung war auf der Lübecker Ausstellung 1847; — Beatrice und Dante vor
dem Eingang des irdischen Paradieses (1845), für Geheimrath Schlosser in Heidelberg; — Moses vom Berge
Nebo das gelobte Land erblickend (1846), bei Professor
Bertheau in Göttingen; — Lenore mit der Mutter
(1847), beim König von Hannover; — St. Christoph
(1849), für die Gräfin v. Bernstorf-Gartow; — Sa-
muel dem Tempeldienst übergeben, bei Lampenlicht (1859),
beim König von Hannover; — Kommet her alle
die ihr mühselig und beladen seid, Altarbild mit zwanzig lebensgrossen Figuren für die Kirche zu Rossdorf
bei Göttingen (1851); — Christus, Einzelfigur, Altarbild
für die Hauptkirche in Lauenburg (1851); — Christus
am Kreuz, Altarbild in stereochromatischer Malerei für
die Kirche zu Loccum (1852); — Die beiden Bräute
(1855), beim König von Hannover; — Dornröschen
vom Prinzen durch einen Kuss aus dem Schlaf geweckt,
nach Grimm's Mährchen, auf der Hamburger Ausstellung 1862; — Der Maler H. Memling im Johan-
nishospital zu Brügge, durch Ursulerinnen von seinen
in der Schlacht bei Nancy 1475 erhaltenen Wunden
geheilt, Hannoversche Ausstellung 1866; — Die
Anbetung der heil. drei Könige, ruhende Zigeuner, auf
derselben Ausstellung 1867, 1868 etc.

Unter der grossen Anzahl Portraits mögen folgende
als die bedeutenderen gelten: der Mineralog Geh. Hof-
rath Hausmann in Göttingen, Abt Lücke, Professor Gervinus, Geheimrath Schlosser in Heidelberg, Agnes Sche-
best als Norma, König Ernst August, ganze Figur, für
den Rittersaal des Schlosses in Hannover, derselbe für
die Aula in Göttingen, Familienbild (mit zwölf lebensgrossen Figuren) des Grafen Bernstorff auf Gartow;
Erblandmarschall Graf von Münster, ganze Figur in
Lebensgrösse, Prinz Bernhard v. Solms-Braunfels, die

Kronprinzessin von Hannover mit dem Erbprinzen, Oberschulrath Kohlrausch, General Hugh Halkett etc.

Nach Oesterley wurden folgende Compositionen gestochen oder lithographirt:

Die Tochter Jephtha's. *H. Lödel* sc. Hannoversches Kunstvereinsblatt. fol.

Dasselbe. *Ch. Schuler* sc. Badisches Kunstvereinsblatt. roy. fol.

Lenore fuhr ums Morgenroth empor aus schweren Träumen. *Léon Noël* lith. Kurhessisches Kunstvereinsblatt. roy. fol.

Lenore mit der Mutter. *Jouanin* sc. Mezzotinto. Hannoversches Kunstvereinsblatt. gr. fol.

Die beiden Bräute. *Jouanin* sc. Mezzotinto. roy. fol.

Der Sänger nach Schwab. *A. Schleich* sc. Für das Buch „Blüten und Perlen". Hannover, Rümpler

Ernst August, König von Hannover 1847. Holzschnitt. *J. Obermüller* sc. fol.

Derselbe König. Ganze Figur. *Oldermann* sc. roy. fol.

Georg V. König von Hannover. Halbfigur. *M. Schwindt* sc. Mezzotinto. gr. fol.

Eberlein, Universitätszeichnenlehrer zu Göttingen. Halbfigur mit langer Pfeife. *Rittmüller* lith. fol.

E. Riepenhausen, Kupferstecher. Halbfigur, das Kinn mit der Hand stützend. *Rittmüller* lith. fol.

Geheimrath Schlosser. *H. Eichens* lith. fol.

Gervinus. *H. Eichens* lith. fol.

Oberschulrath Kohlrausch, Kniestück. Lith. fol.

Teichengreber, Brustbild. *H. Lödel* sc. fol.

DAS WERK DES CARL OESTERLEY.

Radirungen.

1. Das Köpfestudium.
H. 3" 10"', Br. 6" 5"'.

Erster Versuch des Künstlers.

Sieben Köpfe, zum Theil nach alten Kupferstichen, und die ohnmächtige Maria von einer Frau unterstützt, diese Gruppe links oben. Unten ist der Kopf N. Poussin's, daneben ein aufwärts blickender bärtiger Alter, es folgen unten in der Mitte die Köpfe des Ant. van Dyck und des Heilandes, über diesen steht ein jugendlicher Kopf mit Mütze, das Portrait des Künstlers selbst. Rechts ist der tiefbeschattete Kopf eines jungen Mannes mit Barett in Rembrandt's Geschmack und an seiner Schulter ist das Zeichen C. O. f.

2. Huldbrandt und Bertha.
H. 6" 5"', Br. 3" 10"'.

Nach Fouqué's Zauberring. Das junge Paar sitzt bei zwei alten Weidenstümpfen auf dem Ufer des Flusses, Huldbrandt mit einem Fuss auf einem im Wasser liegenden Stein. Bertha hat ihren Arm um seinen Nacken geschlungen und Huldbrandt die Hand der Geliebten erfasst, während seine Linke die Angel hält. Die Aufmerksamkeit Beider ist auf die Angelschnur gerichtet. Im Hintergrund auf der Höhe ein Schloss, hinter welchem das Mondgesicht aufsteigt. Links unten am Ufer Oesterley's Zeichen. — Mehr in Umrissen angelegt und wenig schattirt.

3. Der junge König und die Schäferin.

H. 10" 6"', Br. 8" 6"' d. Pl.

Nach Uhland's Gedicht radirt für die „Lieder und Bilder, Deutsche Dichtungen mit Randzeichnungen Deutscher Künstler. III. Band. Düsseldorf, J. Buddeus." Fünf Abtheilungen, die oben und unten durch Stäbe, auf den beiden Seiten durch tuch-bewundene Turnierlanzen eingeschlossen sind; in der untern grösseren, die durch einen einfachen Spitzbogenstab gebildet ist, tritt rechts der junge König Goldmar in Ritterkleidung und mit der Krone auf dem Kopfe aus grünem Gebüsch hervor, er ist verwundert über die Schönheit der links bei der Quelle sitzenden Schäferin, zu welcher die erschreckende kleine Heerde flieht. Links zur Seite dieses Bogenschnittes sieht man Goldmar mit einem Ritter im Turnier kämpfen, rechts gegenüber den alten König erlöst aus dem Gefängniss an die freie Luft führen. Oben links führt Goldmar Lamm und Schäferstab, die er als Siegespreise des Turniers ausbedungen hatte, und gegenüber hebt der alte König den Schleier von der Königin, in welcher Goldmar seine schöne Schäferin wieder erkennt. Zwischen diesen beiden Compartimenten ist in der Mitte die Schrifttafel: *Der junge König und die Schäferin. In dieser Maienwonne etc.* Unten rechts an einem Stein am Wasser der Quelle das Zeichen Oesterley's.

Die ersten Abdrücke sind vor dem Text oder Gedicht auf der Rückseite, die Aetzdrücke vor den Nachhülfen mit der Schneidenadel.

4—5. 2 Bl. zu Campe's Robinson.

Oesterley componirte und radirte beide Blätter im Auftrag der Vieweg'schen Buchhandlung in Braunschweig, welche den Verlag des berühmten Kinder-Lesebuches hat, sie scheinen aber nicht publicirt worden zu sein.

4) Titelblatt.

Robinson und Freitag auf der Wanderung an der Küste der See, in tropischer Vegetation. Beide schreiten zu Seiten

III.   12

des Lama's, welches Robinson, mit Bogen und Köcher bewaffnet, an einem Strick führt, Freitag trägt einen aus Palmblättern gebildeten Sonnenschirm, auf welchem ein Papagei sitzt und unter welchem ein Tuch hängt mit der Inschrift: *Robinson von J. H. Campe.* Das Lamaweibchen schreitet hinterher und der Hund eilt neben Robinson lustig vorwärts. Eine Eidechse, Schildkröte und anderes Schaalengethier kriecht vorn am Wasser. Ohne Bezeichnung.

H. 5" 6''', Br. 3" 6''' der Darstellung.

Uns liegt nur ein Probedruck der theilweise zu schwach geätzten Platte vor, mit Bleistiftretouchen von der Hand des Künstlers am rechten Arm des Robinson, am Brotsack desselben etc.

5) Freitag dankt Robinson für seinen Schutz.

Bergige Inselküste mit tropischer Vegetation. Der nackte tätowirte Freitag ist in der Mitte vorn auf das Knie niedergesunken und umfasst das Knie seines vor ihm stehenden Beschützers. Robinson, mit Bogen, Köcher, Lanze und Hammer bewaffnet, hat die Larve vom Gesicht genommen und spricht aufmunternde Worte. Im Mittelgrunde links und rechts liegen von Robinson's Pfeilen getroffen jene beiden Wilden, welche Freitag tödten wollten, jener zur Rechten an einer Dattelpalme ist noch nicht verschieden, er sucht halb aufgerichtet das aus einer Herzwunde strömende Blut mit einem Büschel Gras zu hemmen. Wenig schattirte Radirung. Ohne Bezeichnung.

H. 8" 3''', Br. 10" 3'''.

6—17. 12 Bl. Radirungen zu Andersen's Bilderbuch ohne Bilder.

Oesterley fertigte die Platten für die Viewegsche Buchhandlung in Braunschweig, welche sie jedoch nicht publicirt hat. Ihr Inhalt ist dem bekannten Bilderbuch ohne Bilder des Dänen *H. C. Andersen* entlehnt, welches Skizzen und Schildereien aus dem menschlichen Leben enthält, wie sie der Mond, der als Erzähler eingeführt ist, gesehen hat. — Je zwei Darstellungen, 5″ h., 3″ 6‴ br., befinden sich auf einer Platte, die 6″ 8‴ h. und 9″ 9‴ br. sind.

Mir liegen Abdrücke der unzerschnittenen Platten vor Augen. Schrift haben sie, mit Ausnahme des Künstlernamens, nicht, wie überhaupt die Platten, weil sie nicht zur Veröffentlichung gelangten, auch nicht zur völligen Vollendung gediehen sind.

6) Die Indierin das Lampenorakel befragend.

Erster Abend. Erste Platte. Ein junges indisches Mädchen ist links vorn niedergekniet an einem See, dessen Ufer in üppiger tropischer Vegetation prangt, auf dem See schwimmt ein Lämpchen; wenn dieses Lämpchen, so lange es im Gesichtskreis ist, nicht erlischt, weiss die junge Indierin, dass ihr Geliebter noch lebt. Links unter der Darstellung: *C. Oesterley inv. et fec.*

7) Die Römerin und der zerbrochene Krug.

Zwanzigster Abend. Erste Platte. In den Ruinen der Kaiserpaläste liegt zur Linken eine ärmliche Hütte, zwei aus antiken Säulenfragmenten gebildete Stufen führen zu dieser Hütte, an welcher sich oben vor einer Säule das Laub des wilden Feigenbaums ausbreitet. In der Hütte wohnt eine alte Frau mit ihrer jungen Enkelin, welche für Fremde die Führer in den Ruinen der Kaiserpaläste machen. Die Enkelin ist Abends, mit einem Krug auf dem Kopf, allein zurückgekehrt, sie ist die Stufen der Hütte glücklich heraufgestiegen und will nun nach der Klingel greifen, da fällt ihr der thönerne Krug vom Kopf und zerbricht in Scherben. Weinend wagt sie nicht den Strang des Glockenzuges zu ziehen. Links unter dem Bild: *C. Oesterley inv et fec.*

Diese erste Platte ist grösser als die folgenden: H. 8″ 6‴, Br. 10″ 9.‴

8) Israels Volk weinend an den Wassern von Babylon.

Achter Abend. Zweite Platte. Zwei Juden mit Frau und zwei erwachsenen Töchtern auf dem Ufer des breiten Euphrat

in Klage und Trauer über ihr Geschick; der eine, rechts vorn
bei einer dicken Weide stehend, hat seine Harfe an einen Ast
des Baumes gehängt, seine am Boden ruhende Tochter küsst
seine Hand. Der zweite steht links auf seine Harfe gestützt,
sein Weib und seine erwachsene Tochter sitzen vor ihm im
Grase. In der Ferne jenseits des Euphrat die Gebäude von
Babylon und die sinkende Sonne. Links unter der Darstellung:
C. Oesterley inv et fec. 1811.

9) Das junge Paar in Umarmung.

Elfter Abend. Zweite Platte. Es ist ein Hochzeitsfest gewesen, das junge Paar ist auf das Brautgemach gegangen und
die Braut in die Arme ihres Geliebten gesunken. Links auf
dem Toilettentisch brennt die Lampe. Links unter der Darstellung: *C. Oesterley inv et fec.* 1841.

10) Das Kind in seinem neuen Kleide.

Siebenzehnter Abend. Dritte Platte. In einem Zimmer,
dessen Fenster rechts durch einen Vorhang verhüllt ist, steht
an einem runden Tisch, mit der Pfeife in der Hand und seiner
Frau im Arm, ein junger Mann, die Frau hält ein Licht und beide
schauen vergnügt ihrem vierjährigen Töchterchen zu, das stolz
und überglücklich mit ausgebreiteten Armen in seinem neuen
Kleid und Hut daherschreitet. Im Hintergrund tritt die Dienst-
magd mit dem jüngsten Kind zur Thür herein. Links unter
dem Bild: *C. Oesterley fec.*

11) Polichinell auf dem Kirchhof.

Sechszehnter Abend. Dritte Platte. Er sitzt in seiner
Narrentracht, aber voll Schmerz auf einem Grab, dem Grab
seiner Geliebten, der kleinen Columbine. Hinter ihm erheben
sich marmorne Denksteine unter Pinien und Cypressen und rechts
im Mittelgrund ist ein Gebäude sichtbar. Links unter dem
Bild: *C. Oesterley fec.*

12) Die beiden Nonnen in Tirol.

Dreiundzwanzigster Abend. Vierte Platte. Zwei junge
Nonnen stehen oben im Thurm ihres Klosters bei einer Glocke,
die eine hat das Glockenseil in der Hand und die andere lehnt
sich auf die Gitterbrüstung, — beide sind tief betrübt, denn
tief unten im Thal fährt rechts eine Kutsche davon, mit welcher
das letzte Band zerrissen ist, das die beiden jungen Schwestern
noch an die profane Welt gebunden hatte. Links unter dem
Bild: *C. Oesterley inv et fec.* 1840.

13) Die todte Frau am Fenster.

Dritter Abend. Vierte Platte. An einem geöffneten Fenster,
dessen schwere Vorhänge der Zugwind aufschwellt, sitzt bei
brennender Lampe ein junges Weib; es ist geputzt und hat
eine Rose im Haar; es ist ein gefallenes Mädchen, die Unzucht
aus Erwerb treibt. Der böse Wirth hat sie sterbenskrank aus
dem Bette gerissen, ans Fenster gesetzt, um Geld zu schaffen
— aber der Tod hat sie erlöst. Oben im Epheu und Ranken-
geflecht zwei Scenen aus ihrem früheren Leben: links spielt sie
als kleines Mädchen mit der Puppe, rechts geniesst sie als Verlobte des Kaufmanns die Tanzfreuden eines Balles. Links unter
dem Bild: *C. Oesterley in. et fec.* 1840.

14) Auswanderer der lüneburger Haide.

Fünfzehnter Abend. Fünfte Platte. An einer zur Linken
unter einem kahlen Baum liegenden Hütte bewegt sich gegen
den Hintergrund eine Reisekaravane vorüber, es sind Auswan-
derer, welche im fernen Amerika ihr Glück zu finden hoffen:
eine junge Wittwe mit zwei Kindern schreitet in der Mitte, ein
Mann, der ein Bündel an einem Stock über der Schulter trägt,
zur Rechten, und links fährt, begleitet von einem Hunde, ein
einspänniger mit einem Plantuch bedeckter Karren, in welchem
wir eine Mutter mit Kind, den Mann und etwas Hausgeräth erblicken, ein junger Bursche reitet auf dem Pferd. Links unter
dem Bild das Zeichen *C. O.* 1841.

15) Die ruhende Karavane.

Einundzwanzigster Abend. Fünfte Platte. Unter einer Palme ruhen drei orientalische Kaufleute bei ihrem Kameel auf einem Teppich und Waarenballen; der eine, gegen den Sattel des Kameels gelehnt, spielt die Guitarre; der zweite, jung und erst eben verheirathet, denkt, den Kopf auf die Hand gestützt, voll Wehmuth an sein fernes schönes Weib. — Rechts im Mittelgrund zieht unter Bäumen eine Negerkaravane vorüber. Links unter dem Bild das Zeichen: *C. O.* 1841.

16) Der Grönländer auf dem Sterbebett.

Neunter Abend. Sechste Platte. Ein sterbender grönländischer Fischer wird von seinem Weib der Sitte gemäss in Felle eingenäht, seine drei Kinder weinen und klagen, das eine umfasst seine Beine, das andere reisst den Vorhang der Hütte weg, damit der harrende junge Fischer den halbtodten Vater in's Meer versenke. — Im Hintergrund Felsberge und auf der Küste tanzende Grönländer. Links unter dem Bild: *C. Oesterley* 1840.

17) Die beiden Eichen am Strande.

Siebenter Abend. Sechste Platte. Auf der steinigen Küste der Ostsee erheben sich auf einem kleinen Hügel zwei alte Eichen, deren Aeste zum Theil verdorrt sind. Ein Weg schlängelt sich links um diesen Hügel hinweg nach hinten, wo dicht an der See ein Leiterwagen fährt. Links unter dem Bilde: *C. Oesterley fecit.*

Die Aetzdrücke sind vor der Ueberarbeitung des Laubes der Eichen, dessen Lichtflächen noch ganz weiss und nicht mit Kreuzschraffirungen der kalten Nadel bedeckt sind.

18. Die Denkmale der alten Kunst.

„Denkmale der alten Kunst nach der Auswahl und Anordnung von C. O. Müller, gezeichnet und radirt von C. Oesterley. 2 Bände, jeder zu 5 Heften. Göttingen, Dietrich 1833—1856." qu. fol.

Wir gehen nicht näher auf dieses schätzbare Werk ein, das zunächst nur wissenschaftliche, nicht rein künstlerische Zwecke verfolgt. Mit dem 3. Heft des 2. Bandes übernahm *F. Wieseler* die Fortsetzung. — Derselbe veranstaltete auch 1854 eine zweite Ausgabe des ersten Bandes.

Lithographien.

19—31. 13 Bl. Umrisse zu Schiller's Wilhelm Tell.
H. 9″, Br. 10″ 9‴.

Umrisse zu Schillers Wilhelm Tell. Erfunden und auf Stein gezeichnet von D. Carl Oesterley. Göttingen 1831. Gedruckt von Gebrüder Ritmüller. (Göttingen und Berlin, im Verlay bey den Gebr. Rocca.) qu. fol.

1 Blatt Erklärung, allegorisches Titelblatt und 12 oben rechts numerirte, mit der Feder auf Stein gezeichnete Darstellungen aus dem berühmten Drama, mit erklärenden deutschen und englischen Versen im Unterrand.

19) Allegorisches Titelblatt.

Den Sieg der Freiheit über die Tyrannei darstellend. Unten in der Mitte schwebt der göttliche Strafengel über den der Hölle geweihten drei gottlosen Landvögten und dem bei Weiler erstochenen Drachen; Albrecht I. erscheint rechts, aus dem Abgrund hervorsteigend, als mahnendes Bild dem links stehenden, entsetzten Parricida. Ueber dem Engel wölbt sich in Rundbogenform eine Brücke, sie bildet die Verbindung zwischen dem oben dargestellten Paradies der Schweiz; Tell mit Weib und Kindern steht auf der Brücke, die seinen Namen trägt, auf den Seiten ziehen die freien Schweizer heran, um ihrem Erretter zu danken. Im Hintergrund sind die drei Hauptbeschäftigungen der Schweizer, das Jäger-, Hirten-

und Fischerleben angedeutet. Links gegen unten in der Nähe der Figur des Parricida das Täfelchen mit dem Zeichen.

20. (1) Act 1. Scene 1. Kuoni (zum Ruodi): Ihr seid ein Meister Steuermann. Was sich der Tell getraute, Das konntet Ihr nicht wagen?

21. (2) Act 1. Scene 3. Ausrufer: Verfallen ist mit seinem Leib und Gut Dem Könige wer das Gebot verachtet.

Aufrichtung des Hutes.

22. (3) Act 1. Scene 4. Melchthal. In die Augen sagt Ihr? Stauffacher. Wer ist der Jüngling?

Stauffacher erzählt Walther Fürst die schreckliche Nachricht, wie der Landenberger dem jungen von der Halden die Augen habe ausstechen lassen.

23. (4) Act 2. Scene 1. Kuoni. Trinket frisch! Es geht Aus einem Becher und aus einem Herzen.

Kuoni, im Saal des von seinen Knechten umgebenen Attinghausen, reicht Rudenz, der in Ritterkleidung dasteht, den Frühtrunk.

24. (5) Act 2. Scene 2. Rösselmann. Wir wollen trauen auf den höchsten Gott Und uns nicht fürchten vor der Macht der Menschen.

Der Schwur auf dem Rütli.

25. (6) Act 3. Scene 1. Tell. Die Knie versagten ihm, ich sah es kommen, Dass er jetzt an die Felswand würde sinken. — Da jammerte mich sein, ich trat zu ihm Bescheidentlich und sprach: „Ich bin's, Herr Landvogt."

26. (7) Act 3. Scene 2. ·Bertha. Dürft Ihr von Liebe reden und von Treue, Der treulos wird an seinen nächsten Pflichten?

Bertha in Jagdkleidung u. Rudenz, in wilder felsiger Landschaft.

27. (8) Act 3. Scene 2. Tell. Mit diesem zweiten Pfeil durchschoss ich Euch, Wenn ich mein liebes Kind getroffen hätte, Und Eurer — wahrlich hätt' ich nicht gefehlt.

28. (9) Act 4. Scene 4. Tell. Und mit gewalt'gem Fussstoss hinter mich, Schleudr' ich das Schifflein In den Grund der Wasser.

29. (10) Act 4. Scene 2. Rudenz. Lebt er? O saget, kann er mich noch hören? W. Fürst. Ihr seid jetzt unser Lehensherr und Schirmer Und dieses Schloss hat einen andern Namen.

Der Tod des Attinghausen.

30. (11) Act 4. Scene 3. Gessler. Das ist Tell's Geschoss!

Toll erschiesst Gessler, der in die Arme des Rudolph Harras vom Pferd sinkt.

31. (12) Act 5. Scene 2. Tell. Frage nicht. Fort, Fort! Die Kinder dürfen es nicht hören. Geh aus dem Hause — weit hinweg, — Du darfst nicht unter einem Dach mit diesem wohnen.

Johannes Parricida als Mönch in der Hütte des Tell.

Copien dieser Tell-Compositionen erschienen drei Jahre später in Paris, sie sind von *Ribault* nachgestochen und von *Soyer* mit Text begleitet worden.

INHALT
des Werkes des C. Oesterley.

Radirungen.

Lithographien.

ANTON ALTMANN.

Altmann, namhafter Landschaftsmaler in Oel und Aquarell, erblickte in Wien den 4. Juni 1808 das Licht der Welt. Er stammt aus einer Malerfamilie, die aus Tirol nach Mähren eingewandert ist. Der Grossvater, Joseph, malte heilige und historische Darstellungen für Kirchen und Klöster, der Vater, Anton, im Jahre 1777 zu Datschitz in Mähren geboren, übte die Landschaftsmalerei, abet weniger in Oel- als in Leimfarben, für die Salons der Reichen, er siedelte nach Wien über und beschloss hier den 26. Februar 1818 sein Leben.

Anton Altmann verlor früh seine Eltern, schon in seinem zehnten Jahre war er verwaist. Der Bruder, Stadtpfarrer zu Trebitsch in Mähren, nahm sich des vereinsamten Knaben an und liess ihn die Normalklassen und lateinische Schule in Brünn besuchen, er sollte studiren und sich dem geistlichen Stande widmen, aber die geistlichen Uebungen hatten für den Jüngling nichts Verlockendes, er schwärmte für die Werke der Kunst und schönen Natur; schon als Kind hatte er den Zeichnenstift in die Hand genommen und was anfangs kindisches Spiel gewesen, hatte sich allmälig zu fester Neigung entwickelt. Altmann wollte Künstler werden, zur Theologie fühlte er in sich keinen

Beruf. Er ward nun nach Wien geschickt, um geregelten Unterricht im Zeichnen zu empfangen, zwei Jahre lang besuchte er die Akademie und machte seine Studien unter der Leitung des tüchtigen Landschafters Mössmer. Er hatte eine kleine Unterstützung genossen, die es ihm möglich gemacht, seinen Studien sorgenfrei obzuliegen, aber mit dem Ablauf des zweiten Jahres hörte diese Unterstützung auf und Altmann war nun genöthigt, sich selbst seinen Lebensunterhalt zu schaffen. Es war das keine leichte Aufgabe, jung, unerfahren, voll Begierde zu lernen und die Noth vor der Thür, die Seele voller Ideale und das wirkliche Leben so hart, bitter und sorgenvoll. Aber ein gutes Geschick wachte über ihm, mitten in der grössten Noth und Rathlosigkeit (1829) ward ihm die Stelle eines Zeichnenlehrers bei dem Grafen Joseph Apponyi in Ungarn angetragen. Mit Freuden griff der junge Mann zu, die Hoffnung auf eine glückliche Zukunft erwachte auf's Neue in seiner Seele und seine neue Stellung war zugleich der Art, dass sie nur nutzbringend für seine eigene Entwickelung werden konnte. Ein Jahr verbrachte er in dieser Stellung, da ging er wieder nach Wien zurück, mit dem Entschluss, sich der Oelmalerei zu widmen, denn bis dahin hatte er nur den Zeichnenstift geführt.

Altmann ging in der Malerei ganz seinen eigenen Weg, einen Lehrer hatte er nicht, seine Studien machte er in den Gallerien Wiens und in der freien Natur; leider wurden diese Studien öfters unterbrochen, indem Altmann, um seine Existenz zu sichern, sich allen möglichen störenden Arbeiten unterziehen musste, und so kam es, dass er erst nach 8 Jahren (1838) sein erstes Bild zur Ausstellung bringen konnte. 1839 folgte das zweite Bild; es wurde von Erzherzog Franz Carl angekauft. Ein wichtiges Ereigniss in Altmann's Leben!

der nun mit neuem Muth in die Zukunft blickte und
alle Anstrengungen machte, um das neu erworbene
Terrain nicht blos zu behaupten, sondern auch durch
gründliche Studien und strengen Fleiss zu erweitern.
Im Jahre 1844 begann er grössere Landschaften anzu-
legen, sie fanden den Beifall der Kunstfreunde und das
Lob der Kenner, besonders lobte man den Baumschlag,
die Pflanzen und die Sümpfe, die Frische der Farbe,
den Fleiss der Ausführung und die glückliche Wahl
der Motive.

Nennen wir einige seiner Hauptbilder: Waldpartie
in Abendbeleuchtung (1851), im Belvedere, — Sturm-
landschaft, im Besitz des Kaisers Franz Joseph, —
Waldweg, bei der Gräfin Ernestine v. Schönborn, —
Sumpflandschaft, bei Herrn v. Grünebaum, — Partie
aus Mariaschein, bei Erzherzog Franz Carl, —
Sturmlandschaft, bei Herrn v. Fischer, — Partie von
Hallein, bei Herrn v. Oetzelt, — Mühle in Salzburg,
Kreuzgang in Berchtesgaden, Kreuzgang in Neuburg,
Hof in Neuburg, Hof in Mödling, alle in Besitz der
Kaiserin Carolina Augusta, — Bauernhaus, bei
Graf Keglowich, — Waldpartie, bei Graf Czernin, —
Winterlandschaft, beim Herzog v. Coburg, — Sumpf-
landschaft, im Besitz des Grossfürsten Constantin v.
Russland, — etc.

Eine Anzahl Bilder wurden auch vom österreichischen Kunstverein angekauft und unter die Mitglieder
verloost: Feldbrunnen an einem Waldausgang, und eine
Gebirgsmühle, 1851, Landschaft nach dem Regen, und
Waldausgang bei Abendbeleuchtung, 1852.

Neben dem Malen in Oel hat Altmann auch eine
reiche und glänzende Thätigkeit im Aquarellfache entfaltet, namentlich in den letzten Jahren; viele gelungene
Bildchen dieser Art befinden sich in den Händen der
Kunstfreunde Oesterreichs und des Auslandes, dos

kaiserlichen Hofes und der kunstliebenden Höfe von Eng-
land, Preussen, Holland und Würtemberg.

Altmann's Portrait ist gemalt von *E. Ritter,* von
Saar, von *Gg Decker* (in Aquarell) und von *Joh. Horak*;
letzteres soll das beste sein.

DAS WERK DES ANTON ALTMANN.

1. Der überschwemmte Wald.
H. 5", Br. 6" 11'".

Wasser bedeckt den ganzen vorderen Plan, Gräser, Schilf
und alte Eichen stehen in demselben; die Eichen, mit zum Theil
kahlen verwitterten Aesten, befinden sich zur Linken und ver-
schliessen die Aussicht in den Hintergrund; bei den beiden in
der Mitte stehenden Eichen liegt ein umgestürzter, aber noch
lebender Weidenstamm über dem Wasser, auf welchem fünf
Wildenten schwimmen.   Ohne Luft und Einfassungslinien.
Unten gegen links im Wasser der Name *A. Altmann* und die
Jahrzahl 1815.

2. Der Eingang zum Gehölz.
H. 5" 1'", Br. 7".

Hügeliges Terrain mit stillem Gewässer vorn, und mit
einem Gehölz zur Rechten, an dessen Eingang zwei alte, halb
verdorrte Eichen dicht nebeneinander stehen; die eine dieser
Eichen ist auf die linke Seite geneigt, die andere, ganz verdorrt,
trägt unten am Stamm ein Kästchen, wie es scheint zur Nistung
von Vögeln bestimmt.   Von dieser Eiche zieht sich bis zum
Bildrand ein Stück hölzernen Zaunes.   Links Fernsicht.   In
der untern linken Ecke: *A. Altmann* 1815.   Ohne Luft und
Einfassungslinien.

3. Die Weg-Kapelle.
H. 7″, Br. 4″ 9‴.

Borgiges Terrain mit einer Weg- oder Feld-Kapelle links auf einem Hügel; es ist die Kapelle bei St. Wolfgang; sie besteht aus Brettern, hat ein Schindeldach mit zwei Wasserrinnen und ist durch ein Fenster mit kleinen runden Scheiben geschlossen; ein hölzernes Betpult ist unter diesem Fenster angebracht und vor dem Fuss liegt auf zwei Querhölzern eine Bohle zum Niederknien für die Andächtigen. Ein Fusspfad schlingt sich unten um den Fuss des Hügels. Links hinter der Kapelle ist die Landschaft durch Nadelholz, rechts durch einen Bergzug geschlossen. Unten links im Gras: *A. Altmann* 1842 *Wien*, darunter im weissen Rand die Nr. I.

4. Der Brunnen.
H. 10″ 4‴, Br. 8″ 6‴.

In der Mitte zwischen Bäumen und Gebüsch, die beide Seiten des Blattes bedecken, steht ein hölzerner Pumpbrunnen, der zum Schutz gegen Wind und Wetter in einem gemauerten runden Thurm steckt, dessen spitzzulaufendes, oben mit einer Windfahne versehenes Dach mit Schindeln bedeckt ist. Links vor dem Brunnen ist ein hölzerner Trog und von diesem schreitet ein Mädchen mit einem Wasserkrug in der Hand und einem Kübel auf dem Kopf gegen vorn. Rechts im Grund erblicken wir hinter dem Brunnenhügel eine Bauernhütte, von welcher her sich ein Weg in den Vorgrund schlängelt. Unten links am Boden: *A. Altmann* 1850. — Die Platte ward vom Künstler nicht vollendet und kam ihm abhanden.

5. Partie aus Lundenburg.

Ein Hügel mit Bäumen, welche von einem hölzernen Zaun eingeschlossen sind, rechts vorn liegt geschlagenes Holz aufgeschichtet. Links Fernsicht. kl. qu. fol.

Wir kennen das Blatt nicht aus eigener Anschauung, die
Platte kam, noch ehe sie fertig war, dem Künstler abhanden.

INHALT
des Werkes des Anton Altmann.

SEBASTIAN HABENSCHADEN.

Habenschaden, als Thier- und Landschaftsmaler in weiten Kreisen geachtet, erblickte in München den 29. März 1813 das Licht der Welt. Sein Lebensgang ist sehr einfach, denn seine ganze Thätigkeit war still und anspruchslos der Kunst geweiht. Er war der Sohn eines biedern und kenntnissreichen städtischen Beamten und erhielt eine streng religiöse rechtschaffene Erziehung.

In die Kunst ward er durch den Schmelzmaler Chr. Adler eingeführt, und seine weitere Ausbildung erhielt er (um 1829) auf der Akademie. Er bestimmte sich für das Thierfach. Die Natur des Waldes, das Leben unserer heimischen Thiere hatten ihn von Jugend auf zu fleissigen Beobachtungen angeregt, sein Vater, selbst ein eifriger Freund der Naturwissenschaft, scheint diese Neigung, die mit den Jahren zu einem ausgebreiteten Wissen und Kennen führte, nicht ungern gesehen und genährt zu haben.

Bereits seine ersten Arbeiten, mit welchen er in die Reihe der selbstständig wirkenden Künstler eintrat, beurkundeten eine entschiedene künstlerische Begabung und erwarben ihm den Beifall der Kunstgenossen, welcher sich in dem Maasse steigerte, als es ihm gelang, allmälig die Mängel der Technik zu beseitigen. — Dem

III.   13

stillen Weben der Natur in Wald, Feld und Gebirg,
dem mannigfaltigen Leben der Thiere in unserer Umgebung und im Freien waren seine Studien geweiht,
die er vorzugsweise in den näheren und entfernteren
Umgebungen Münchens, in den bayerischen und tiroler
Alpen machte.

Im Anfange der vierziger Jahre (1840—41) war
Habenschaden bereits auf einer Stufe angelangt, welche
ihm erlaubte zu seiner weiteren Ausbildung eine Reise
nach Italien zu unternehmen. Aber der Künstler vermochte sich für die Erscheinungen, welche ihm dort
entgegen traten, nicht zu erwärmen. Weder die Reste
der classischen Kunst noch die landschaftlichen Schönheiten und malerischen Trachten der Bewohner konnten
ihn die waldigen Hügel, die stillen Thäler des bayerischen
Oberlandes vergessen lassen. Er kehrte mehr ver-
stimmt als gehoben aus dem Lande der Farben und
Töne zurück und es bedurfte längere Zeit, bis er die
verwirrenden Eindrücke überwunden und zur gewohnten
Thätigkeit sich wieder gesammelt hatte.

Habenschaden war ein fleissiger und strebsamer
Künstler, er hat eine grosse Reihe Werke hinterlassen,
nicht blos in der Malerei, sondern auch in der plasti-
schen Thierbildnerei, die seinen Namen weit über
Deutschlands Grenzen hinausgetragen haben. In allen
seinen Schöpfungen spricht sich ein schlichtes und doch
warm empfundenes Naturgefühl aus, er dringt stets
nach der Tiefe vor, die blosse Körperlichkeit genügt
ihm nicht, vielmehr ist es die Thierseele, die ihn zu
adäquaten künstlerischen Bildungen reizt.

Habenschaden stand einsam im Leben, er war nicht
verheirathet. In derselben Weise, wie er uns als Künstler
entgegen tritt, still, anspruchslos, so gab er sich auch
als Mensch, aber inniger, tiefer. Die äusseren Erscheinungen im Leben berührten ihn wenig, für seine

Freunde aber hatte er ein warmes Herz und für das seinen Leistungen verwandte Schöne einen offenen begeisterten Sinn. Von seiner Herzensgüte giebt seine letzte Verfügung, durch welche er den Münchener Künstlerunterstützungsverein zum Universalerben seines bedeutenden Nachlasses einsetzte, einen rührenden Beweis.

Seit dem Sommer 1867 kränkelnd, blickte er dennoch, voller Entwürfe und nicht an ein nahes Ende glaubend, ruhig in die Zukunft, aber leider verschlimmerte sich sein Leiden mehr und mehr und den 7. Mai 1868 riss ihn der Tod im 55. Lebensjahr hinweg, nachdem ihm seine hochbetagte Mutter kurz zuvor vorangegangen war.

Seine Bilder durchwanderten Deutschland auf den verschiedenen Kunstausstellungen, der grösste Theil blieb jedoch in seiner engeren Heimat; wir nennen: Kühe auf der Weide, Nürnberger Ausstellung 1838, — Sennerin über einen Steg gehend, im Bach Kühe, bekannt durch die Originalradirung (Leipziger Ausst. 1847), — Heuernte, angekauft vom Prager Kunstverein 1850, — Eine Alpe, vor der Hütte Sennerinnen mit einem Buch 1844, — Landleute auf dem Feld, — Ein Morgen auf dem Lande, — Viehheerde, angekauft vom Münchener Kunstverein 1851, 54 und 57, — Förster und Hirt mit seiner Heerde, — Eine Alpe, — Ein Morgen im Gebirg, angekauft von demselben Verein 1859, 60 und 62, — Eine Sennerin mit Kühen, — Vorbereitung zum Abzug von der Alpe, auf der allgemeinen deutschen Kunstausstellung in München 1854, — Eine Alpe an der Benedictenwand, — Flache Moosgegend mit Schnepfenjagd, — Ein von der Abendsonne beleuchteter Hohlweg, — Eisenbahnbau durch den Wald, angekauft vom Münchener Kunstverein 1864, 65, 67 und 68.

Wenn Habenschaden auf der Palette nicht die Mittel fand seinen Gedanken einen entsprechenden

13*

Ausdruck zu geben, dann griff er zum Thon oder
Wachs und dem Bossierholz. So entstanden jene
schönen Thierfiguren, welche seinen Namen in fast noch
weiteren Kreisen bekannt machten als seine Bilder.
„Bald ist es ein spitzschnautziger Fuchs der, auf
einem Baumstrunck sitzend, auf ein fernes Geräusch
horcht und dabei seinen schlauen Kopf mit unnach-
ahmlicher Grazie etwas zur Seite neigt, bald ist es eine
Füchsin die mit ihren Jungen sich herumbalgt, bald
ein Esel der mit stoischer Ruhe seiner Bestimmung
entgegen sieht, bald sind es muntere Häschen die ihre
komischen Sprünge machen, bald ist es ein zierliches
Reh das in rhythmischen Bewegungen einherschreitet,
dann wieder ein stattlicher Hirsch, wie zum Kampf
gerüstet, oder ein struppiger Eber mit scharfen Hauern
— aber überall begegnen wir dem feinsten Verständniss
der Natur des Thieres und seiner Formen, überall
einer genialen Auffassung und einer geistreichen Behandlung, die nie zu wenig, aber auch nie zu viel giebt."
So berichtet ein Augenzeuge von Habenschaden's pla-
stischer Thätigkeit in den Dioskuren 1860. Es kam
ihm dabei sehr zu Statten, dass er mit Pinsel und Stift
umzugehen verstand, indem er mit der Ruhe der Plastik
ein in den geeigneten Grenzen gehaltenes malerisches
Element zu verbinden fähig war.

Habenschaden's Radirungen sind reine Erzeugnisse
des malerischen Gefühls ; da er sich fast gar nicht der
Hülfsmittel der Kupferstecher, des Grabstichels und der
kalten Nadel bediente, so tragen sie alle vorwiegend
den frischen ursprünglichen Charakter des Aetzdrucks
in gefälliger Weichheit mit einer gewissen Breite, durch
welche die Radiernadel des Malers sich kennzeichnet.

DAS WERK DES SEBASTIAN HABENSCHADEN.

1. Die Sennerin auf dem Steg.
H. 6″ 7‴, Br. 7″ 11‴.

Für das „Album deutscher Künstler", Düsseldorf, J. Buddeus, radirt.

Oberbayerische Hügellandschaft mit einem Bach im Vordergrund. Dieser Bach, dessen Ufer mit Gräsern und Kräutern verschiedener Art bewachsen ist, wird rechts von einem Bohlensteg überspannt, auf welchem eine Sennerin gegen den Beschauer schreitet, sie trägt über der Schulter eine Harke und in ihrer mit Gras gefüllten Schürze ein kleines Zicklein. Zwei Kühe und ein Stier stehen im Wasser, eine Ziege folgt der Sennerin auf dem Steg und im Mittelgrund nähern sich zwei andere Kühe sowie eine dritte die von einer im Aetzen formlos ausgefallenen männlichen Figur getrieben wird.

    I. Vor aller Schrift.

    II. Mit „Julius Buddeus excudit" links, und „Druck von C.
        Schulgen-Bettendorff in Düsseldorf" rechts im Unterrand.

    III. Mit dem Namen Habenschaden in der Mitte des
        Unterrands.

2. Dieselbe Darstellung.
H. 7″ 6‴, Br. 9″.

Grösser und mit Abweichungen, wie es scheint die erste und vom Künstler verworfene Platte. Auf dem Steg sind zwei Ziegen, eine geht der Sennerin voraus, die andere folgt ihr wie auf dem vorigen Blatt, im Wasser und auf dem Ufer stehen nicht drei sondern vier Kühe, oder ein Stier und drei Kühe, von welchen eine ihren Durst löscht, der Hintergrund ist ein ganz anderer, er ist waldig, geschlossen und bietet nur links freie Aussicht auf eine Dorfkirche. Ein Bursche treibt drei Kühe

aus dem Mittelgrunde.   Rechts auf der Bohle des Steges
Habenschaden's Name.

3. Die beiden Kühe und der ruhende Stier.
H. 7" 1''', Br. 8" 1''',

Flache Landschaft mit Gebüsch zur Linken und einem
Höhenzug in der rechten Ferne. Vor dem Gebüsch erhebt sich
ein alter Weidenbaum, und zwei Kühe, deren Aufmerksamkeit
auf einen zur Rechten nicht sichtbaren Gegenstand gerichtet
ist, stehen an einem Wasser. Rechts ruht im Gras ein vom
Rücken gesehener Stier. Unten links im Wasser der Name: S.
Habenschaden 1839. Die Platte scheint eine sogenannte
Versuchsplatte zu sein, welche der Künstler wahrscheinlich für
das Buddeus-Album bestimmt hatte, aber wieder verwarf.

4. Dieselbe Darstellung.
H. 6" 9''', Br. 9" 4'''.

Erste verworfene Platte. Sie ist grösser und von der Gegenseite genommen, so dass der Stier hier zur Linken ruht.

Uns liegt nur ein Probedruck vor mit Bleistiftretouchen von
der Hand des Künstlers, vor der Luft, vor dem Hintergrund etc.
und auf der Rückseite mit Nadelproben einzelner Kuhköpfe bedeckt. Die Platte ist wahrscheinlich nie zur Vollendung gelangt.

5. Der ruhende Ackersmann.
H. 4" 11''', Br. 6" 3'''.

Flache Landschaft mit einem Gehölz in der rechten Ferne.
Im grasigen Vordergrund ruhen in der Mitte zwei vor einen
Pflug gespannte Stiere, von welchen der eine liegt; links bei
ihnen ruht ebenfalls der Ackerer, er raucht sein Pfeifchen und
unterhält sich mit einem Burschen, der sich bei ihm niedergelassen
hat, rechts grast ein Schaf, hinter welchem dicht beim Pflug
ein Widder liegt. — Habenschaden radirte das Blatt für das
Album des Münchener Radirervereins, dessen trockener Stempel
unten auf dem Papierrand steht. Später ward die Platte zur

Illustration von Auer's Faust, galvanoplastisch vervielfältigt,
verwandt. Diese Abdrücke tragen folgende Schrift, im Ober-
rand: *BEILAGE ZU AUERS FAUST*, im Unterrand: *MITTAGS-
RUHE. ORIGINALRADIRUNG VON HABENSCHADEN.
DRUCK V. KAUFFMANN, WIEN. LEIPZIG, G. H. FRIED-
LEIN.*

6. Eine Alpe.
H. 3″ 7‴, Br. 5″ 7‴.

Ebenfalls für das Album des Münchener Radirervereins geätzt.
Links eine Alphütte, in deren Thür eine Sennerin steht und
sich mit zwei anderen auf der Thürbank sitzenden Sennerinnen unterhält. Eine Ziege liegt vor dieser Bank, eine Kuh
schreitet in der Mitte nach links und rechts liegen zwei Stiere
in kleiner Entfernung von einander. Oben an der Bretterwand
der Hütte Habenschaden's Name, der nochmals links im Unterrand, begleitet von der Jahrzahl 1843, wiederholt ist, in der
Mitte des Unterrandes der Titel Eine Alpe, mit der Nadel
vom Künstler selbst gerissen.

7. Die beiden streitenden Esel.
H. 4″ 1‴, Br. 4″ 9‴.

Für dasselbe Album radirt. Vorn in einer Landschaft, deren
Ferne nur flüchtig angedeutet ist, sind zwei Esel mit einander
in scherzenden Streit gerathen, der eine, gesattelt, die Vorder-
beine erhebend, ist in Begriff von der Seite auf seinen Collegen
zu steigen, dieser ohne Sattel, nur mit einem Zaum, sucht aber
sein Vorhaben mit Beissen und Schlagen zu verhindern. Unten
links am Boden Habenschaden's Name in Spiegelschrift.

I. Von der grossen Platte die 7″ 6‴ h. ist. Oben sind zwei
Köpfe radirt, der Kopf einer Frau mit einem Kamm im Haar
und der Kopf eines Alten mit Kappe auf dem Kopf und Brille
im Gesicht, beide nach rechts gewendet. — Ob von diesem
sorgfältig ausgeführten Croquis nach Zerschneidung der Platte

auch besondere Abzüge gemacht wurden, kann ich nicht sagen, begegnet sind mir solche bis jetzt nicht.

8. Die Kuh und die Ziege.
H. 3″ 8‴, Br. 4″ 9‴.

Beide, in Profil nach links gekehrt, stehen vorn auf dem Ufer eines Sees, dessen Fläche links angedeutet ist, die Kuh, mit einer Schelle am Hals, wendet den Kopf gegen den Beschauer, die Ziege öffnet das Maul um in die Blüte einer links vorn wachsenden grossblätterigen Pflanze zu beissen. Unten rechts im Liniengekritzel des Bodens das Zeichen und die Jahrzahl 1835 in Spiegelschrift.

In zweiter Ausgabe erschien diese und die folgenden Platten in folgendem Heft: „Sammlung von 13 radirten Blättern von C. E. Hess, Peter Hess, Heinrich Hess, Carl Hess, Habenschaden, Lebscheè und I. A. Klein, herausgegeben von Montmorillon, Kunsthändler in München 1842.“

9. Der liegende Hund.
H. 3″ 9‴, Br. 4″ 8‴.

Ein Hund mit langen glatten Haaren liegt vorn in einer Landschaft, deren Contouren mit wenigen Pflanzen nur ganz oberflächlich angedeutet sind, er ist in Profil nach links gekehrt vorgestellt. Unten links dicht am Plattenrand die beiden ersten Silben von Habenschaden's Namen in Majuskeln.

10. Der sitzende Hund.
H. 3″ 8‴, Br. 2″ 9‴.

Derselbe Hund in aufrechter Haltung, in Profil nach rechts gekehrt, mit einem Halsband. Rechts unter der Grasnarbe die Bezeichnung *del Juni* 1831 in Spiegelschrift. Der Name scheint ursprünglich unten in der Mitte gestanden zu haben, aber vom Künstler wieder gelöscht worden zu sein.

11. Die alte Ziege und ihr Junges.
H. 2" 5''', Br. 3" 11'''.

Vorn auf dem Ufer eines See's, dessen Fläche links in Umriss angedeutet ist, liegt rechts eine alte gehörnte Ziege mit
Halsband, sie ist, in Profil gesehen, nach links gekehrt, wo bei
ihr ihr Junges ruht. Ohne Bezeichnung.

12. Die beiden Kühe.
H. 2" 1''', Br. 2" 6'''.

Vor Gebüsch stehen zwei Kühe, von welchen die eine, links
von vorn gesehen, gegen den Beschauer blickt, während die
andere, in der Mitte und von der Seite gesehen, den Kopf zum
Boden gesenkt hat und Gras rupft. Unten rechts das Zeichen.

13. Die beiden ruhenden Schafe.
H. 2" 2''' Br. 3" 6'''.

Zwei Schafe liegen auf grasigem Boden mit dem Rücken
gegeneinander, das vordere, nach links gewendet und wieder-
käuend, hat das rechte Vorderbein ausgestreckt, das andere oder
hintere ist mit dem Rücken gegen den Beschauer gekehrt. Ohne
Bezeichnung.

14. Zwei Hundeköpfe und ein Katzenkopf.
H. 2" 1''', Br. 2" 6'''.

Die Hundeköpfe, dichthaarige junge Thiere, sind beide gegen
den Beschauer, der Katzenkopf dagegen, mit geschlossenen
Augen, ist halb nach rechts gewendet, der eine Hundekopf und der
Katzenkopf sind oben im Blatt, der zweite Hundekopf ist unten
in der Mitte und dieser hat kurze Spitzohren, während der andere
Hund lange Hängeohren hat und seine Vorderpfoten auf einen
Stein stützt. Der Katzenkopf ist rechts. Unten rechts das
Zeichen und die Jahrzahl 1836.

15. Drei Hundeköpfe und ein Katzenkopf.
H. 2", Br. 4" 8'''.

Der Katzenkopf und der Kopf eines Spitzhundes sind oben
links, die beiden anderen Hundeköpfe unten rechts, die Katze
hat die Augen geschlossen und ist nach rechts gewendet, der
Spitzhund aber blickt gegen den Beschauer. Die beiden andern
Hunde, beide dickköpfig und mit Hängeohren, sind so gruppirt,
dass der eine gegen vorn, der andere aber, weniger ausgeführt,
in Profil nach links gerichtet ist. Ohne Bezeichnung.

INHALT

des Werkes des S. Habenschaden.

EUGEN HESS.

Eugen Hess, der älteste Sohn des berühmten Schlachtenmalers Peter v. Hess, ward den 25. Juni 1824 in München geboren. Die glänzenden Erfolge des Vaters in der Kunst konnten nicht verfehlen auf das Gemüth des Sohnes den tiefsten Eindruck zu machen; auf einer Reise, die er 1839 mit dem Vater durch Norddeutschland, Polen und Russland machte, entschied er sich bestimmt für die Kunst. Unter der umsichtigen Leitung seines Vaters machte er bald so gute Fortschritte, dass er schon in den vierziger Jahren als selbstständiger Künstler auftreten konnte; eine Reise nach Frankreich und Belgien 1849—1850, um die Werke der grossen französischen und niederländischen Maler zu studiren, förderte nicht wenig seine Entwicklung.

Im Jahre 1856 verehelichte er sich unter den besten Aussichten auf ein beglückendes Familienleben. Aber leider nur zu bald verfinsterte sich der Lebenshorizont des begabten jungen Mannes, der Tod seiner Gattin und seines einzigen Kindes zerstörte sein kaum aufgeblühtes Glück mit einem Schlage und stürzte ihn in unheilbare Schwermuth. Zu dieser gesellte sich bald körperliches Unwohlsein, welches, sich fortwährend steigernd, seinem jungen Leben am 21. November 1862 nach grossen Leiden und zum tiefsten Schmerze des greisen Vaters ein Ende machte.

Hess's Gemälde bestehen in Genrescenen und Jagdbildern, sie zeichneten sich ebenso sehr durch geistreiche Erfindung als Wahrheit und glänzende Technik aus. Sein letztes Werk, im Auftrag des Königs Maximilian II. für das Athenäum ausgeführt, stellte die Einnahme von Yorktown durch Washington dar. Mit Vorliebe widmete er seinen Pinsel der romantischen Verherrlichung des edlen Waidwerks, und zwar der vornehmen Jagdlust des 16. und 17. Jahrhunderts nach ihrer friedlichen, erheiternden Seite; in seinen andern Bildern behandelt er, in die Fusstapfen seines Vaters tretend, gern Scenen aus dem Kriegsleben und aus dem friedlichen Leben solche Stoffe, in welchen das Pferd eine wesentliche Rolle spielt. Nennen wir einige seiner Werke: Ein Wildprethändler, Münchener Kunstverein 1846, Maler Lud. v. Hagn, — Morgengruss des Jägers, Prager Kunstverein 1848, — Der erste Unterricht im Waidwerk, Prager Kunstverein 1850, bei Graf Nostiz; — Ein Waldbruder, die Beute von Wildschützen versteckend, Münchener Kunstverein 1850, bei Hauptmann F. v. Tautphoeus in München; — Ein bayerischer Jäger auf Vorposten, zwei einen Liebesbrief lesende Mädchen belauschend, 1853; — Der schwedische Marschall Wrangel auf der Jagd bei Dachau vom bayerischen General Joh. von Weerth überfallen; — Fuhrwerk vor einem Wirthshaus, Gothaische Ausstellung 1855; — Botschaft aus dem Gefecht, Münchener Kunstverein 1857, bei Maler A. v. Ramberg; — Fasanen-Suche, Prager Ausstellung 1862, — Ein Ritter als Gast bei Dominikanermönchen, Neue Pinakothek in München.

Von Reproductionen seiner Bilder sind uns folgende bekannt:

1) Der erste Unterricht im Waidwerk. *F. Hanfstängl* lith. Böhmisches Kunstvereinsblatt. gr. fol.
2) Der Gemüsemarkt in Antwerpen. *J. Wölffle* lith. König Ludwig Album. gr. fol.
3) Der Gast im Kloster. *J. Wölffle* lith. roy. fol.
4) Ueberfall bei Dachau im 30jährigen Krieg. Wrangel auf der Hirschjagd von bayerischen Truppen überfallen. *Idem lith.* gr. qu. fol.

DAS WERK DES EUGEN HESS.

1. Die Rückkehr von der Jagd.
H. 3″ 8‴, Br. 5″ 4‴.

Aus einem rechts im Grund durch dicke Baumstämme angedeuteten Wald tritt eine aus fünf Personen bestehende Jagdgesellschaft: zwei Jäger und drei Klopfer mit Wild schwer beladen heraus, der vordere nach links über einen Bohlensteg schreitende Klopfer trägt einen Fuchs, den ein Dachshund am Ohr fasst, die zwei folgenden Klopfer tragen vier an den Hinterbeinen an einer Stange hängende Hasen. Dahinter schreiten die beiden Jäger, der eine mit einem Rehbock auf den Schultern und seinem Hut in der Hand. Im Unterrand links: *Eugen Hess* 1847.

2. Der Labetrunk der beiden Jäger.
H. 5″ 11‴, Br. 7″ 3‴.

Vor der Thür eines zur Linken angedeuteten Schlosses liegt auf dem mit Steinplatten bedeckten Boden ein grosser Hirsch, den zwei Jäger auf einer hölzernen Tragbahre gebracht haben. Ein Page reicht auf einer flachen Schaale Brot und Wein, der vordere Jäger, auf seine Flinte gestützt, kredenzt den Pokal, der hintere, mit einem Jagdspiess in der Hand, leert sein Glas. Rechts bei ihnen liegen zwei Hunde. Unten links im Boden;

Eugen Hess 1846. — Hess radirte das Blatt für das Album des Münchener Radirervereins.

3. Der Pferdemarkt.
H. 6″, Br. 8″ 9‴.

Unvollendete und cassirte Platte. Vor dem Thor einer im Hintergrund angedeuteten Stadt ist der ganze vordere Plan mit Pferden, Reitern, Wagen und Figuren bedeckt. Die Käufer scheinen sich besonders aus den Juden recrutirt zu haben, denn vorn links verhandelt eine Gruppe von vier Juden mit einem Cavalleristen um einen in der Mitte stehenden Reitschimmel, den ein junger Bursche nebst drei anderen Pferden hält. Zwei Hunde stehen vor dieser Gruppe und am Boden liegt ein Sattel. Es ist Winterzeit und die Figuren sind zum Theil in Pelze gehüllt. Feine Waare bietet der ganze Markt nicht, es sind Bauern- und ausrangirte Remontepferde, welche zum Verkauf gestellt sind. Ohne Bezeichnung.

4. Der Rehkopf.
H. 3″ 6‴, Br. 4″ 8‴.

Mit Geweihe, bis an die Brust gesehen und nach links gerichtet. Unten rechts das Zeichen *HE.* 1845.

INHALT
des Werkes des Eugen Hess.

AUGUST GEIST.

August Christian Geist, der Sohn des Landschafts-
und Decorationsmalers Andreas Geist († 1860),
ward in Würzburg den 15. October 1835 geboren.
Seine Vorbildung für die Kunst erhielt er 1848—1850
in der Gewerbeschule und dann bis 1853 in der polytechnischen Sonntagsschule, wo er im Zeichnen die
ersten Noten und Preise davontrug. Schon im zarten
Knabenalter verrieth der kleine Geist vielversprechende
Anlagen zur Kunst, die der liebevolle Vater sorgfältig
pflegte und auszubilden suchte, kaum sechszehn Jahre
alt geworden, malte er bereits Bilder landschaftlichen
Inhalts, zu welchen er die Motive in den schönen Umgebungen Würzburgs fand. Bis zu seinem achtzehnten
Jahre blieb Geist unter der Leitung seines Vaters, der
aber längst erkannt hatte, dass seine Kräfte
nicht hinreichen würden, den Sohn auf die Höhe der
Kunst zu führen. Im August 1853 brachte er ihn nach
München in die Schule seines alten Freundes, des ver-
dienten Landschafters Fritz Bamberger, unter
dessen umsichtiger Leitung der junge Geist seine
schönen Anlagen mit überraschendem Glück entfaltete;
sein erstes Atelierbild, eine Winterlandschaft, die einzige
welche er überhaupt gemalt hat, kaufte der Würzburger
Kunstverein; eine grössere Landschaft: Schloss Asch-
bach in Franken, erwarb derselbe Verein das folgende

Jahr, sie fand verdiente Anerkennung auf der Ausstellung, so dass Geist seine Zukunft als gesichert betrachten und in die Reihen der selbstständig schaffenden
Künstler eintreten konnte. In demselben Jahr (1854)
hatte er Unterfranken und die Rhön bereist, um im
Auftrag des polytechnischen Vereines in Würzburg die
alten Burgruinen und schönsten Gegenden dieser Landschaften nach der Natur zu zeichnen; er führte diese
Zeichnungen auf das sorgfältigste in Tusche in seiner
Vaterstadt aus, wo er bis zum 15. Juni 1855 verweilte.

Nach München zurückgekehrt, arbeitete der be-
scheidene Künstler wieder in Bamberger's Atelier. Er
hatte bis dahin die Stoffe seiner Bilder fast aus-
schliesslich den Rhön- und Maingegenden entlehnt, jetzt
lernte er die waldreichen Umgebungen des Starnberger
Sees und das bayerische Alpenvorland kennen, wo sich
ihm ein ungleich grösserer Horizont eröffnete, vorzugsweise waren es die Umgebungen Weilheims und des
alten Klosters Polling, die ihn mächtig anzogen, zu
gründlichen Studien und schönen Bildern begeisterten.

Im October 1856 richtete Geist sein eigenes Atelier
ein. Eine Ansicht von Würzburg, im Auftrag des
medicinisch-physikalischen Vereines für Professor Vir-
chow gemalt, fällt um diese Zeit; eine Landschaft bei
Polling, die erste grössere Composition des Künstlers,
fand so lebhaften Beifall, dass Geist dieselbe mit un-
wesentlichen Aenderungen für Kaufmann Seitz in Nürnberg wiederholen musste.

Das folgende Jahr begegnen wir Geist wieder in
seiner fränkischen Heimat, der polytechnische Verein
in Würzburg wünschte von seiner Hand die schönsten
Burgruinen Frankens mit der Radirnadel vervielfältigt
zu sehen. Dr. Adelmann nahm die Sache in die
Hand, Professor Contzen schrieb den Text und Geist
ätzte nach seiner Rückkehr nach München und nach

einem zweimonatlichen Aufenthalt am Chiemsee die an
Ort und Stelle nach der Natur gefertigten Zeichnungen
mit grossem Geschick auf Kupfer, leider aber gedieh
das interessante Werk, betitelt „Die Burgruinen Unterfrankens", nur bis zum vierten Heft.

Seine Studienreise des nächsten Jahres galt der
fränkischen Schweiz; er fühlte sich von der eigenthümlichen Schönheit dieser Landschaft so hingezogen, dass
er fast jedes Jahr auf kürzere oder längere Zeit dorthin
zurückkehrte und die gewonnenen Studien zu vielen
seiner späteren Bilder, zum Theil seiner besten, ver-
werthete.

Im Herbst 1859 besuchte Geist Karlsruhe und erfreute sich des anregenden Umganges mit Schirmer.
Ein mit der jugendlichen Landschaftsmalerin Elise
Förtsch geknüpftes Liebesband endete unglücklich, indem die junge Braut bald starb. Geist hätte sicher
seinen Aufenthalt in Karlsruhe verlängert, wenn ihn
nicht der Tod des geliebten, vom Geschick schwer ge-
prüften Vaters nach Würzburg zurückgerufen hätte, wo
er vom 10. Januar bis zur Mitte des Sommers 1860
verweilte, um die Zukunft seiner unversorgten Geschwister sicher zu stellen.

Nach München zurückgekehrt, entstand zunächst jene
tiefempfundene, in der Schwermuth über den schmerz- ·
lichen Verlust der Braut und des Vaters concipirte
Rhönlandschaft, welche der Kunstverein in München
erwarb und die in der Verlosung in den Besitz des
Kaufmanns Stock in Bremen kam.

„Schwere Regenwolken ziehen über den Himmel und
halten jeden Sonnenblick ab, sich in einem von ernsten
Eichen und Buchen umgebenen Wasser spiegelnd, an
welchem vorüber zwei Versprengte in der Tracht des
dreissigjährigen Krieges nach einer Ruine zu flüchten."

Im Sommer 1861 machte Geist Studien in den Um-

III.   14

gebungen Brannenburgs, im Herbst fuhr er den Rhein
hinab über Mainz, Koblenz und Köln und verweilte
einige Wochen in Antwerpen; ein kurzer Aufenthalt in
der fränkischen Schweiz beschloss diese Rheinreise.
Das folgende Jahr verlebte er, mit Ausnahme eines
Ausfluges nach Polling und an den Kochelsee, in
München, eine ausserordentlich rührige Thätigkeit ent-
faltend. 1863 war er wieder in seiner geliebten fränkischen Schweiz, und das folgende Jahr machte er in
Gesellschaft seines Freundes Dr. Deckert eine Studienreise in das Allgäu. Der liebliche und zugleich
grossartige Charakter der Allgäuer Landschaft machte
einen tiefen Eindruck auf ihn und er war eifrig bemüht
in Immenstadt, Sonthofen und Oberstorff gründliche
Naturstudien zu machen — allein ein Lungenleiden,
das schon längere Zeit auf seiner Brust lastete und
besorgnisserregend von Monat zu Monat sich steigerte,
zwang ihn zur Vorsicht, so dass er nur wenige der
gewonnenen Motive verwerthen konnte. Der Winter
1864/65 ward für ihn verhängnissvoll, sein Brustleiden
machte die bedenklichsten Fortschritte, ein frühzeitiger
Tod schien ihm gewiss. Er suchte Besserung im Bad
Reichenhall, aber fand sie nur in einem sehr geringen
Grade; um den Uebergang nach München zu mildern,
nahm er einen längern Aufenthalt am Starnberger See.
Dennoch verzagte er nicht, ja es schien fast, als er-
muthigte ihn der Gedanke des frühen Todes zu rast-
losem Streben und Schaffen. Aerzte und Freunde
drangen in ihn, einen letzten Versuch zu machen, in
Italiens warmer und linder Luft Heilung zu suchen.
Am 4. October 1865 trat er diese Reise an; er hat sie
trotz seines leidenden Zustandes auf das gewissen-
hafteste verwerthet, fast in allen bedeutenden Städten
hielt er sich kürzere oder längere Zeit auf und sammelte eine solche Menge Studien, dass seine Freunde

mit Verwunderung auf seine Thätigkeit blicken mussten. Aber leidend war' er fortgegangen, leidender als je kehrte er den 31. Mai 1867 nach München zurück. Er hatte sich in Rom nicht heimisch gefühlt, die klassische Schönheit bot keine vollkommen erwärmende Nahrung für sein Talent, das sich nur mit Glück in der deutschen romantisch-malerischen Auffassung der Natur bewegte, all das Schöne, das er in Italien sah, konnte ihm die Heimat und lieben Freunde nicht ersetzen, nach denen er sich immerfort sehnte und bei denen er lieber ein paar Jahre früher sterben wollte.

Im Sommer 1868 ging er zu einem Badeaufenthalt nach Geroltshausen, aber sein Leiden hatte schon zu tiefe Wurzeln geschlagen, der baldige Tod war nur zu gewiss. Dennoch war er von Geist frisch und gesund, thätig bis auf die letzten Wochen vor seinem Ende. Edel und aufopfernd von Charakter, denn er hatte seinen alten Vater versorgt und seine jüngeren Geschwister erziehen helfen, setzte er in seinem letzten Willen seinen unversorgten kleinen Bruder zum Erben seines ganzen künstlerischen Nachlasses ein. Der Tod endete am 15. Dec. 1868 sein langes Leiden; „unter tiefer Wehmuth", schreibt mir F. Voltz, „haben wir ihn zur Erde bestattet, denn wohl gab es nicht eine edler angelegte Natur und selten war Einer in solchem Maasse von allen Freunden geliebt und geachtet; sein Andenken bleibt uns allen theuer."

Geist war ein Künstler von entschiedener Begabung, seine poesiereichen Schöpfungen sind ebenso glücklich durchdacht als mit strengem Fleisse durchgeführt, seine Richtung in der Landschaft war die malerisch-romantische; nie war ihm die Form alleiniger und erster Zweck, sondern stets nur der Träger des Gedankens und einer innerlichen, gefühlswarmen Auffassung. Ueber seine Bilder ist ein erwärmender poetischer Hauch

ausgegossen, seine Zeichnungen, die mehrfach durch
Holzschnitt in illustrirten Zeitschriften reproducirt
worden sind, fesseln und ergreifen durch malerischen
Reiz und gefühlvolle Auffassung der Landschaft jedes
deutsche Gemüth. Wir müssen es tief beklagen, dass
der hochbegabte Künstler so bald, nur 34 Jahre alt,
von der Erde scheiden sollte; ein längeres Leben, eine
feste Gesundheit, eine freie fröhliche Entfaltung seines
Talentes, hätten es zweifelsohne vermocht, seinen Namen
unter die ersten seiner Kunstgenossen zu erheben.

Geist ist für sein kurzes Leben ausserordentlich
fleissig gewesen; ausser einer grossen Anzahl von Aquarellen, Zeichnungen und Studien hat er in siebenzehn Jahren, von 1851—1868, 239 Bilder gemalt; seine ersten Versuche waren Copien nach seinem Vater, nach Lingel-
bach, Schertel u. A. Sein erstes Original war ein
Kreuzgang, das er 1851 seiner Stiefmutter zum Ge-
burtstag verehrte, darauf folgten einige Bilder architek-
tonischen Inhalts aus seiner Vaterstadt, die der historische und polytechnische Verein ankauften. Später
beschickte Geist fleissig die Kunstausstellungen Deutschlands und hatte die Freude für seine Bilder rasche
Käufer zu finden. Wir nennen: Ideale Landschaft (1856)
Dr. E. Prell in Leipzig, — Landschaft bei Polling
1857, Kaufmann Seitz in Nürnberg, — Zwei Landschaften: Motiv aus der vordern Rhön und Gegend bei
Miltenberg am Main, Münchener Kunstverein 1857—
1858 — Deutsche Landschaft 1858, Kaufmann Keilholz
in Bamberg, — Rhönlandschaft 1860, C. Stock in
Bremen, — Idylle 1861, Gallerie zu Wiesbaden, —
Regentag bei Streitberg, Cölner Kunstverein 1861,
— Motiv aus dem Kaisergebirg in Tirol, Hamburger
Ausstellung 1862, — Abend am Main 1863, Carl
v. Stetten in Augsburg, — Sonntagmorgen am Kochelsee, Cölner Kunstverein 1863, — Einsamer Gebirgs-

see 1864, Kassirer W a c h t e r in Bamberg, — Land-
schaft aus der fränkischen Schweiz, M ü n c h e n e r
K u n s t v e r e i n 1864, Regimentsauditor G. I h r l, —
Landschaft bei Polling, von demselben Verein 1864 angekauft, jetzt in Besitz des P r i n z e n C a r l von H e s s e n,
— Motiv aus der Campagna di Roma, M ü n c h e n e r
K u n s t v e r e i n 1866, Kaufmann Ed. S c h u t t in Hamburg, — Ruinen des Theaters in Tusculum, Schlucht
am Sibyllentempel bei Tivoli, beide vom M ü n c h e n e r
K u n s t v e r e i n angekauft 1867, — Componirte italie-
nische Landschaft 1867, K u n s t v e r e i n zu W ü r z-
b u r g, — Ruinen eines Aquäducts in der römischen
Campagna, M ü n c h e n e r K u n s t v e r e i n 1868.

Geists schöne Zeichnungen sind auch mehrfach durch
Reproductionen in illustrirten Werken bekannt geworden:

1) Ruine Salzburg bei Neustadt an der Saale, Stein-
   zeichnung von *F. Würthle* im König-Ludwig-Album.
2) Rhön-Album. In 12 Blättern nach der Natur gezeichnet von August Geist, lith. von *L. Schuster.*
   Farbendruck von Bonitas Bauer in Würzburg.
   Herausgegeben von Dr. *Leonfried Adelmann.* 1) Titel,
   2) Bad Kissingen, 3) Tann, 4) Neuhaus und Ruine
   Salzburg, 5) Bad Brückenau, 6) Poppenhäuser
   Thal bei Weihers, 7) die Trimburg, 8) die Ebers-
   burg bei Poppenhausen, 9) Bischofsheim mit dem
   Kreuzberge, 10) Wachtküppel bei Gersfeld, 11) Salzburg bei Neustadt, 12) Schmalnau mit dem Dam-
   mersfelde, 13) Milseburg mit der Fernsicht auf
   Schloss Bieberstein.
3) Zwei Blätter für Deutsche Kunst in Lied und Bild.
   J. G. Bach in Leipzig: 1) Waldkapelle, Composition aus Motiven von Pottenstein, 1862, 2) Mühle
   im Gebirg, lithogr. von *Heyn,* 1864.
4) Holzschnitte für die Leipziger Illustrirte Zeitung:
   1863 die alte Linde bei Staffelstein und Schloss

Prunn im Altmühlthale; 1864 die Altenburg bei Bamberg und Ruine Neudeck in der fränkischen Schweiz; 1865 Felsenhöhle bei Muggendorf und Partie bei Pottenstein.

5) Für Braun's und Schneider's Bilderbögen folgende schöne Holzschnitte, römische Bilder: 1) aus den Kaiserpalästen in Rom mit S. Giovanni und Paolo, 2) Ponte Salaro in der Campagna, 3) St. Agnese fuori le mure, 4) St. Peter von der Villa Doria, 5) Porto S. Lorenzo, 6) Ansicht von Rom, von der Via Appia aus.

DAS WERK DES AUGUST GEIST.

Radirungen.

1. Der Jäger am Fusse des Felsens.
H. 3″, Br. 4″ 4‴.

Landschafts-Composition im Charakter von Franken und der erste Radirversuch des Künstlers 1856. — Links vorn versperrt ein Fels oder zerklüftetes Gestein, rechts ein Gehölz, in welchem eine halbkahle Eiche, die Aussicht in den Hintergrund. In der Mitte zwischen diesem Fels und dem Gehölz steht auf einem Wege in der Nähe eines rechtsliegenden Steines ein Jäger auf seine Flinte gestützt. Den Hintergrund bildet ein bewachsener Hügel mit einem Schloss. Vorn links im Boden *A. G.* 56.

Das Blatt ist selten; es wurden nur 40 Abzüge gemacht und die Platte abgeschliffen.

2. Die ideale fränkische Landschaft.
H. 4″ 2‴, Br. 3″ 11‴.

Im Mittelgrund am Fuss eines mit einer Burgruine bedeckten Felsens liegt zwischen Häusern und Bäumen eine alte Kirche,

ein Fluss, von einer dreibogigen steinernen Brücke überspannt,
strömt gegen den Vorgrund. Hier schreiten in der Mitte ein
Bursche und Mädchen, jener mit einer Sense auf der Schulter,
dieses mit einem Korb auf der Hand, sie schreiten nach links in
der Richtung eines gemauerten nischenförmigen Brunnens, der
vor einem zwei hohe schlanke Bäume tragenden Hügel steht.
Ganz vorn im Boden der Name *A. Geist* 58.

Kupferstecher Goldberg in München besitzt die Platte.

3. Die Ruine Salzburg bei Neustadt an der Saale.
H. 3″ 9‴, Br. 5″.

Die Ueberreste dieser alten berühmten Burg ziehen sich
quer durch den Mittelgrund; links ist ein altes Thor, dessen
oberer Theil in treppenartigen Absätzen sich nach oben zu ver-
jüngt; in der Mitte erhebt sich ein verfallener viereckiger
Thurm, Wirthschaftsgebäude aus späterer Zeit umgeben diesen
Thurm und zu diesen Gebäuden oder in den Hof führt rechts
vom Thurm ein rundes Thor, vor welchem drei Figuren, zwei
Frauen und ein Kind, wahrgenommen werden. Vorn links im
Gras das Zeichen *A. G.* 57.

Das Blatt ist sehr selten, da nur wenige Abdrücke existiren;
Geist verwarf die Platte und vollendete sie nicht.

4—15. 12 Bl. Die unterfränkischen Burgruinen.

*BURGRUINEN UNTERFRANKENS. Radirungen von
August Geist, Landschaftsmaler. Beschreibung von Dr. Contzen,
Professor der Geschichte. Zum Besten des Röhnfonds des poly-
technischen Vereins zu Würzburg, herausgegeben von Dr. L.
Adelmann. Würzburg. Druck von Friedrich Ernst Thein
1858. qu. 4.*

Das interessante Werk ist leider nicht zur Vollendung gediehen, es war auf 8 Lieferungen mit 24 radirten Ansichten be-
rechnet; erschienen sind nur 3 Lieferungen mit 9 Ansichten,

drei weitere Ansichten wurden vom Künstler für die Herausgabe
fertig gemacht, aber nicht mehr veröffentlicht.

Die Ansichten, nach den Einfassungslinien gemessen, sind,
jenachdem sie in die Höhe oder 'Breite genommen werden, 5" h.
und 3" 10''' br. oder 3" 10''' h. und 5" br., nach den Platten-
eindrücken entweder 5" 5''' h. und 8" br. oder 8" h. und 5" 5'''
breit.   Sie tragen im Unterrand die Namen der Ruinen und
rechts unter der Einfassungslinie denjenigen des Künstlers.

Die ersten Abdrücke sind vor diesen Unterschriften, die
Aetzdrücke vor den Arbeiten der Schneidenadel.

4. SALZBURG.

Die alte Burg bei Neustadt an der fränkischen Saale, an
welche sich von Carl Martell an bis auf Otto III. grosse Erinnerungen aus unserer Geschichte knüpfen. — Die Ruinen
liegen auf einer Anhöhe im Hintergrund, sie werden vom spitzen
Thurm eines neuen Kirchleins überragt, das König Ludwig von
Bayern 1841 auf jener geweihten Stelle gründete, wo einst der
heil. Bonifacius die Genossen seines Berufes Burkhard und
Willibald zu Bischöfen weihte. — Im Vordergrund und am
Fuss der Anhöhe liegt das Dorf Neuhaus von einem Bach durchströmt, über den sich vorn eine gewölbte steinerne Brücke
schwingt.   Eine Frau mit einem Korb auf dem Kopf, begleitet
von einem Kind, schreitet nach links über diese Brücke. Rechts
stehen zwei schlanke hohe Bäume.

5. SCHMACHTENBERG.

Am rechten Ufer des Mains oberhalb des Städtchens Zeil,
auf einem Vorsprung des waldigen Hassberges gelegen.   Sie
liegt ganz in Trümmern; den einzigen Ueberrest bildet verfallenes Gemäuer, das in Gebüsch und Gestrüpp den rechten
Vordergrund bedeckt.   Vorn links an einer niedrigen Mauerbrüstung, die wie es scheint der Ueberrest der alten Schutz-
mauer des Burggrabens ist, steht ein Mann, der die Ruine be-

trachtet. Links über Gebüsch hinweg Fernsicht auf Wiesen und die Höhen des Steigerwaldes.

6. COLLENBERG.

Am Main, drei Stunden unterhalb Wertheim, das Stamm-schloss der Rüdte von Collenberg. Die Ruine liegt im rechten Hintergrund unmittelbar über dem Main auf einem halbbe-wachsenen Hügel, ein Schiff ankert in der Nähe eines in Ge-büsch versteckten Hauses. Links vorn auf dem Ufer führt ein Weg unter einer Baumgruppe hinweg und in der Mitte unter dem äussersten Baum dieser Gruppe zieht ein Fischer im Fluss ein Netz aus dem Wasser. Der Hintergrund ist durch die Hügel geschlossen. Vorn links am Boden das Zeichen *A. G.* 58.

7. LICHTENSTEIN.

Das fränkische Lichtenstein an der Baunach. — Links im Mittelgrund auf einem Fels der Ueberrest eines viereckigen Thurmes, rechts gegenüber ein Stück Gemäuer und dahinter in Bäumen die gothische Dorfkirche mit kleinem Thürmchen. Zwischen dem hellbeleuchteten Fels und einer Thüröffnung in der Mauer schreitet ein Mädchen mit einem Gefäss auf dem Kopf.

8. LICHTENSTEIN.

Dieselbe Ruine, hier aber im Ganzen und in der Ferne ge-sehen. Sie liegt auf der Höhe des Mittelgrundes auf einem mit Bäumen bewachsenen Hügel. Im steinigen Vorgrund erhebt sich links in der Ecke ein grosser Baum; unweit desselben sitzt vor einem abgeplatteten Stein ein Jäger mit seinem Hund.

9. TRIMBERG.

Die Burg der alten Dynasten von Trimberg am linken Ufer der fränkischen Saale zwei Stunden von Burg Botenlauben bei Kissingen. Die hochragende Ruine steht auf einem kahlen

Hügel, an dessen Fuss das gleichnamige Dorf in Bäumen liegt. Die Saale strömt gegen den rechten Vorgrund und bildet diesseits des Dorfes einen Fall durch eine Wehre aufgehalten, um eine rechts liegende Mühle zu speisen. Links auf dem Ufer krümmt sich ein Weg, auf welchem jenseits einer Gruppe von drei kleinen Bäumen drei Figuren wahrgenommen werden: ein stehender Bauer mit einer Sense über der Schulter und ein lustwandelndes Paar.

10. RIENECK.

Die Ueberreste dieser Burg, auf der Höhe eines waldigen, die Aussicht in die Ferne verschliessenden Hügels, bestehen aus einem eckicht-runden Thurm, einer Kapelle und einem Wohnhaus, das von einer Tanne und einem niedrigeren runden Thurm überragt wird. Links ebenfalls auf der Höhe, aber niedriger als die Ruine und vorn vor dem Fuss des Hügels liegen Bauernhäuser in dichtem Baumwuchs versteckt. Eines dieser Häuser, mit einem Vorbau und gegen vorn frei gelegen, ist in der Mitte, unfern seiner Thür schreitet eine Mutter mit zwei kleinen Kindern zu einem von einer Bohle überbrückten Bach, der in schilfigem Ufer sich durch den rechten Vorgrund krümmt. Links am Eingang des Gehölzes, in welchem die Häuser versteckt liegen, steht ein Bauer mit langem Stab in Gespräch mit einem Mädchen, das einen Korb auf dem Kopf trägt.

11. BOTENLAUBEN.

Die ausgedehnte Ruine lagert auf einer Anhöhe im Hintergrund. Die Ansicht ist vorn von einem Gehölz aus aufgenommen, so dass man unter das oben geschlossene Laub hinauslugt. In der Mitte vorn ist ein kleines Gewässer und rechts davon erhebt sich eine doppelstämmige Buche, deren Wurzeln zum Theil entblösst sind. In der Luft über der Burg fliegt ein grosser Vogel.

12. BRAMBERG.

Innenansicht der Ruine, die durch einen vorn befindlichen grossen gewölbten Thorbogen gesehen wird; dünne Bäume

stehen vor ihr und rechts dem Gemäuer entlang zieht sich
ein Weg zu einem den Abschluss bildenden runden spitzen
Thurm. Epheu oder ein anderes Rankengewächs bedeckt die
Seitenmauern des tiefbeschatteten Thorbogens.

13. LAUFENBERG.

Die Ruine nimmt den Mittelgrund ein und beherrscht ein
hinten von Bergen eingeschlossenes Thal, in welchem links ein
Fluss sichtbar ist. Vorn links auf einem Fels steht ein Jäger
mit Gewehr unter dem Arm.

14. MESPELBRUNN.

Das alterthümliche Schloss, mit einem hohen runden Thurm in
der Mitte vor der Front und einem zweiten Rundthurm an der
Ecke, liegt hinter einem Teich, in welchem es sich spiegelt.
Zu seinen Seiten ist Gebüsch, über welches ferne Berghöhen
hervorragen. Der flache Vorgrund ist mit Gras bewachsen,
links auf dem Ufer sind zwei Frauen mit Wäsche beschäftigt.

15. WILDENBURG.

Felsiges bewachsenes Terrain. Die Ruinen erheben sich
in der Höhe des Hintergrundes. Links vorn ist ein schroffer,
unten zerbröckelter Fels, auf welchem oben Bäume stehen.
Der Vorgrund ist steinig und im Mittelgrund hütet ein Hirt
seine Schafheerde.

Lithographien.

16. Parthie bei Wieling in Oberbayern.
H. 5″, Br. 7″ 2‴.

Flache Landschaft, die links in weiter Ferne durch Berge
begrenzt ist. Der Mittelplan des Vorgrundes trägt eine Eichen-

gruppe und unter dieser vor Gebüsch liegt eine Bauernhütte,
zwei Frauen schreiten hinter den Eichen auf die Hütte zu. Vorn
links ein kleines Gewässer mit Schilf und ein am Boden liegender
Baumstamm. Im Unterrand rechts in Spiegelschrift: *Parthie
bei Wieling in Oberbayern. Aug. Geist. München* 55. Federzeichnung.

17. Die Burgruine auf dem Fels.
H. 3" 10"', Br. 3" 6"'.

Links im Mittelgrund erhebt sich, vorn zum Theil durch
einen lichten Baum verdeckt, ein steiler Fels, der wenige Ueber-
reste einer alten Burg trägt. Rechts in der Tiefe in engem
Felsthal werden zwei Hütten und ein Kirchthurm wahrgenommen.
Der Vorgrund ist hell beleuchtet, in ihm steht rechts: *Aug.
Geist inv.* 59. Federzeichnung.

18. Aussicht auf einen Fluss.
H. 4" 2"', Br. 3" 3"'.

In hügeligem Bett strömt im Mittelgrund ein Fluss schräg
durch das Blatt, seine Ufer sind mit dichtem Baumwuchs bedeckt, in welchem diesseits drei Häuser liegen. Ein Kahn mit
vier Figuren fährt über den Fluss. Vorn auf dem Hügel steht
eine Frau, welche auf den Fluss schaut. Rechts in der Ferne
die Andeutung einer Stadt. Unten rechts im Boden der Name
des Künstlers. Federzeichnung.

19. Die Ruine auf dem Hügel.
H. 4" 1"', Br. 6" 4"'

Ein grosser steiniger Hügel mit einzelnen Bäumen bedeckt
fast den ganzen Vorderplan, auf seiner Höhe sieht man einen
runden Thurm neben einem Thor und rechts davon eine Bauernhütte. Vorn links auf einem Stein in Spiegelschrift der Name
August Geist 55. Mit feiner Feder etwas ängstlich gezeichnet.

20. Bodenküppel bei Gersfeld.

H. 4″ 2‴, Br. 6″ 3‴.

Hügelige und kahle Landschaft mit weiter Ferne. Links ein vereinzeltes grosses Felsstück, das die ganze Umgebung beherrscht. Die Ferne bietet Nichts als in der Mitte einen wie es scheint mit Fichten bewachsenen Hügel. Rechts in einer Schlucht des Vorgrundes etwas Baumwuchs, sonst ist Alles kahl, öde, ohne Gebäude und Figuren. Unten links im Rand steht der Name der Gegend. Federzeichnung.

INHALT
des Werkes des August Geist.

Radirungen.

Lithographien.

GERHARDT v. REUTERN.

Gerhardt Wilhelm von Reutern, Historien- und Genremaler, geboren zu Rösthof in Livland den 18. Juli 1794,
gestorben den 22. März 1865, war der jüngste von vier
Söhnen des Kammerherrn Christoph Herrmann von
Reutern und der Frau Charlotte, gebornen von Fischbach. Er erhielt seinen ersten Unterricht durch Haus-
lehrer, und von seinem zwölften Jahre an in der Petri-
schule zu St. Petersburg, bezog dann im Alter von 15
Jahren die Universität Dorpat, um die Militairwissen-
schaften zu studiren, und trat 1811 in das Husarenregiment Alexander ein, welches sein ältester Bruder im
Innern von Russland commandirte. Im Herbst des
folgenden Jahres wurde er als Cornet zum Leibgarde-
Husarenregiment versetzt und marschirte 1813 mit den
Reserven dieses Regiments nach Schlesien aus. An
den Schlachten bei Dresden, Culm und Leipzig nahm
er als Lieutenant Antheil, bei Wachau ward er den
16. October durch eine Kugel in der rechten Schulter
lebensgefährlich verwundet. Die Amputation des Armes
warf ihn in Leipzig auf ein schweres Krankenlager.
Hier in Leipzig bei beginnender Genesung machte er
im März 1814 seine ersten Versuche im Zeichnen, die
in Bildnissen nach der Natur bestanden. Völlig genesen,
eilte er wieder der Armee nach, aber eine neue Ent-

zündung der Wunde zwang ihn in Weimar die Heilung
derselben abzuwarten. In Weimar machte er die Bekanntschaft Göthes, welche einen tiefgreifenden Einfluss auf seine Neigung zur Kunst ausgeübt hat. Nachdem er den Aufenthalt in Weimar mit Baden-Baden
vertauscht und seine Wunde sich gänzlich geschlossen
hatte, reiste er im Herbst 1814 der Armee nach Russland nach. Im Anfang des folgenden Jahres trat er
in Warschau bei dem Feldmarschall Barclay de Tolly
als Adjutant ein, und als Napoleon wieder von Elba
entflohen war, begleitete er das Hauptquartier bis
nach Paris. Im Spätherbst nahm er Urlaub in die
Heimat und gelangte, mündig geworden, in den Besitz
seines väterlichen Erbgutes Ajasch, wo er bis zum
Jahre 1817 lebte. Dieses und das folgende Jahr
brachte er in Berlin und Kassel zu, mit wissenschaftlichen Studien beschäftigt, in Kassel schloss er mit
Jos. v. Radowitz einen innigen Freundschaftsbund,
und Ausflüge nach Weimar und Jena brachten ihn in
wiederholte Berührung mit Göthe und der Wittwe
Schiller. Das Bedürfniss nach gründlicher wissenschaft-
licher Ausbildung führte ihn nach Heidelberg, an dessen
Universität er bis zum Ende des Jahres 1819 dem
Studium der Naturwissenschaften oblag. Nach St.
Petersburg zurückgekehrt, nahm er seinen Abschied von
der Armee mit dem Titel eines Oberstlieutenants, verlobte sich im Februar 1820 zu Kassel mit Fräulein
Charlotte von Schwertzell zu Willingshausen und führte,
nachdem er einen längern Ausflug nach Italien gemacht
hatte, seine Verlobte am 20. August als Weib heim.
Seine Absicht, in zurückgezogener Stille das väterliche
Erbgut zu bewirthschaften, kam nicht zur Ausführung,
sein kränkelnder Körper erlaubte es nicht; mit Eifer
warf er sich nun in Dorpat auf sein Lieblingsstudium
der Naturwissenschaften, aber schon 1823 verlangten

die Aerzte den Aufenthalt in einem milderen Klima.
Genf ward gewählt und ein dreijähriger Gebrauch des
Bades Ems. Die Erfolge entsprachen den Erwartungen;
v. Reutern war nach drei Jahren fast vollkommen
genesen und konnte seine Studien wieder aufnehmen.
In diese Zeit fällt die Entscheidung seiner Neigung
für die Kunst, er zeichnete fleissig, besonders mit der
Feder, nach der Natur, machte Versuche im Radiren
und warf sich (1828) mit Eifer auf das Studium der
Aquarellmalerei, in welcher er schon 1824 in Bern
durch G. Lory Unterricht erhalten hatte. Viele seiner
Aquarelle malte er in Willingshausen, wo der Maler
und Professor Ludwig Grimm in Kassel ihn öfters
besuchte; hier entstanden seine in weiteren Kreisen
bekannten Bilder aus der Schwalm, die G. Koch in
Kassel 1856 unter dem Titel: „An der Schwalm, Bilder
aus dem hessischen Volksleben" in lithographischer
Vervielfältigung herausgegeben hat. Nach Livland zurückgekehrt setzte er 1830—1833 seine Kunstthätigkeit
unverdrossen fort, theils führte er seine Studien in der
Schwalm zu Bildern aus, theils malte er Familienpor-
traits, die er zum Theil genreartig behandelte. In einem
grösseren Aquarellbild, arabeskenartig auf Goldgrund
angelegt, stellte er seinen eigenen Lebenslauf dar.
Göthe schrieb 1831 folgende Verse in dasselbe:

> „Gebildetes, fürwahr genug!
> Bedürft' es noch der Worte?
> Wir sehen des lieben Lebens Zug
> Durch Stunden schleicht's und Orte,
> Die hohe Gabe preisen wir,
> Die grausam Unheil steuert,
> Auf Weg und Stegen Blumenzier
> Dem holden Freund erneuert.
> Doch jedes Auge, wie es blickt,
> Wird in Bewundrung steigen,

Der Geist, erhoben und beglückt,
In stiller Freude schweigen."
Weimar, Frühlingsanfang 1831.   J. W. Göthe.

Eine Augenkrankheit, welche ihn 1833 befiel, machte
zwei Jahre lang jede Arbeit unmöglich und bewog ihn
die Aquarellmalerei ganz aufzugeben. Wieder hergestellt siedelte er im November 1834 nach Düsseldorf
über um unter Schadow's Leitung die Technik der
Oelmalerei zu üben. So fing er, schon in seinem 41.
Lebensjahre stehend, gewissermassen als Kunstjünger
wieder von Neuem an und genoss zunächst den Unterricht des Professors Hildebrandt, unter dessen
Augen er Oelstudien malte. Sein Geschick in künstlerischen Dingen brachte ihn bald über die Schwierigkeiten der ersten Versuche hinweg, schon das folgende
Jahr fühlte er sich hinlänglich erstarkt, um zwei Originalcompositionen in Oel auszuführen, einen Pagen im
mittelalterlichen Costüm, Brustbild und ein Mädchen,
das neugierig ein Schatzkästchen öffnet, ebenfalls
lebensgrosses Brustbild. Beide Bilder (jetzt in Besitz
des Grossfürsten Michael) sandte er seinem Herrn und
Kaiser Nikolaus I. und wurde dafür mit dem Titel
eines kaiserlichen Hofmalers beehrt. — Neun Jahre
lang, bis 1844 weilte G. v. Reutern in Düsseldorf,
Landschaften, Historien und Genrebilder bildeten die
Vorwürfe seines fleissigen Pinsels; wir nennen: Ein
strickendes Schwalmermädchen; — Eine Kleinkinder-
schule, beide Bilder im Lustschloss Alexandrie zu
Peterhof, — Eine Hausandacht von Schwalmerbauern,
für die selige Kurfürstin v. Hessen gemalt, jetzt in
Besitz der Herzogin von Sachsen-Meiningen, — Eine
Mutter mit Kind, am Grabe betend; — St. Georg aus
einer Kirchenthür tretend mit zwei Kränzen in den
Händen, zur silbernen Hochzeit des russischen Kaiser-
paares gemalt, jetzt in Besitz des Grossfürsten Con-

stantin; — Isaaks Opferung, lebensgrosse Figuren, erst
1849 in Frankfurt a. M. vollendet, im russischen
Künstlersaal der Eremitage zu St. Petersburg aufgestellt, — Eine Mutter mit schlafendem Kind im Arm,
drei Mal gemalt. — 1844 siedelte v. Reutern nach
Frankfurt am Main über und arbeitete mit seinen
Freunden Voit und Steinle im Deutschen Haus zu
Sachsenhausen; hier vollendete er seinen Abraham und
fing ein Madonnenbild mit dem Kind und Johannes in
offener Halle an. In den Jahren 1849 bis 1851 machte
er in Baden und der Schweiz fleissige Studien nach der
Natur, die nächsten Früchte aber dieser Reise, zwei
Schweizerbilder: Ein Mädchen unter einem Baum am
Brienzer See, drei Sängerinnen in einem Boot, wurden
erst, sowie das zuvorgenannte Madonnenbild, nach
mannigfacher Unterbrechung 1858 und 1859 in Frankfurt vollendet. Alle drei Bilder befinden sich gegenwärtig im Kaiserl. Palais zu Zarskoe-Selo. Eine umfangreiche Composition, bestehend aus vier Darstellungen religiösen Inhalts, beschäftigte die letzten Jahre
seines Lebens: oben im Halbrund die heil. Dreieinig-
keit in Engelglorie, unten im Mittelbild die Kreuzigung
Christi und die Einsetzung des heil. Abendmahls, rechts
der Sündenfall, links die Versuchung Christi durch den
Satan. Die letzten Jahre des wackeren Künstlers wurden durch bitteres Leid vielfach getrübt, er verlor
durch den Tod seine besten Freunde, den Dichter Jan-
kofsky (1852) und Radowitz (1853), seine Gattin (1854)
und bald darauf (1856) seine Tochter Elisabeth in Mos-
kau. Auch er selbst neigte sich seinem Ende zu; eine
Abnahme der Sehkraft verhinderte ihn seit 1859 an
fernerer künstlerischer Thätigkeit und gleichzeitig wurden seine Kräfte durch ein von Jahr zu Jahr zuneh-
mendes Nervenleiden aufgezehrt. Im Frühjahr 1864
durch einen Schlaganfall in der rechten Seite gelähmt,

verschied er nach zehnmonatlichen schweren Leiden am 22. März 1865.

DAS WERK DES GERH. v. REUTERN.

1. Die Ansicht von Kassel.
H. 2" 7''', Br. 3" 3''' d. Pl.

Erster Versuch, im Jahre 1827 radirt. Kleines Baumwerk wächst auf beiden Seiten des hügelichten Vorgrundes. Der Blick schweift über Bäume und Wiesengrund hinweg auf das in der Ferne liegende Kassel. Ein Höhenzug, nur in Umrissen angedeutet, schliesst den fernen Hintergrund der Landschaft. Oben an der Luft: *G. v. R. Erster Versuch. Kassel 28. März* 1827.

2. Das Studium mit dem schlafenden Hund.
H. 1" 11''', Br. 5" d. Pl.

Zur Linken ein Stein oder Felsstück, von Epheu umrankt, zur Rechten ein schlafender kraushaariger Hund, welcher jedoch nur mit dem Vorderkörper sichtbar ist. Unten rechts: *G. v. R. W. (Willingshausen)* 19. May Nr. 1.

3. Das Studium mit dem Jäger.
H. 1" 4''', Br. 4" d. Pl.

Allerlei Einfälle: zur Linken ein bei Gesträuch sitzendes hessisches Landmädchen, gegen die Mitte ein Jäger mit Gewehr über der Schulter, ein stehender Knabe und oben ein Mädchenkopf und ein Zuber, zur Rechten ein Landschaftsstudium mit bergigem Hintergrund. Ueber diesem Hintergrund an der Luft J:*G. v. R.* 7. *Dec.* 1828.

4. Der Tiroler Sennerbub.
H. 5" 6''', Br. 4" d. Pl.

Er steht, in seiner Nationaltracht in gebirgiger Landschaft

15*

in der Mitte vorn, gegen den Beschauer gekehrt, die Arme ver-
schränkt vor der Brust. Im Mittelgrunde erblicken wir bei
einer Sennhütte einige Kühe. Oben rechts an der Luft: *G. v.
R. 20. Nov.* 1828. Zu kräftig geätzt.

5. Die beiden Eichen.
H. 5" 4''', Br. 4" 9''' d. Pl.

Zwei hohe lichte Eichen erheben sich in der Mitte vorn,
unter ihnen befindet sich rechts eine Gruppe von drei männlichen
Figuren, von welchen eine am Boden ruht. Der Hintergrund
der Landschaft schliesst mit einer Hügelkette, eine Frau entfernt sich rechts auf einem Fusspfade. Oben rechts an der
Luft: *G. v. R.* 1828.

6. Kirchenruine bei Bacharach.
H. 6" 6''', Br. 5" 3''', d. Pl.

Achteckige Platte. Vorn Wasser und zur Rechten ein
Stück eines weissen nur in seinen Umrissen angedeuteten
Hauses, an dessen Mauer unten die Bezeichnung des Künstlers:
28. *Nov.* 1828 *G. v. R.* Im Mittelgrund Wein und zur Rechten
die Ruine einer gothischen Kirche. Auf dem linken bergigen
Hintergrund ein Schloss. Die Platte ist nicht vollendet.

7. Der Kalbskopf.
H. 3" 2''', Br. 3" 10''' d. Pl.

Kopf eines jungen Kalbes, nach links gewendet. Ohne
Hintergrund. Unten links: *G. v. R.* 1828.

8. Der Ziegen- und der Schafskopf.
H. 4" 8''', Br. 3" 7''' d. Pl.

Beide in der Mitte der Platte nebeneinander, ersterer, mit
langen Hörnern, etwas nach links, letzterer etwas nach rechts.
Ohne Hintergrund. Oben links: *G. v. R.* 1829.

9. Die beiden Ziegen.
H. 3" 6''', Br. 4" 7'''.

Sie stehen in der Mitte vor dichtem Gesträuch, die vordere'

von diesem Gesträuch fressend, in Profil nach links gekehrt; die andere wendet den Kopf nach rechts um. Der Boden ist mit Kräutern und Blumen bewachsen. Unten links: *G. v. R.* 1828. Die Platte ist nicht gut geätzt.

10. Zwei Füchse und ein Hase.
H. 4'' 2''', Br. 5'' 2''' d. Pl.

Geschossen und zu einer Gruppe vereinigt am Boden liegend, der Hase und der eine Fuchs auf der Seite nach rechts gewendet, der andere Fuchs fast auf dem Rücken mit emporgestreckten Vorderbeinen. Sie liegen an einem den Grund der Landschaft sperrenden Hügel. Unten links: *G. v. R. fec.* 1. *Nov.* 1828. Das schönste Blatt des Meisters.

11. Geschossener Rehbock.
H. 3'' 8,''' Br. 5'' 10''' d. Pl.

Das edle Thier, am Bauch bei dem Hinterschenkel verwundet, liegt im Vorgrund einer hügelichten Landschaft bei dem Stumpf eines abgesägten Baumes. Seine Hinterbeine lehnen gegen diesen zur Linken befindlichen Stumpf. Oben links: *G. v. R.* 1828.

INHALT
des Werkes des G. v. Reutern.

GEORG BUSSE.

Georg Heinrich Busse*), Landschaftsmaler, Zeichner, Kupferätzer und Stecher, geb. zu Behnemühlen bei Hannover den 17. Juli 1810, gest. in Hannover den 26. Februar 1868, war der Sohn des Amtszimmermeisters H. Busse in Bennemühlen. Er verlor früh, erst sechs Jahre alt, seinen Vater, und die Familie befand sich in keinen glänzenden Vermögensverhältnissen. Frühzeitig erwachten seine Anlagen zur Kunst; schon in der Schule übte er das Zeichnen, besonders im Blumenfach, unter den Augen des Pastors Meyer in Bissendorf, der in edeldenkender Weise die Ausbildung des talentvollen Knaben zu fördern suchte. Er brachte ihn zum Maler und Zeichnenlehrer Giesewell in Hannover, um ihm geregelten Unterricht im Zeichnen zu Theil werden zu lassen. Die Erfolge entsprachen bald den

---

*) Herr Oberbaurath Mithoff in Hannover, tüchtiger Kenner und Erforscher norddeutscher Kunst, hat mir über die Lebensverhältnisse des Künstlers sowie über seine nachgelassenen Radirungen mit der grössten Bereitwilligkeit eingehende Mittheilungen gemacht, dem Katalog selbst liegt das reiche, fast ganz vollständige Werk Busse's in der Sammlung des Herrn A. Apell in Dresden zu Grunde. Ich unterlasse nicht, beiden Herren meinen herzlichsten Dank auszusprechen.

gehegten Erwartungen, der junge Busse befolgte mit
Eifer die Anweisungen seines Lehrers und bereits in
seinem 14. Jahre war er so weit fortgeschritten, dass
zwei Zeichnungen seiner Hand, welche im Lesezimmer
des literarischen Museums in Hannover ausgestellt
waren, die Aufmerksamkeit der Kunstfreunde auf ihn
lenkten. Die eine war eine Federzeichnung nach dem
bekannten Ritter'schen Stich des Johannes von Dominichino, die zweite, eine Statue der Flora, beurkundete
ein glückliches Talent für das richtige Verständniss
der Formen und Proportionen des menschlichen Körpers, wenn schon der junge Busse bis jetzt noch keinen
Unterricht in der Theorie der Porportionen erhalten
hatte. Edeldenkende Kunstfreunde in Hannover, unter
ihnen besonders der Ober-Justizrath v. Werlhof, verwandten sich lebhaft für Busse, mit königlicher Unterstützung ging er zunächst nach Dresden, um im Atelier
des Professors Stölzel das Kupferstechen zu erlernen,
später bezog er die Akademie, trug 1833 für mehrere
landschaftliche Zeichnungen aus den Umgebungen Dres-
dens ein Ehrenzeugniss und das folgende Jahr, nachdem er schon eine Anzahl kupferstecherische Arbeiten
für den sächsischen Kunstverein ausgeführt hatte, den
ersten Preis in der Kupferstecherkunst davon. Die
mit diesem Preise versehene Geldspende gewährte ihm
die Mittel zu einer Studienreise nach Italien, auf Ver-
wendung der Dresdener Akademie bei der königlichen
Regierung in Hannover ward ihm noch ein ausseror-
dentlicher Zuschuss von 100 Thalern bewilligt und im
Juni 1835 trat Busse seine Reise nach Italien an,
nachdem er schon in den beiden vorhergehenden Jahren
grössere Studienreisen nach Böhmen und Salzburg gemacht hatte.

Neun Jahre hat Busse in Italien verweilt. Dieser
Aufenthalt ist entscheidend für seine ganze künstle-

rische Entwicklung geworden, was er in der Radirung,
in der Oel- und Aquarellmalerei später Tüchtiges geleistet hat, verdankt er den Einflüssen der südlichen
Luft und Landschaft, gründliche Studien nach der
Natur und nach grossen Meistern wie C. Poussin,
Claude Lorrain, Jos. Koch u. A. entwickelten seinen
verständigen Sinn für schöne Formen, Linien und Verhältnisse; hatte ihm die Natur die Begabung zu Com-
positonen aus eigener Phantasie versagt, so wandte er
um so grösseren Fleiss auf eine naturwahre Zeichnung
und eine saubere, in den Vorgründen oft minutiöse
Ausführung seiner geschmackvoll arrangirten Land-
schaftsbilder.

Die meiste Zeit seines italienischen Aufenthaltes
brachte Busse in Rom und dessen Umgebungen zu,
Legationsrath Kestner war sein eifriger Gönner und
Beschützer, der Verkauf seiner Zeichnungen und Radirungen gewährte ihm bei sparsamer Haushaltung
die Mittel, auch andere Gegenden Italiens kennen zu
lernen, er verweilte längere Zeit in Florenz und Perugia, besuchte Neapel und Pompeji, bestieg am 29. September 1838 den Aetna und durchstreifte das folgende
Jahr die Abruzzen, wo er ein merkwürdiges Abenteuer
zu bestehen hatte, das er auf der letzten Platte seiner
radirten Ansichten aus Italien geschildert hat. Durch
eine Studienreise nach Griechenland 1843 ward sein
Aufenthalt im Süden beschlossen und 1844 kehrte er
in die Heimat zurück.

Der lebhafte Wunsch, seinem Vaterland mit seiner
Kunst nützlich zu werden, erweckte in ihm die Lieblingsidee, in Hannover eine Kupferstecherschule zu be-
gründen, wie solche bereits in Berlin, Wien, München
und anderen Residenzstädten bestanden; um die Schwierigkeiten und finanziellen Kosten eines solchen Instituts zu erleichtern, reichte er bei der Regierung

seine Bewerbung um die Hof- und Bibliothek-Kupfer-
stecherstelle ein. Sie wurde ihm bereitwilligst gewährt
mit der Verpflichtung die Kupferstecherarbeiten für
die Bibliothek unentgeltlich zu verrichten. Sein Ge-
halt war nicht gross (400 Thaler), die weitere Verpflichtung ohne Erlaubniss des Bibliothekars keine
Privatarbeiten auszuführen, war eine drückende Bedingung, da aber keine Arbeiten für die Bibliothek
vorkamen, so hatte Busse ungehindert Gelegenheit, frei
über seine Zeit und Thätigkeit zu verfügen.

Die Aetzkunst hat ihn seit seiner Niederlassung in
Hannover wenig mehr beschäftigt, seine Lieblingsidee,
die Begründung einer Kupferstecherschule, fand in der
kleinen Residenz keinen günstigen Boden; 1847 ging
aus seiner Hand der letzte Kupferstich hervor. Die
Oelmalerei, die er schon in Rom geübt hatte, stand nun
im Vorgrund seiner Bestrebungen und ihr hat er die
letzten Jahre seines Lebens seine ganze Thätigkeit gewidmet.

1849 verheirathete er sich mit Antonie Eckermann
aus Hamburg, die er in Italien kennen gelernt hatte;
eine heftige Krankheit brachte ihn nicht lange hernach
an den Rand des Grabes, und kaum hatte er sein neu-
erworbenes Haus mit kleinem Gärtchen eingerichtet,
da starb ihm die theure Gattin. 1858 unternahm er
eine zweite längere Studienreise; er ging über Paris
und Marseille nach Algier, besuchte das Atlasgebirge,
Constantine, die Ruinen von Lambessa und Karthago,
sammelte Zeichnungen und Skizzen zu seinen späteren
Bildern und kehrte über Malta und Italien nach Hannover zurück. Hier verheirathete er sich zum zweiten
Male mit Johanna Selle aus Gittelde, aus welcher Ehe
zwei Kinder hervorgingen. — Er fühlte sich ausserordentlich glücklich in seinem kleinen Familienkreise
und dazu war ihm sein Gärtchen besonders werth, er

schmückte es mit Anlagen aller Art, besonders jener
Pflanzen, wie Huflattich, Distel etc., die dem Maler
reichen Stoff zu Blattstudien geben. Und in der That
gehören diese Studien Busse's nach der Natur, die er
meistens in Oel ausführte, zu seinen besten Leistungen
in der Zeichnung wie in scharfer Beobachtung der Wirkungen des Lichts, sie sind jetzt ein werthvolles Be-
sitzthum der öffentlichen Kunstsammlung in Hannover,
der er kurz vor seinem Tode die ganze Sammlung ver-
macht hat.

Busse arbeitete nicht viel mehr in den letzten
Jahren; frühere Krankheiten hatten seine Gesundheit
untergraben und auch später ward er vielfach von
körperlichen Leiden mannigfacher Art heimgesucht; er
alterte vor der Zeit. So war es ein Glück für ihn,
dass er, in auskömmlichen Verhältnissen lebend, sich
ohne Nahrungssorgen der Ruhe hingeben konnte und
nicht gezwungen war mit seiner Kunst nach Brot zu
arbeiten. Im Anfang des Jahres 1868 warf ihn eine
Lungenentzündung auf das Krankenlager; schon schien
das Uebel in der Hauptsache gehoben, als ein Rück-
fall eintrat, der nach langem, schmerzlichem Kampfe
seinem Leben am 26. Februar ein Ende machte. Sein
Verlust ward in Hannovers Kunstkreisen schmerzlich
empfunden, sein offenes gewinnendes Wesen hatte ihm
viele Freunde, sein reifes Urtheil über künstlerische
Dinge, seine Tüchtigkeit im Schaffen allgemeine Achtung erworben; eine Reihe von Jahren bekleidete er
das Amt eines Vorstandes des Künstlervereines in
Hannover und der reiche Adel des Landes betraute
ihn mehrfach, zum Theil auf seinen Sommer-Landsitzen,
mit der künstlerischen Ausbildung seiner Kinder.

Busse begann seine künstlerische Thätigkeit mit
dem Kupferstechen. Seine ersten Versuche entstanden
bereits in Hannover in der Schule seines Lehrers

Giesewell, der selbst die Radirnadel handhabte,
aber sie sind noch von geringem künstlerischem Werth;
in Dresden, in Stölzels Atelier, machte er raschere
Fortschritte, und manche seiner grösseren Stiche, die
er für den sächsischen Kunstverein ausführte, zeichnen
sich durch saubere und geschickte Behandlung aus.
Abor schon in Dresden ging er nicht einseitig nur dem
Kupferstechen nach, er bildete sich zugleich zu einem
tüchtigen Zeichner nach der Natur, und je mehr er
sich in dieser Richtung vervollkommnete, um so besser
ward er in der Aetzkunst. Das geschah besonders in
Italien, seine radirten Ansichten aus diesem Lande erwecken ebensosehr durch strenge Zeichnung als durch
malerische Behandlung unser lebhaftes Interesse. Nach
seiner Rückkehr in die Heimat hat er die Aetzkunst
wenig mehr gepflegt, die Malerei in Oel- und Wasserfarben stand nunmehr im Vorgrund seiner Bestrebungen; seine ersten Versuche dieser Art fallen bereits
in seinen römischen Aufenthalt, bei seiner Gewandtheit
in der Zeichnung nach der Natur, bei dem ihm eigenen
Geschick in künstlerischen Dingen überhaupt hatte er
die Schwierigkeiten der neuen Kunst und Technik bald
überwunden. Seit 1850 sehen wir fast jedes Jahr
Bilder seiner Hand auf den Ausstellungen in Hannover
und zum Theil Bilder solcher Art, welche sich nicht
mit kleinen Verhältnissen begnügten, sondern sich durch
grossen Umfang auszeichneten. Die Gabe selbst-
schöpferischer Erfindung, Gestaltung seiner Ideen ziert
sein künstlerisches Bilden nicht, Busse ist kein dich-
tender Maler, sein Feld ist die Vedute, das in der
Natur gegebene Landschaftsbild und dessen portrait-
ähnliche Wiedergabe. Er kannte diese Begrenzung
seines Talents, die Gesetze und Regeln der Vedute:
Naturwahrheit in der Zeichnung, durchdachte Anordnung im Ganzen, grossen Fleiss in der Ausführung des

Einzelnen, er blieb stets in den Grenzen dieser Regeln und gelangte so bei der ihm eigenen Thatkraft zu einer geachteten Stellung in der Kunst. Weniger gelang ihm die Beherrschung des Colorits, seine Virtuosität ist hier nicht so bedeutend als in der Zeichnung; er liebte die Gegensätze in den Farben, das Bunte, er traf nicht immer jene feine Verschmelzung der Töne, welche den Zauber vollkommener Harmonie hervorbringt.

Nennen wir die bedeutendsten seiner Oelgemälde in der Reihenfolge wie sie in Hannover zur Ausstellung kamen: Der Hain der Diana bei Ariccia 1849 (Wegbau-Inspector Lüttich in Hameln). — Ruinen der Kaiserpaläste in Rom 1850, (Kunstsammlung in Hannover, Geschenk des Kronprinzen). — Gegend bei Tropäa in Calabrien 1851 (Legationsrath v. Alten in Hannover). — Monte Aventino in Rom 1852 (Pastor Greiling in Celle). — Waldpartie im Albanergebirg 1853 (König v. Hannover). — Waldlandschaft 1854 (Obergerichtsrath Mühlenfeld in Verden) — Ruinen in Albano 1855 (Seminar-Inspector Becker in Hannover). — Landschaft, Morgen 1859 (Schultz in Hamburg) — Waldlandschaft aus der Eilenriede bei Hannover 1857 (Weinhändler Schulz in Hannover). — Lago d'Agnano bei Neapel (Dresdener Ausstellung 1857). — Das Seckelthal bei Algier 1859 (Finanzrath Flügge in Hannover). — Römische Ruinen südlich von Constantine 1860 (Amtsrichter Rose in Nienburg). — Ruinen von Lambessa 1861 (König von Hannover) — der Eremitenfels und das Ohr des Dionysius bei Syrakus 1862 (Kunsthändler Schneeweiss in Hannover). — Disputirende Mönche unter Korkeichen (Bremer Ausstellung 1862). — Lago Trasimene bei Perugia 1863 (Hutfabrikant Gräven in Hannover). — Ruinen aus den Bädern der Villa Cicero bei Molo di Gaeta 1864 (Gastwirth Schmidt in Zwickau). — Constantine von der Nordseite 1865 (Rittergutsbesitzer v. der Hellen auf Wellen). — Cefalu an der Küste von Sicilien 1866. — Gegend bei dem Kloster Käsariani bei Athen 1867. — Ruinen von Lambessa 1868 für die Kunstsammlung in Hannover angekauft.

DAS WERK DES G. BUSSE.

Radirungen.

1. Der Pferdethurm bei Hannover.

H. 3" 5"', Br. 5" 2"'

Der erste Radirversuch des Künstlers. Links im Grund ist ein alter viereckiger Thurm, zur Seite eines die Mitte einnehmenden, von Bäumen beschatteten Gasthauses. Der Vorplatz ist frei, rechts auf demselben schreitet von hinten gesehen ein Herr in langem Rock und Cylinderhut, mit einem Stock in der Hand und mit einem Knaben sprechend. Vorn links im Gras der Name G. Busse, rechts zwei ineinandergeschobene Dreiecke.

Die Platte ist, wie die ersten acht Versuche des Künstlers überhaupt, längst abgeschliffen.

2. Döhrner Thurm.

H. 3" 5"', Br. 5" 2"'.

Zweiter Versuch. Ansicht eines zu beiden Seiten von Bäumen eingeschlossenen Thurmes, des daneben belegenen Gasthauses und der von Hannover dorthin führenden Chaussee. Rechts vorn zwei ineinandergeschobene Dreiecke. Unter der Radirung die Unterschrift *Döhrner Thurm* und links: *G. Busse fecit.* Wir kennen das Blatt nicht aus eigener Anschauung.

3. Die Marktkirche in Hannover.

H. 7" 9"', Br. 10" 9"'.

Jugendarbeit. Seitenansicht der Kirche, deren Thurm links ist. Rechts die Wache, links Einblick in eine Strasse. Der

freie Vorgrund ist von Figuren belebt.   Unter der Ansicht:
Marktkirche in Hannover, rechts : *Delin & scul. G. Busse.*

Es giebt Abdrücke vor und mit der Plattennummer 3.

4. Einbeckhausen.
H. 4" 9''', Br. 7" 9'''.

Jugendarbeit. Altes herrschaftliches Schloss das den Mittelgrund einnimmt und von der steinernen Mauer des alten Schloss-
grabens umgeben ist.   Rechts hinten liegen die Wirthschaftsgebäude.   Ein Jäger mit Hund schreitet links vorn auf der
breiten Strasse dem rechts befindlichen Eingang des Hofplatzes
zu.   Im Unterrand der obige Name, links : *G. Busse Del & Scu.*
rechts 1829.   Im Oberrand links die Nr. 4.

I. Vor dem Namen des Schlosses, nur mit dem Namen des
Künstlers.

5. Die Bergfeste Stolpen.
H. 5" 5''', Br. 7" 11'''.

Bedeutende, auf einem Basaltfels ruhende Ruine, mit einem
verfallenen sechseckigen und runden Thurm auf der gegen den Beschauer gekehrten Seite.   Im Vorgrund rechts bemerken wir
drei Figuren: eine Bäuerin mit einer Harke über der Schulter,
einen sitzenden zeichnenden Künstler und einen zuschauenden
Herrn mit einer Lorgnette.   Im Unterrand: *Ansicht des Basalt-
Felsens und Ruine der Bergfeste Stolpen in Sachsen*, unter der
Ansicht rechts : *G. Busse del. et sc.*

I. Vor der Schrift.

In den Probedrücken, die ebenfalls vor der Schrift sind, ist
die Luft noch nicht ausgeführt.

6. Dresden gegen Mitternacht.
H. 1" 9''', Br. 2" 10'''.

Die Stadt wird vom rechten Elbufer gesehen, wo vorn ein
grösseres Fahrzeug und einige Kähne liegen.   Die Brücke ist

links hinten, und jenseits derselben ragt die Frauenkirche hervor. Weiter rechts sieht man die katholische Kirche und den Thurm des Schlosses. Ein Elbkahn mit aufgespanntem Segel fährt rechts hinten vorüber. Im Unterrand: *Dresden gegen Mitternacht*, links: *G. Busse del et sc.*, rechts: *Dresden bei Morasch et Skerl*. Oben rechts im Rand Nr. 2.

I. Vor der Schrift, vor der Nummer 2 und vor der doppelten Einfassungslinie. Im Unterrand liest man in gerissener Schrift: „Erinnerungen an das liebe Dresden 1833", links: „G. Busse del et sc."

7—8. Der Kuhstall und das Prebischthor.
H. 1" 8"', Br. 2" 9"'.

Zwei Ansichten aus der sächsischen Schweiz auf einer Platte welche 7" 7"' h. und 5" br. ist.

7. Kuhstall.

Durchsicht durch einen Felsbogen auf hellbeleuchtete Felsen im Hintergrund. Unter dem Bogen sitzt auf einem Stuhl ein Herr in Gespräch mit einem andern vor ihm stehenden Herrn. Weiter zurück vor einer Balustrade andere Figuren. Im Unterrand: *Der Kuhstall*, links unter dem Stiche: *gez. v. O. Wagner*, rechts: *gest. v. G. Busse.*

8. Prebischthor.

Das bekannte Felsthor mit Durchsicht in den Hintergrund. Links vor dem Fels ist ein Haus, von welchem sich ein hölzernes Geländer zum Schutz gegen den Abhang durch den ganzen Vorgrund hinzieht, in der Mitte vor diesem Geländer erblicken wir zwei Reisende mit Felleisen, auf und unter dem Thor einige andere Figuren. Mit denselben Künstlernamen und der Unterschrift: *Das Prebischthor.*

Busse verfertigte beide Ansichten ebenfalls für Morasch und Skerl in Dresden. Ob die Platte später zerschnitten ward, können wir nicht sagen.

I. Vor der Schrift, nur mit *G. Busse sc. Dre.* rechts unter der Ansicht des Prebischthores bezeichnet.

9. Ansicht von Zwickau.
H. 3″ 2‴, Br. 5″ 5‴.

Die Stadt liegt im Mittelgrund in einem weiten, von Höhen eingeschlossenen Thale, durch welches sich rechts ein Fluss, die Mulde, schlängelt. Rechts im vorderen Plan ist eine Schafheerde, links bei einem Hügel mit Gebüsch ein hölzerner Zaun. Rechts unten: *G. Busse scul. Dresden.*

Wir kennen nur Abdrücke vor der Schrift.

10. Partie aus Loschwitz bei Dresden.
H. 4″, Br. 5″ 7‴.

In einem links und rechts sanft ansteigenden Thale liegt in der Mitte eine Mühle, deren beide Dachgiebel mit zwei Spitzen (Blitzableiter?) versehen sind, aus dem Schornstein steigt Rauch auf. Links neben der Mühle ist ein kleiner Baumgarten und vor demselben eine kleine einbogige Brücke über einem Bach, der, einen Fall bildend, gegen die untere linke Ecke des Blattes fliesst. Neben diesem Bach krümmt sich ein Weg nach der Mühle hin, eine Frau mit Kind schreitet auf demselben in der Nähe der Brücke. Rechts unten im Boden: *Busse fec. Loschwitz Aug. 1832.* Oben links in der Luft Nr. 17.

Aetzdrücke. Vor der Nr. 17, vor Ausführung der Luft, welche nur links leicht angedeutet ist, vor verschiedenen Arbeiten auf dem Terrain des Vorgrundes, namentlich links bei dem Monogramm des Künstlers, dessen nächste Umgebung noch weiss und nicht schattirt erscheint.

11. Partie aus dem Dorf Strehle.
H. 3″ 4‴, Br. 5″.

Den Vorgrund nimmt eine massive einbogige Brücke, mit vier steinernen Eckpfeilern von mässiger Grösse ein. Hinter dieser Brücke und zu beiden Seiten des Baches liegen die Häuser des

Dorfes, zur Rechten drei, zur Linken abermals drei; von letzteren
sind die beiden hinteren durch ein massives Thor verbunden.
Ohne Bezeichnung.

12. Eingang in den Plauenschen Grund.
H. 1″ 8‴, Br. 2″ 8‴.

Im Mittelgrund eine steinerne, auf drei Bogen ruhende
Brücke, unter welcher die Weiseritz hervorkommt und, einen
starken Fall bildend, gegen vorn fliesst. Rechts ein Felsvorsprung, links in Bäumen ein Haus. Der Hintergrund ist durch
eine Felswand geschlossen. Links unter der Radirung: *Juli*
1833, rechts: *G. Busse.*

13. Gegend der nördlichen Grenze Tirols.
H. 11″ 5‴, Br. 15″ 3‴.

Hannoversches Kunstvereinsblatt 1837/38. In der Mitte
ergiesst sich ein schäumender Fluss, auf beiden Seiten von
Felsen und Bäumen eingeschlossen, gegen vorn, links auf einem
Fels eine Tannengruppe, eine umgestürzte Tanne liegt mit dem
Wipfel im Wasser, rechts sieht man hinter theilweise beleuch-
teten Felsen einen äsenden Hirsch. Im Hintergrund erhebt
sich das von Nebelstreifen umlagerte Hochgebirge in die leicht
bewölkte Luft. Im Unterrand links: *G. Busse del. et sculp.
Roma*, rechts: *gedr. v. H. Felsing*, in der Mitte: VEREINS-
BLATT FÜR 1837/38. *Gegend der nördlichen Grenze Tirols.*

I. Vor der Schrift, bezeichnet links unten: *gez. und gest. v.
G. Busse*, rechts: *Rom* 1836.

Die Aetzdrücke, oben in der Luft mit der Nummer 31
versehen, tragen rechts im Rand als Einfall ein kleines Land-
schäftchen und links unter dem Stich die Bezeichnung: „G. Busse
Roma 1836."

14. Am Lindener Berge bei Hannover.
H. 6″, Br. 8″ 2‴.

Vignettenartige Radirung; links ein fast kahler Baumstamm,

III.   16

in der Mitte und nach rechts sich hinziehend ein Gewässer, dahinter aber auf ansteigendem Terrain einige Häuser in Bäumen,
während in einem Durchblick fernhin die Windmühle auf dem
Lindener Berge sichtbar wird. Unten am Rand der Platte links:
nach der Natur rad. am Lindener Berge bey Hannover, rechts: *v.*
G. Busse 1816.

Wir kennen das Blatt nicht aus eigener Anschauung.

15. Die Heimath.
H. 4" 3"', Br. 5" 11"'.

Partie aus Bennemühlen, dem Heimathsdorfe des Künstlers.
Busse radirte die Platte in Rom, von Sehnsucht nach der Heimath beschlichen 1841.   Unter alten Eichen liegt in der Mitte
ein Bauernhaus mit einem Backofenanbau, das elterliche Haus
des Künstlers, rechts vom Hause sind zwei Holzschneider mit
dem Zersägen eines Blockes beschäftigt. Rechts vorn drei
Kühe auf dem Ufer eines Gewässers.   Rechts hinten in heller
Beleuchtung ein zweites Bauernhaus mit Pferdeköpfen am
Giebel und daneben eine Scheune.   Unten links: *n. d. Nat.*
gez. im Juni 1835, in der Mitte: *die Heimath*, rechts: *radirt in*
Rom 1841.   Oben links in der Luft die Nr. 46.

Auf einem Probedruck fehlt die Nr. 46.

16. Tempio di Venere.
H. 3" 7"', Br. 4" 10"'.

Nach einer Zeichnung des Professors *Stölzel*. Ansicht des
Venustempels in Rom. Unter der Ansicht links: *St. dis. a Roma*
1822, rechts: *Radi. v. Busse* und in der Mitte die obige Aufschrift.

17. Ansicht der Stadt Pompeji.
H. 14" 6"', Br. 21".

Die grösste Platte des Meisters.   Die Stadt, von einer Anhöhe aus gesehen, dehnt sich durch den Vor- und Mittelgrund

aus, in ihrer Mitte liegt das hellbeleuchtete Forum, zu welchem die Hauptstrasse führt. Der in Schatten liegende Vorgrund mit seinem Mauerwerk und seinen Pflanzen, unter welchen links eine grosse Agave, ist sehr kräftig behandelt. Rechts sind einige Arbeiter mit der Wegräumung von Schutt beschäftigt, einer derselben hält ein gefundenes Gefäss empor. Im Hintergrund erhebt sich der Vesuv, eine mächtige Rauchsäule, aus seinem Aschenkegel aufsteigend, verfinstert einen Theil der Luft und regnet Asche auf den Berg und die Stadt. Im Unterrand links: ANSICHT DER STADT POMPEI *mit dem Ausbruche des Vesuvs im Jahre* 1838, rechts die italienische Uebersetzung: VEDUTA DEGLI SCAVI IN POMPEI etc., links unter der Ansicht: *nach der Natur gem. und gest. v. G. Busse*, in der Mitte . *im Verlag bei dem Autor*, rechts; *inc. a Roma* 1840. Oben links im Rande: 38\. *Pl.*

I. Vor der Schrift.

II. Mit des Stechers Adresse.

III. Mit Ufers Adresse in Rom, ohne die Jahreszahl und ohne die dritte Zeile in der Unterschrift.

18. Ovindoli in den Abruzzen.
H. 7" 11''', Br. 9" 9'''.

Busse radirte diese Landschaft für das Werk: „Deutsche Kunstblüthen. Originalcompositionen deutscher Maler, Carlsruhe, J. Veith." — Das Städtchen Ovindoli mit seinem Castell liegt hoch oben auf schroffem Felshang; die Strasse schlängelt sich aus dem Vorgrund zur Stadt hinauf und ist auf ihrer linken Seite durch Mauern gegen den Abhang geschützt. Links blickt man in ein von einem kleinen Fluss durchströmtes Thal, über welches ein Viaduct zu den gegenüber liegenden Höhen und einer auf denselben thronenden Stadt führt. Im Hintergrund ein von Gewölk umspielter Felskegel. In der Mitte des Oberrandes: *G. Busse.* In der Mitte des Unterrandes: OVINDOLI *in den Abruzzen*, links: *Carlsruhe, J. Veith.*

I. In der Mitte des Oberrandes in Nadelschrift: „Ovindoli
16*

negli Abruzzi", rechts: Nr. 51.   Im Unterrand eine Landschaftsstudie „nella Campagna di Roma 1843" (verkehrt),
links: „G. Busse del. ed sc." rechts. „Roma 1843."

II. Die Landschaftsstudie abgeschliffen.   Vor der Schrift, nur
mit „Carlsruhe J. Veith" in der Mitte des Unterrandes.

III. Mit der Schrift wie oben beschrieben.

Die Aetzdrücke sind vor vielen Arbeiten, z. B. vor der
Ausführung der Luft, deren Wolken nur durch einige lange
Dunststreifen angedeutet sind.

19. Gegend bei Marino im Albaner Gebirge.
H. 8" 10'", Br. 11" 4'".

Hannoversches Kunstvereinsblatt, nach einem Gemälde von
H. Brandes, 1833.   Bergiges Terrain mit reichem Pflanzenwuchs.
Aus dem Mittelgrund, wo wir an einem grossen steinernen
Wasserbassin eine Anzahl Frauen mit Wäsche beschäftigt sehen,
schlängelt sich ein Bach gegen die Mitte vorn, wo er zwischen
Steinen herunterstürzt; seine Ufer sind mit Schilf und zur
Rechten mit einigen Bäumen bewachsen, deren einer rechts
vorn abgebrochen am Boden vermodert.   Links vorn am Bach
ist eine mit Epheu bewachsene Burgruine und jenseits des
Brunnens im Mittelgrund eine Kapelle, die halb durch einen
vorspringenden Fels verdeckt ist.   Im Unterrand: GEGEND
BEY MARINO IM ALBANER-GEBIRGE, *das Original-Oelge-*
mählde, 20 *Zoll hoch,* 26 *Zoll breit, ist im Besitz des Herrn cand.*
theol. Hausmann in Hannover, links darüber: *gem. von H.*
Brandes, in der Mitte: *Ausstellung von* 1833, rechts: *gest. von*
Georg Busse.

Die Abdrücke tragen im Unterrand den Stempel des Hannoverschen Kunstvereines.

I. Vor der Schrift, nur mit „G. Busse Dr. 1834" in gerissener
Schrift links unten.

20. Die Peterskirche in Rom.
H. 1" 4'", Br. 2" 6'".

Visiten- oder Adresskarte des Künstlers während seines

Aufenthaltes in Rom. — Durch den Mittelplan erstreckt sich ein Viaduct jenseits dessen im Hintergrund der Petersdom hervorragt. Vorn vor Gebüsch- und Baumgruppen südlicher Art begrüssen sich links zwei weiss gekleidete Damen, rechts: zwei Herren im Frack. Man liest unten in der Mitte an einer Art Mauerkrönung: *G. BUSSE Via Quattro Fontane Nr. 17. P° 2* Das Blättchen ist selten. Wir kennen von demselben auch Exemplare mit Golddruck.

I. Mit der angegebenen Inschrift.

II. Die Worte Via Quattro Fontane No. 17 P° 2 sind gelöscht.

21. Apollo unter den Hirten.
H. 10" 7''', Br. 15" 11'''.

Nach *J. A. Koch*'s schönem Bild bei H. Brockhaus in Leipzig. — Reiche Landschaft im italienischen Charakter mit Fernsicht auf Berge und Meer. Der Gott, die Leier spielend, umgeben von Hirten und Hirtinnen, befindet sich im linken Vorgrund. Rechts gegen den Mittelgrund Pan mit Satyrn und Nymphen. Hoerden ziehen die Berge hinan. Im Unterrand. APOLLO UNTER DEN HIRTEN, links unter dem Stich: *gem. v. Koch*, in der Mitte Busse's Monogramm, rechts: *gest. v. G. Busse Roma 37 Firenze 1838, im Verlag bey G. Busse.* Oben links im Rand Nr. 33.

I. Vor der Schrift.

II. Mit der Schrift, aber vor dem Zusatz: „im Verlag bei G. Busse."

III. Mit diesem Zusatz.

Die Aetzdrücke sind vor vielen Arbeiten, vor aller Schrift, nur mit dem Monogramm Roma 1837 in der Mitte des Unterrandes.

22. Macbeth.
H. 8" 1''', Br. 12" 1'''.

Nach *J. A. Koch's* Bild im Ferdinandeum zu Innsbruck. —

Vorn rechts Macbeth und sein Begleiter zu Pferd, welche die
zur Linken auf der brandenden Meeresküste erscheinenden Hexen
erblicken.   Im Mittelgrund vom Sturm bewegter Wald, in der
Ferne auf hohem Felsvorsprung eine Schlossruine, von einem
Hexenzug umschwebt. Aus dunkelm Gewölk schlägt ein Wetter-
strahl in's Meer, ein sinkendes Schiff treffend. Im Unterrand: MAC-
BETH. *Das Original-Gemälde befindet sich im Ferdinandeum zu
Innsbruck*, links dicht unter dem Stich: *Gem. v. Koch*, rechts:
Gest. v. G. Busse Roma 1836, tiefer unten: *Zu haben bey Busse*
   I. Vor der Schrift.
   II. Mit der Schrift.
   III. Die Jahreszahl 1836 weggeschliffen.
   Ein Probedruck, mit der Nummer 30 oben rechts im
Rand, hat unten in der Mitte: *Roma* 1838, rechts: *Busse.*

23—40. 18 Bl. Malerische Radirungen aus Italien.

*Malerische Radirungen verschiedener Gegenden Italiens von
GEORG BUSSE Hof-Kupferstecher zu Hannover. 1. Werk.
Drei Lieferungen oder 18 Blätter enthaltend. HANNOVER 1846.
Zu finden bei dem Autor etc.*

   Dieses bekannte Werk, eine Frucht der Studien Busse's in
Italien, zählt unter die besten Leistungen des Meisters.   Das
erste Heft zu 6 Bl. mit deutschem und italienischem Titel auf
dem Umschlag, kam 1840 heraus, das zweite 1841 und 1846
erschien die Gesammtausgabe aller 3 Lieferungen als „erstes
Werk", dem aber leider keine weiteren nachgefolgt sind. Diese
Gesammtausgabe ist oben in der Mitte der Luft mit 1—18
numerirt.
   Die Blätter, von verschiedener Grösse, tragen kurze Titel-
aufschriften, die entweder im Unterrand, oder wo die Radirung
keinen Raum für einen Rand liess, unten im Erdboden stehen
Wir beschreiben sie in der Reihenfolge des von Busse selbst
hinzugefügten Inhalts-Verzeichnisses.
   I. Vor den Numern 1—18 oben in der Mitte der Luft.

Erste Lieferung.

23. (1) Eibsee am Zugspitz, als Uebergang nach Italien.

Die grosse Masse des Zugspitzes, dessen obere Hälfte in
Wolken gehüllt ist, erhebt sich im Hintergrunde hinter dem
See, dessen glatte Fläche sich bis in den Vorgrund hinein erstreckt. Dieser ist felsig, mit etwas Schilf, Gesträuch und zur
Linken mit einzelnen Bäumen bewachsen, zwei durch den Sturm
gebrochene Fichten liegen auf dem Gestein. In der Mitte vorn
hält ein Kahn, in welchem wir den Zeichner des Blattes sitzen
sehen, der auf dem andern Ende des Kahnes stehende Schiffer
winkt mit dem Hute nach einem zweiten Kahn mit drei Figuren,
den wir auf der hintern Hälfte des Sees wahrnehmen. Im Unterrand die obige Aufschrift und links: *Busse fec.* Unten links
im Boden der Radirung: *nach d. Nat. gez. an der Tiroler Grenze
im Oct.*, rechts auf einem Fels das Zeichen *Roma Dec.* 1835.
H. 6" 1''', Br. 8" 1'''.

Die früheren Abdrücke dieses Blattes, bevor es in die
Folge aufgenommen wurde, haben oben links im Rand die Nr.
29, und im Unterrand fehlt der Zusatz zum Titel „als Uebergang nach Italien."

24. (2) Veduta di S. Ercolano in Perugia.

Achteckiges, oben bewohntes Gebäude mit grossen spitzbogigen Blendnischen, zur Linken durch eine hohe Mauer
flankirt. Vor dem Fuss dieser Mauer ist ein Brunnen, über
welchem an einem Drahtzug ein Eimer hängt; der schräg gespannte Drahtzug hat den Zweck, das Wasser in die oberen
Räume der Kirche zu führen. Bei dem Brunnen sind drei
Figuren mit der Reinigung des Platzes beschäftigt. Ein zweiter
Ziehbrunnen ist rechts vorn in der Nähe eines verfallenen
Gebäudes, ein Mann ist im Begriff einen Wasserkrug am Strick

in den Brunnen herabzulassen, zwei Frauen, auf einem über dem
Brunnen liegenden Brett sitzend und stehend, schauen zu.
Vorn links liegen Säulentrümmer.   In der Mitte unten im
Boden die obige Aufschrift, links: *Rdi.* (radirt) *in Florenz* 1838.
Oben links an der Luft das Zeichen, rechts die Numer 34.

H. 6" 2''', Br. 9".

25. (3) Ponte molle presso Roma.

Die bekannte Brücke, im Mittelgrund gelegen, erscheint
hier nur als ein untergeordneter Bestandtheil der Radirung;
das Hauptgewicht fällt auf den Vorgrund, wo zwischen einem
bewachsenen Hügel zur Rechten und einem zweiten mit einer
Bogenruine und einem Hause bedeckten Hügel zur Linken, der
zur Brücke sich hinschlängelnde Weg sich in die Tiefe senkt;
ein Hirt treibt eine Schafheerde diese Senkung hinab, ein von
einem Bauer am Zaum geführter Esel, auf welchem das Weib
mit dem Kind in den Armen reitet, begleitet von drei Ziegen
und einem Hunde, folgt links vorn auf der breiten Strasse der
Heerde nach.   Im Hintergrund breitet sich Rom aus, überragt
von der St. Peterskuppel.   In der Mitte unten die obige Aufschrift, links: *dise et incise da G. Busse*, rechts: *Roma* 1839.
Oben links in der Luft: „37st. Platte überhaupt."

H. 6" 2''', Br. 9" 1'''.

Der Künstler versuchte später die Numer der Platte aus-
zuschleifen.

26. (4) TEMPIO DELLA PACE IN ROMA.

Die malerischen Ruinen des sogenannten Friedenstempels
mit drei grossen cassettirten Gewölbebogen, zum Theil durch
eine hellbeleuchtete, vor ihr liegende, in die Quere ziehende
zweite Bogenruine verdeckt.   Der Vorgrund ist mit Trümmern
bedeckt, auf denselben sehen wir links den Künstler sitzen, wie
er eine Zeichnung mit dem Zirkel ausmisst, ein dabeistehender
Geistlicher und Römer schauen zu; gegen rechts weiter nach
dem Mittelgrund zu erblicken wir eine Gruppe von drei Mädchen

In der Mitte des Unterrandes die obige Aufschrift, links: *G. Busse del. et sc.*, rechts: *Roma* 1837. Links in der Ecke des Bodens das Monogramm, oben rechts im Rand die Numer 32.

H. 6'' 3''', Br. 8'' 6'''.

I. Vor der Titelaufschrift.

27. (5) Terracina.

Blick über diese Stadt hinweg auf die links im Hintergrund sichtbaren Pontinischen Sümpfe. Im hügeligen, malerisch aufgefassten Vorgrund steht in der Mitte eine Palmengruppe und rechts eine Agave mit langem Blütenstiel. Links bei einem Röhrbrunnen sitzt ein junger Mann der ein Mädchen am Arm an sich zu ziehen sucht. Rechts vor einer Mauer steht auf einer steinernen Treppe ein Mönch mit einem Kreuzstab in der Hand, er macht mit der andern Hand eine zeigende Bewegung, die einer unten auf der Treppe schreitenden Wasserträgerin und Kind zu gelten scheint. Terracina, von seinem alten hochliegenden Schlosse oder Castell beherrscht, nimmt den linken Mittelgrund ein; ein kahles Felsgebirge versperrt von der Mitte bis zur Rechten die Aussicht in die Ferne. In der Mitte unten im Boden der Name Terracina, rechts Busse's Monogramm 1839. Oben rechts in der Luft die Nr. 35.

H. 6'' 2''', Br. 9''.

28. (6) Ausbruch des Etna's im Jahr 1838.

Vor uns liegt der zerrissene Krater, aus welchem schwarzer Dampf und eine Feuergarbe emporsteigt, rechts sehen wir die glühende Lava herabfliessen, der Wind treibt die Dampfmassen nach rechts, die nicht blos in der Mitte, sondern auch rechts und links an den abschüssigen Wänden aus kleinen Oeffnungen hervorbrechen. Eine Reisegesellschaft hat links vorn den Berg bestiegen, um das grossartige Phänomen in unmittelbarer Nähe zu betrachten; von jenen beiden Herren, die bereits oben angelangt sind, ist derjenige, welcher den Anblick zeichnet oder skizzirt, unser Meister selbst. In der Mitte unten die obige

Aufschrift, links: *n. d. Nat. gez. d. 29. Sept. 1838, m. 6 Uhr u. rad. in Rom* 1839 *v. Busse.* Oben in der Luft gegen links die Zahl 36.

H. 6" 3"', Br. 9" 1"'.

I. Mit der Inschrift: *Völlig ermüdet erreichten wir endlich den Gipfel etc.*

II. Mit: *Ausbruch des Etna's im Jahr* 1838.

Zweite Lieferung.

29. (7) Casa Cenci nella Villa Borghese.

Das häufig gezeichnete, sogenannte Haus der Fornarina mit einem Theile des Parks der Villa Borghese. Zwischen Pinien, Cypressen etc. hinweg schweift rechts durch eine Freiung der Blick in den Hintergrund, ein Mann unterredet sich hier vorn mit einer Frau die ein Tamburin in der Hand hält, im Hintergrund wandelt ein Herr zwischen zwei Damen. Links ist die Aussicht durch eine an die Villa grenzende Mauer beschränkt. In der Mitte unten im Gras die obige Aufschrift, links in der Ecke Busse's Monogramm, rechts: *Roma* 1840 und die Zahl 41.

H. 6" 2"', Br. 9" 2"'.

30. (8) Villa da Rafaello presso Roma.

Die bekannte im Park Borghese freundlich gelegene Villa ein Lieblingsaufenthalt Raphael's. Sie liegt frei im Mittelgrund und das Hauptgebäude öffnet sich unten mit einer aus drei Bogen gebildeten Arkade gegen den Beschauer. Baumgruppen stehen auf beiden Seiten des Blattes, im Hintergrund ist links ein Gebäude mit zwei viereckigen Thürmen, rechts die Kuppel von St. Peter sichtbar. Im Vorgrund ruht, den Kopf auf die Hand gestützt, auf einem Hügel ein junger Künstler, der eine auf seiner Mappe liegende Zeichnung betrachtet, die Figur soll Raphael selbst vorstellen. Unter seinen Füssen in der Mitte

die obige Aufschrift, rechts in der Ecke, schwer erkennbar, das
Monogramm 1810.   Oben links in der Luft die Numer 42.
H. 6" 2''', Br. 9" 1'''.

31. (9) Veduta di Albe e monte Velino negli Abruzzl.

Die   kahlen,   hellbeleuchteten Felsen   des Velinogebirges
schliessen den Hintergrund, vor ihnen liegt links auf einer Anhöhe die kleine Stadt Alba die ihrer Cyclopenmauern wegen
merkwürdig ist.   Eine Strasse schlängelt sich von ihr durch
ödes Terrain in den Vorgrund herab; dieses den Mittelgrund
bildende öde Terrain ist in der Geschichte als das Schlachtfeld
Conradin's berühmt.   Rechts vorn bei zwei Bäumen liegen die
Trümmer eines antiken Tempels, welche von zwei Wanderern
betrachtet werden.   In der Mitte unten in Spiegelschrift der
obige Titel, links: *nach d. Natur auf Kupfer gez. v. G. Busse
Aug.* 1839.   Oben links in der Luft die Numer 39.   Busse
radirte das Blatt unmittelbar nach der Natur auf das Kupfer.
H. 6" 2''', Br. 9" 1'''.

Probedrücke: Vor vielen Arbeiten und mit der Nr. 38,
die in 39 abgeändert ward.

32. (10) Rulne di una chiesa dell' antica Forcone negli Abruzzi.

Ruinen einer Ober- und Unterkirche der alten Stadt Forcone.
Sie bedecken den ganzen Vorderplan, die Gewölbe der unteren
halb verschütteten Kirche ruhen auf viereckigen Pfeilern, von der
obern Kirche ist nur Mauerwerk und der halbkreisförmige Chor-
abschluss sichtbar, ein Pilger schreitet unterhalb dieser Ruine.
Links vorn bei einem beiden Kirchen gemeinschaftlichen Mauerüberrest steht ein grosser Baum, dessen Stamm sich unten auf
die Seite neigt.   Links im fernen Hintergrund ist die Stadt
Aquileja sichtbar und rechts über der Ruine ragt in einer
Wolkenmasse die Kuppe des Gran Sasso hervor.   In der Mitte
unten in Spiegelschrift der obige Titel, rechts das Monogramm,

links: *nach d. Nat. radirt v. G. Busse* 1839. Oben rechts in
der Ecke die Nmner 40.

H. 6" 2"', Br. 9" 1"'.

Aetzdrücke: Vor vielen Arbeiten, namentlich an der Luft,
deren obere linke Ecke noch weiss, d. h. nicht mit horizontalen
Strichen zugelegt ist.

33. (11) Ponte Rotto, Isola di St. Bartolomeo a Roma.

Tiberansicht, links vorn belebt durch einen Kahn mit zwei
Fischern, den ein dritter mittels eines Strickes an's Ufer zieht.
Vorn rechts liegen Ruinen und hinter denselben eine Mühle.
Links im Mittelgrund ist die dreibogige Ruine des Ponte Rotto
und in der Mitte die mit Gebäulichkeiten bedeckte St. Bartolo-
meus-Insel. Rechts in der Ferne ragt über Häuser die Peterskuppel hervor. Unten links und in der Mitte der Radirung die
obige Aufschrift, rechts: *dis. dal vero da G B* (verschlungen).
Oben rechts in der Ecke die Nr. 45.

H. 6" 2"', Br. 9" 1"'.

I. Die Numer ganz schwach, kaum sichtbar.
II. Dieselbe verstärkt.

34. (12) Ariccia.

Durch den Vorderplan krümmt sich links, auf beiden Seiten
von Bäumen und Gesträuch, die vom Wind lebhaft bewegt werden, eingefasst, eine breite Strasse an einem verfallenen Brun-
nen vorbei, eine Frau steht bei dem Brunnen, ein Bauer auf
einem mit zwei Körben bepackten Maulesel reitet hinzu, eine
Dame zu Esel, begleitet von einem Treiber, reitet vorüber, eine
Frau mit einem Wasserkrug auf dem Kopf folgt hinterher. —
Die Stadt, von ihrem Schloss mit viereckigem Thurm und ihrer
Kirche mit Kuppeldach und zwei Thürmen überragt, liegt auf
der Höhe des bergigen Hintergrundes. Unten im Boden der
Name Ariccia und oberhalb desselben an einer steinernen Brücke
Busse's Zeichen. Oben rechts in der Ecke die Nr. 44.

H. 6" 3"', Br. 9" 1"'.

Dritte Lieferung:

35. (13) Schule bei Albano unweit Rom.

Eines der schönsten und malerischsten Blätter des Meisters.
— Waldpartie mit grossen Bäumen, die im Mittelplan in hellem
Sonnenlicht stehen; aus der Mitte vorn krümmt sich ein breiter
Weg nach dem rechten Hintergrund, an ihm liegt eine Kapelle,
vor welcher im Schatten die Schulknaben von Albano sitzen,
der Lehrer, mit einem Buch in der Hand und einem Stock unter
dem Arm, steht in ihrer Mitte. In der Mitte des Unterrandes
die obige Aufschrift, links: *nach d. Nat. rad. v. G. Busse* 1840.
Oben links im Rand die Numer 43.

H. 9″ 1‴, Br. 11″ 8‴.

Aetzdrücke: Vor vielen Arbeiten. Der Stamm des
grossen, vorn gegen rechts stehenden Baumes hat noch eine
grosse weisse Stelle, die später mit perpendicularen Strichen zugelegt ward.

36. (14) Gegend bei Ariccia unweit Rom 1841.

Ein breiter Hohlweg führt unter grossen Bäumen hinweg in
gerader Linie nach dem Hintergrund, er ist rechts durch eine
Mauer, links durch hügeliges Terrain, an welchem vorn ein
lesender Mönch sitzt, begrenzt. Hinten kommt ein Mann zu
Pferd geritten, dem in kleiner Entfernung ein Fussgänger mit
einem Knaben an der Hand folgt. Licht und Schatten fallen
in malerischem Wechsel von der linken Seite auf die Strasse.
Im Unterrand die obige Aufschrift, darüber: *in Verlag bei dem
Autor, nach d. Natur gez. und rad. von G. Busse.* Oben rechts
im Rand die Nr. 47.

H. 8″ 8‴, Br. 11″ 3‴ des Bildes.

37. (15) Ruinen aus den Bädern von Ciceros Villa Formiana bei Mola di Gaeta.

Geschlossene malerische Ansicht; der Vorgrund, durch welchen

ein rechts aus der Ruine hervorplätscherndes Wasser fliesst, ist
mit üppigem, zum Theil tropischem Pflanzenwuchs bedeckt;
zwei Wasservögel, der eine mit einer Schlange im langen Schna-
bel, sind auf dem Ufer des Wassers. Die mit Gesträuch und
Gräsern bewachsene Ruine besteht aus zwei grossen, tonnen-
artig gewölbten Bogen, welche auf Mauern ruhen, an letzteren
nehmen wir das sogenannte „opus reticulatum" wahr. Im
linken Theil der Ruine erblicken wir eine Säule und dahinter
eine rundbogige Thoröffnung. Im Unterrand links die obige
Aufschrift, rechts die italienische Uebersetzung: Avanzi dei
bagni etc., links über dem Titel: *nach der Natur gez. u. rad.
v. G. Busse.*, in der Mitte: *in Verlag bei dem Autor*, rechts: *Rom*
1842. Oben links im Rand die Nr. 48.

H. 8" 6''', Br. 11" 4''' des Bildes.

38. (16) Ruinen von Ciceros Villa Tusculana bei Frascati.

Die lange perspectivisch gesehene Ruine bedeckt die rechte Seite
des Blattes, es sind Mauern, welche von Arkaden durchbrochen
sind und noch einige Reste der ursprünglichen Gewölbe tragen.
In der Mitte an ihrem Eingang sitzt, von einem Hund begleitet,
ein Jäger. Links schweift der Blick von der Höhe über die
flache Campagna hinweg auf das ferne Rom und einen den
äussersten Horizont begrenzenden Bergzug. Im Unterrand links
die obige Aufschrift, rechts die italienische Uebersetzung:
Avanzi della Villa Tusculana etc., links über dem Titel: *nach d.
Natur gez. u. rad. v. G. Busse,* in der Mitte: *Verlag bei dem
Autor*, rechts: *Frascati* 1842. Oben links im Rand die Nr. 49.

H. 8" 4''', Br. 11" 4''' des Bildes.

39. (17) Ruinen der Wasserleitung des Nero in der Villa Wolchonski zu Rom.

Das Blatt ist mehr eine Akanthus- und Cactus-Studie, welche
beiden Pflanzen im linken Vorgrund mit grosser Sorgfalt und
Wahrheit ausgeführt sind; denn die Ruine, eine Pfeilerruine mit drei

Bogen, tritt in der Ansicht im rechten Mittelgrund sehr zurück.
An einem Wasser im Vorgrund rechts vorn verfolgt eine Schlange
eine Eidechse. Im Unterrand die obige Aufschrift und deren
italienische Uebersetzung: Avanzi dell Aquadotto Neroniano etc.
links darüber; *G. Busse del. et sc.*, in der Mitte: *in Verlag bei
dem Autor*, rechts: *Roma* 1843. 44. Oben rechts im Rand die N. 50.
H. 9", Br. 11" 9''' des Bildes.

Erster Probedruck: Vor der Luft und dem Titel und
vielen anderen Arbeiten, nur mit dem Namen des Künstlers.

Zweiter Probedruck: Vor der Verstärkung der Schatten
der Akanthusblätter. Vor den diagonalen Querstrichen oder
der zweiten Strichlage auf dem Gebüsch rechts über dem Hügel.

40. (18) Das gefährliche Abentheuer in den Abruzzen.

Lassen wir den Künstler selbst dieses Abentheuer erklären.
Der Schauplatz ist in den auf dem Blatte Nr. 10 dargestellten
Ruinen der Kirche zwischen dem Monte Velino und Gran Sasso.
Kaum hatte ich dort, am 28. August 1839, die bogenartige
Oeffnung in der halb zerfallenen Quermauer der Kirche erstiegen
und zu zeichnen begonnen, als ein plötzliches Geräusch unter
dem wilden Gesträuche und den Schlingpflanzen meine Einsam-
keit störte. Unwillkürlich wandte ich mein langbärtiges Gesicht dahin, und — mit Zetergeschrei lief in grösster Eile ein
schwarzköpfiger Junge davon. Ruhig arbeitete ich weiter.
Doch schon nach Verlauf einer Stunde rückten aus drei benach-
barten Dörfern die Einwohner herbei, ängstlich in die Kirche
sich drängend; ihnen voran ein gräuliches Weib, ein gegen mich
gerichtetes Stäbchen im Kreise bewegend, und zu dreien Malen
gleich einer Schlange zischend. Aller Augen hefteten sich mit
Neugier und Furcht auf mich, während das alte Weib ihren
Zauberspruch wiederholte, und zuletzt, da ihr Bann mich von
meinem Sitze nicht vertreiben wollte, rasch einige Schritte
näher trat, und drohend die Worte schrie: „Vengo nel nome del·
Prioro, sparite! (ich komme im Namen des Landrichters —

verschwinde!) — Da ich aber unmöglich verschwinden
konnte, so steigerte dies noch mehr den Zorn des Weibes, das
endlich, gefolgt von den Bauern, mit der Drohung mich eilig
verliess, dass ich der Gewalt schon weichen müsse! Gleich darauf
erschienen zwei sogenannte Scharfschützen, mit angelegten
Gewehren auf mich zutretend. Meine Lage wurde sehr bedenk-
lich; doch gelang es mir endlich den einen Schützen zu bewegen — während sein Begleiter das Gewehr noch auf mich
gerichtet hielt — sich davon zu überzeugen, dass der Zweck
meines Aufenthalts im Kirchenfenster durchaus ein friedlicher
sei. Unter Entschuldigungen und Freundschafts-Versicherungen
verliess er mich wieder, um mit seinem Begleiter gemeinschaft-
lich das Volk zu vertreiben. Bald darauf erschien der Geistliche des Orts, der mir wohlwollend Schutz und Freundschaft
anbot, und etwas später dessen Bruder, der Priore, von dem
ich dann erfuhr, dass das abergläubige Volk mich für den
Berggeist gran barbone gehalten hatte, der von Zeit zu Zeit
sich von den Berghöhen herablasse und die Menschen plage,
dessen Erscheinen bei Tage aber einen blutigen Krieg bedeute.
Uebrigens habe er die Hexe, deren Künste allerdings in einigem
Ansehen ständen, für den Missbrauch seines Namens auf 8
Tage eingesteckt, und das übrige Volk solle mir am nächsten
Tage Abbitte thun. Ich liess mir dieses zum Scherze gefallen.
Mit den beiden Brüdern Arm in Arm durchzog ich die drei
Dörfer, und wurde mit den besten Weinen und Früchten fortan
als der beste Freund, — von dem Priore und seinem Bruder
aber auf das freundlichste als ein lieber Gast gehalten. —

Die Darstellung hat die Form einer Vignette. Unter ihr
links: *G. Busse fec.*, in der Mitte: *Vengo nel nome del Priore,
voi dovete*, rechts: *sparire!!!* 1845. Unten in beiden Ecken
sieht man eine schlafende Katze und dazwischen folgenden,
durch eine kleine Distel getrennten Vers: *Gefährlich ist's den
Leu zu wecken etc.* Oben links die Nr. 51.

H. 8" 4''', Br. 11" 1''' d. Pl.

Auf den zweiten Abdrücken fehlen die Katzen und der Vers.

Aetzdruck. Die Lichtseiten der Bergspitzen ganz weiss etc. Die Katzen sind schon da.

41. Ansicht von Nettuno und der Insel der Circe.
H. 5" 10"', Br. 8" 9"'.

Nettuno, einem Castell vergleichbar, liegt im linken Mittel-grund auf dem mässig hohen Ufer des Meeres, in dessen Ferne rechts am lichten Horizont Capo Circello erscheint. Im Vor-grund ruhen rechts im Schatten von Gebüsch drei Frauen mit zwei Wasserkrügen. In der Luft ein langer Zug wandernder Vögel. Im Unterrand links: *dis. ed incise da G. Busse*, in der Mitte: *in Verl. b. d. Autor*, rechts: *Roma 1842*, weiter unten: *Ansicht von Nettuno und Insel der Circe. Veduta di Nettuno e Capo Circello.*

42. Von den Ruinen Athens gegen den Hymettus gesehen.
H. 6" 10"', Br. 9" 10"'.

Im Vorgrund links und rechts altes Gemäuer, das zur Rechten befindliche mit einem Durchfahrtsbogen, aus welchem ein Grieche, Bretter auf dem Rücken tragend, hervorgeschritten ist; in der Mitte sitzt auf dem Gemäuer ein zweiter Grieche. Links ist der Thurm des Lysikrates und weiter zurück erblicken wir drei Tempelruinen, deren Namen im Unterrand angegeben sind. Unten rechts in der Ecke die Buchstaben G. B. verkehrt. Im Unterrand links: *nach d. Nat. gez. d. 18. Nov. 1843*, rechts: *u. rad. v. G. Busse Hannover 1845*, dann tiefer in der Mitte die obige Aufschrift. In der Mitte des Oberrandes die Zahl I. und rechts die Nr. 52.

Busse beabsichtigte eine Sammlung griechischer Land-schaften herauszugeben, es wurden aber nur zwei Blätter, dieses und das folgende fertig.

Aetzdruck. Vor verschiedenen Arbeiten zur Dämpfung der grellen Lichtflächen, so ist z. B. die Luft hinter den beiden Fenstern im Gemäuer zur Linken noch fast ganz weiss, während sie in den vollendeten Abdrücken ganz schattirt ist.

43. Gegend bei dem Kloster Kaesariani unweit Athen.
H. 6" 11''', Br. 9" 9'''.

Hügeliges Terrain, mit Oliven und anderen Bäumen im
Mittelgrund bewachsen und mit einem gegen links vorn aus
dem Mittelplan strömenden Bach, der vorn einige kleine Fälle
bildet.   Am Ufer dieses Baches sitzt in tiefem Schatten und
mit den Füssen im Wasser ein Mädchen, das sich nach einem
links auffliegenden Vogelpaar umschaut.   Links hinten ein
Berg. Rechts vorn an einem Stein Busse's Zeichen. Im Unterrand links: *nach d. Natur gez.* (daneben kaum bemerkbar *Georg
Busse*), rechts: *u. rad. v. G. Busse Hannover* 1846, in der Mitte
etwas tiefer die obige Aufschrift. In der Mitte des Oberrandes
die Nr. II und rechts Nr. 54.

A e t z d r u c k.   Vor vielen Arbeiten, vor der Luft, vor dem
Berg links hinten etc.

44. Von Nauplia gegen Argos gesehen.

Wir kennen leider keinen Abdruck dieser Platte; sie wurde
nicht vollendet und kam dem Künstler abhanden.

45—55. 11 Bl. Die Radirungen aus den Bilderheften des sächsischen Kunstvereines.

Der sächsische Kunstverein in Dresden gab von 1828—1836
jährlich ein Heft mit Kupferstichen heraus, welche Abbildungen
der vom Verein für die Verlosung angekauften Gemälde und
Sculpturen enthielten.   Auch Busse arbeitete während seines
Aufenthaltes in Dresden für diese Hefte und lieferte verschiedene
landschaftliche Ansichten und Architekturen.   Meist finden
wir zwei kleinere Darstellungen auf einer Platte.   Unter den
Bildern stehen links und rechts die Künstlernamen, in der Mitte
die Titel und darunter ist die Ankaufszeit und die Grösse angegeben.

I. Vor der Schrift. — Von jenen Abdrücken mit der Schrift
sind diejenigen auf chinesischem Papier die früheren u. besseren.

45) MEIERHOF.

Gem. v. Leupold gest. v. G. Busse. Angekauft vom Sächs. Kunstvereine und bey der Verloosung 1830 *gewonnen von Frau Kammerherrn von Metzrath auf Kreischa auf No.* 473. 19 *Zoll breit,* 15 *Zoll hoch.*

Ein links vorn von einer Mauer begrenzter, rechts von einem kleinen Gewässer berührter Weg führt durch ein weites rundbogiges Thor in den Hof einer Meierei, deren Herrenhaus, zur Linken, sich durch einen Renaissancegiebel auszeichnet Ueber der Mauer des Einfahrthores ragen die Dächer dreier anderer, den Hofraum umschliessender Gebäude hervor. Eine Ziege und zwei Kühe schreiten aus dem Thor hervor, doch sieht man von der zweiten Kuh nur den Kopf. Links vom Thor ist eine Bank und daneben in der Hofmauer eine spitzbogige Thür, über welcher eine Tafel anzeigt, dass das Schloss bereits im Jahr 1515 erbaut worden ist. An einem Prellstein am Weg rechts vor dem Thor ist Busse's Zeichen angebracht.

H. 6" 3''', Br. 8".

46) Zwei Darstellungen:

BRÜCKE ZU PERUGIA. 11 Zoll breit, 8 Zoll hoch.

MERCATO NUOVO. *Angekauft vom Sächs. Kunstvereine und bey ·der Verloosung* 1830 *gewonnen vom Herrn Maler Knäbichen in Meissen auf No.* 433. 8 *Zoll breit,* 10 *Zoll hoch.*

Brücke zu Perugia. *Wasserfarbengemälde von O. Wagner. Busse sc.* Der weite Bogen eines Viaducts durchschneidet quer das Blatt, unter demselben Durchsicht auf Häuser und eine hinter denselben stehende Baumgruppe. Links oben hinter dem Viaduct der Giebel eines Hauses mit zwei Schornsteinen. Oberhalb im Rand steht: 12te Platte.

H. 3" 2''', Br. 4" 4'''.

Mercato nuovo. *Wasserfarben-Gemälde von O. Wagner. Busse sc.* Ein Theil des Marktplatzes zu Florenz mit seinen

17*

auf Säulen ruhenden gewölbten Hallen und dem davor befindlichen bronzenen Eber.

H. 4″ 6‴, Br. 4″ 3‴.

47) Zwei Darstellungen:

ST. CARLS KIRCHE IN WIEN. *Gem. v. Olivier, gest. von
Busse. Angekauft vom Sächsischen Kunstvereine auf das Jahr
1831. 13 Zoll hoch, 10 Zoll breit.*

Die Kirche, mit einer grossen Kuppel, liegt im Hintergrund der
Landschaft, die Strahlen der untergehenden Sonne erhellen den
Horizont. Ein Kanal krümmt sich durch den hügeligen mit Baumgruppen bewachsenen Mittelgrund. Vorn rechts bei einem Baum
schreiten zwei Geistliche.

H. 4″ 5‴, Br. 3″ 6‴.

BILIN. *Gem. v. Pulian, gest. v. Busse. Angekauft vom
Sächsischen Kunstvereine auf das Jahr 1831. 9 Zoll hoch, 14
Zoll breit.*

Partie vor dem Thore dieser Stadt, dessen altes Thor, im
linken Mittelgrund, spitzbogige Wölbung hat. Rechts vorn ist
eine Mariensäule, vor welcher eine Bäuerin mit einem kleinen
Knaben ihre Andacht verrichtet. H. 3″ 6‴, Br. 5″ 1‴. Höhe
der ganzen Platte 11″ 3‴, Br. 7″ 6‴.

48) Zwei Darstellungen:

GRABMAL DER SCALIGER ZU VERONA. *Gem. v. O.
Wagner, gest. v. Busse. Angekauft vom Sächsischen Kunstvereine auf das Jahr 1831. 1 Elle 5 Zoll breit, 1 Elle 14 Zoll hoch.*

Ein von drei Gebäuden umschlossener Hof mit mehreren,
durch ein Eisengitter geschützten Sarkophagen mit Bildsäulen
auf Pfeilern und einem hohen gothischen Baldachin·

H. 5″ 3‴, Br. 4″ 2‴.

WENDISCHE KIRCHE ZU BUDISSIN. *Gem. v. Zimmermann, gest. von Busse. Angekauft vom Sächsischen Kunstvereine
auf das Jahr 1831. 18 Zoll breit, 1 Elle hoch.*

Gothische, freistehende Kirche, deren Chor gegen den Be-

schauer liegt, hinter dem Chor der viereckige Thurm mit schlanker Spitze. Links vorn eine alte Mauer mit zwei Bogen. In der Mitte auf dem Platze stehen zwei Männer und zwei Frauen in Unterredung bei einem kleinen Gewässer.
H. 5" 3"', Br. 4" 1"'. Höhe der ganzen Platte 8" 3"', Br. 10" 3"'.

Es existirt ein Aetzdruck vor der Luft und mit Nadelproben im untern Rande, welche dem Eisengitter des Scaligergrabes entnommen sind.

49) DER CHRISTTAGSMORGEN.

Gem. v. F. Oehme, gest. v. G. Busse. Angekauft vom Sächsischen Kunstvereine auf das Jahr 1832. 1 *Elle breit,* 1 *Elle* 5 *Zoll hoch.*

Morgendämmerung. Rechts altes Gemäuer, links ein Haus mit hellbeleuchtetem Erker oder Chor, in welchem ein Christbaum brennt, ein Herr in langem, pelzverbrämtem Talar, eine Rampe hinanschreitend, schaut zum Fenster hinauf. Im Mittelgrund Häuser einer Stadt, welche von einem hohen Kirchthurm beherrscht werden. Auf der Strasse Schneewehen.
H. 6" 6"', Br. 5" 3"'.

50) Zwei Darstellungen:
PFARRKIRCHE ZU PARTENKIRCHEN IN TYROL (??!!).

Gem. v. Werner, gest. v. Busse. Angekauft vom Sächsischen Kunstvereine auf das Jahr 1832. 15 *Zoll breit,* 12 *Zoll hoch.*

Perspectivische Innenansicht, die nur mit einer einzigen, in der Mitte bei einer runden Säule schreitenden Mannesgestalt staffirt ist. Vorn eine im Schatten liegende gothische Halle, mit zwei Betpulten zur Linken, einer Thür und einem Grabstein zur Rechten in der Wand.
H. 3", Br. 3" 9"'.

SACRISTEY AUF DEN OYBIN.

Gez. u. gest. v. Busse. Angekauft vom Sächsischen Kunstvereine auf das Jahr 1832. 17 *Zoll breit,* 20 *Zoll hoch.*

Inneres einer verfallenen gothischen Kirche mit einem Blick

auf das seines Gewölbes beraubte Chor, über welchem ausserhalb auf einer Anhöhe ein Mauerüberrest und davor ein Baum wahrgenommen werden.

H. 5″ 3‴, Br. 3″ 9‴, Höhe der ganzen Platte 11″ 5‴, Br. 6″ 11‴.

Aetzdruck. Die Lichtseite des Gemäuers rechts auf dem untern Bilde und die Luft sind weiss oder nicht schattirt.

51) Zwei Darstellungen:

TYROLER SEE.

Gem. v. Stange, gest. v. Busse. Angekauft vom Sächsischen Kunstvereine auf das Jahr 1832. 1 *Elle* 17 *Zoll breit,* 1 *Elle* 5 *Zoll hoch.*

Der See erstreckt sich aus dem linken Vorgrund in den Mittelgrund hinein, er ist von Bergen und zur Rechten von . hügeligem Terrain eingeschlossen, auf welchem einige Kühe und ein Bauernhaus wahrgenommen werden. Die hinteren Berge sind in Nebel und Wolken gehüllt.

H. 3″ 7‴, Br. 5″ 3‴.

ABENDDÄMMERUNG.

Gem. v. Crola, gest. von Busse. Angekauft vom Sächsischen Kunstvereine auf das Jahr 1832. 1 *Elle* 13 *Zoll breit,* 1 *Elle* 1 *Zoll hoch.*

Oberbayerische Gegend. Vorn flache Sumpfgegend mit einem Wasser, hinter welchem eine Heerde dem im rechten Mittelgrund liegenden Dorfe zuzieht. Der hintere Plan ist durch in Schatten liegende Vorberge geschlossen, hinter welchen in der Ferne ein hellbeleuchteter Felsenkamm aufsteigt.

H. 3″ 7‴, Br. 5″ 3‴. Höhe der ganzen Platte 10″ 5‴, Br. 7″ 6‴.

52) Zwei Darstellungen:

IM WESENITZTHAL BEY DITTERSBACH.

Gez. u. gest. Busse. Angekauft vom Sächsischen Kunstvereine auf das Jahr 1833. 11 *Zoll breit,* 13 *Zoll hoch.*

Felsiges, mit Laub- und Nadelholz bewachsenes Thal, von einem zwischen Steinen fliessenden Fluss durchströmt. Links oberhalb des Ufers erblicken wir im Gehölz zwei Holzhauer.

H. 4" 10''', Br. 4".

Abdrücke vor der Schrift haben unter der Ansicht schwach geätzt den Namen Dittersbach und das Monogramm. — Auf einem andern Abdruck dieser Platte steht nur oben am Rand No. 25, May 34.

ALPENWEG BEY FLOITE IM ZILLERTHAL.

Gem. v. König, gest. v. Busse. Angekauft vom Sæchsischen Kunstvereine auf das Jahr 1833. 19 Zoll breit, 1 Elle hoch.

Vorn links hängt ein Crucifix an einem abgebrochenen Baum, eine betende Tirolerin kniet vor demselben. Im Hintergrund der Floitenthalgletscher.

H. 1" 10''', Br. 4". Höhe der ganzen Platte 7", Br. 10" 6'''.

53) SEITENTHAL DER DONAU, OBERHALB WIEN.

Gem. v. Crola, gest. v. Busse. Angekauft vom Sæchsischen Kunstvereine auf das Jahr 1833. 1 Elle 14 Zoll breit, 1 Elle 3 Zoll hoch.

Felsiges, mit Baum- und Buschgruppen bewachsenes Terrain, das sich im Mittelgrund zu halber Blatthöhe erhebt, es wird von einem raschfliessenden Bach durchströmt, der seinen Lauf zwischen Steinen gegen den rechten Vorgrund nimmt. Oben auf der Höhe treibt ein reitender Mann drei mit Säcken beladene Maulthiere eine Strasse herab. Das Blatt ist mit vielem Fleiss und grosser Liebe ausgeführt.

H. 5" 9''', Br. 7" 10'''.

Ein Abdruck vor der Schrift hat oben Nr. 25, 1834, unten rechts das Monogramm und links schwach geätzt: „G. Busse."

54) GEWITTERSTURM.

Crola pinx. G. Busse sc. Angekauft vom Sæchsischen Kunstvereine auf das Jahr 1834. 1 Elle 6 Zoll breit, 1 Elle 16 Zoll hoch.

Eines der schönsten Blätter des Meisters. — Oberbayerische
Landschaft mit einem grossen sich in die Ferne erstreckenden
See, dessen Wogen durch den von der rechten Seite wehenden
Sturm an das Ufer gepeitscht werden.   Einige Wasservögel
schweben über dem See.   Vorn in der Mitte steht eine alte abgebrochene Eiche, links auf einem Hügel eine schöne Gruppe
von drei Eichen, dazwischen eilt ein Bauernpaar, das so eben
aus einem Kahn gestiegen ist, Schutz suchend vom Ufer hinweg,
der Sturm hat dem Mann seinen Hut entführt.   Die Ferne der
Landschaft ist durch Berge geschlossen.

H. 8″ 2‴, Br. 12″ 4‴.

Auf einem Abdruck vor der Schrift steht unter dem Stiche
links: *Georg Busse sc. Dresde* 1835, oben links im Rand
Nr. 28 ⅙ 1834.

55) GEGEND AM KOENIGSSEE BEI SALZBURG.

*G. Busse del et sc.   Angekauft vom Sæchsischen Kunstvereine
auf das Jahr* 1835.   *Original-Zeichnung in gleicher Grösse.*

Im Vorgrund steiniges Sumpfterrain mit Baum- und Gebüschgruppen, im Hintergrund hohe Gebirge.   Das Licht fällt
von der linken Seite herein.   Schönes Blatt.

H. 7″ 3‴, Br. 11″.

I. Früherer Abdruck, im Unterrand nur folgende gerissene
   Schrift, in der Mitte: *Am Königssee*, rechts: *nach d. Nat.
   gez. u. rad. v. Georg Busse* 1834.   Oben links die Nr. 28.
   In diesem Zustand ist die Platte noch nicht vollendet, indem im Vorgrunde noch manche Arbeiten zur Verstärkung
   der Schattirung fehlen.

II. Oben beschrieben.

Die A e t z d r ü c k e sind vor vielen Arbeiten und vor der Luft.

.

56. Uebung im Kupferstechen.
H. 6″ 9‴, Br. 9″.

Unter Leitung von *Stölzel*.   Die Platte bietet nur verschie-

dene Arten von Strichlagen, sei es zur Uebung der Hand oder
zur Probirung der Instrumente. Oben links steht: *anfan. d.
20t Oct.* 1829, rechts in halber Plattenhöhe: *Beend. d. 24st.
Dec.* 1829.

57. Der Bacchant.
Oval. H. 8″ 3‴, Br. 6″ 3‴.

Nach *H. Goltzius*, und Copie nach dem Stiche von *J. Saen-
redam*. Ein Bacchant, in halber Figur und nach rechts ge-
wendet, hält in der Rechten eine Schaale empor, mit der Linken
Trauben und das lose um seine Schultern hängende Gewand.
Den Hintergrund bildet eine felsige Landschaft. Unter dem
Oval: *nach H. Goltzius gest. v. G. Busse* 1830.

58. Friedrich August II. König von Sachsen.
H. 1″ 8‴ Br. 1″ 4‴.

Als Prinz. Brustbild von vorn, ein klein wenig nach rechts
gewendet. In Generals-Uniform, mit breiter Brustschärpe und
drei Orden. Unten rechts in der Ecke der Buchstabe B. —
Der einzige Versuch Busse's in punktirter Manier.

59. Goethe's Denkmal.
H. 11″ 3‴, Br. 8″ 3‴.

Nach dem Entwurf von *Coudray* in Weimar, in Umrissen
gestochen. Die mit dem Lorbeer bekränzte Büste des Dichters,
hinter einem seine Flügel ausbreitenden Adler und zwischen
einer Maske und Lyra, steht auf einem hohen schlichten Posta-
mente, das nur mit einem Blumengehänge verziert ist. Unten:
DENKMAL GOETHE'S, links: *Coudray entw.* rechts: *gest. v.
Busse*. Oben als 16te P. (Platte) bezeichnet.

I. Vor der Schrift.

60. Caroline Herschel.
H. 9″ 3‴, Br. 7″ 2‴.

Portrait der am 9. Juni 1848 verstorbenen Schwester der

berühmten Astronomen Herschel.   Die hochbejahrte Dame erscheint im Brustbild hinter einem Tische sitzend, mit weisser
Haube, Halskrause und Kragenrock, sie deutet mit der auf
einem Buch liegenden rechten Hand auf eine vor ihr ausgebreitete astronomische Karte.   In der Mitte unten steht: *Caro-
line Herschel geb. d. 16ten März* 1750, links: *nach dem Leben
gez. u. gest. v. G. Busse*, rechts: *Hannover* 1847.

Lithographien.
61. Kloster Wültinghausen.

Kleine Ansicht, aus erster Zeit des Künstlers.   Der einzige
Versuch Busse's auf den Stein zu zeichnen.

Ein Abdruck ist uns bis jetzt nicht zu Gesicht gekommen.

Anhang.

In Berlin lebte ein Portraitzeichner und Lithograph *Gustav
Busse* (irren wir nicht, so ist derselbe jetzt Photograph in Danzig).   Derselbe lithographirte nach *C. Lange* in Düsseldorf einen
Ausflug zu Wasser, „Die Welle wieget unsern Kahn etc." Nagler, die Monogrammisten II. 2745 führt dieses Blatt irrig als
eine Arbeit des Georg Busse auf.

INHALT
des Werkes des Georg Busse.

Radirungen.

Lithographien.

C. HALLER v. HALLERSTEIN.

Christoph Jacob Wilhelm Carl Joachim Haller v. Hallerstein, Miniaturmaler, Zeichner und Kupferätzer, geboren den 9. Juli 1771 in Hilpoltstein, einem Städtchen der frühern Reichsstadt Nürnberg, wo sein Vater, früher Hauptmann in braunschweigischen Diensten, dann Major bei den Reichstruppen, als Pfleger stand. Er besuchte das Gymnasium in Nürnberg, bezog bald darauf die Universität Altdorf, um Rechtswissenschaft zu studiren und zeichnete sich von erster Kindheit an durch hervorragende geistige Begabung, ungemeine Wissbegierde und ausserordentlichen Fleiss aus. Nach beendigtem Studium fühlte er sich mehr zur Kunst als zum Staatsdienst hingezogen; schon als Knabe hatte er viel gezeichnet und auch einige kleine Sachen auf Kupfer radirt, wobei ihm Ihle, Zwinger und Nussbiegel mit Rath an die Hand gegangen waren. Er unternahm nun Reisen, die ihn mit den namhaftesten Künstlern jener Zeit in Berührung brachten, in Stuttgart genoss er den Unterricht des V. W. P. Heideloff und verkehrte mit Dannecker und J. G. v. Müller. Einem Ausflug nach der Schweiz verdanken wir einige seiner besseren Radirungen. 1799 ging er nach Dresden, wo er an A. Graff und J. Grassi Freunde fand und viel nach Gemälden der dortigen Gallerie zeichnete. Im folgenden Jahr begab er sich nach Berlin, wo er mehrere Jahre lebte und durch seine schönen Bildnisse, welche er mit Silberstift auf Pergament zeichnete, mit Miniaturfarben auf Elfenbein malte, Aufsehen erregte; er hatte die Auszeichnung, die ganze königliche Familie zu portraitiren; den Prinzen Ant. Heinr. Radzivil, und den Fürst Metternich, nachherigen österreichischen Staatskanzler, unterrichtete er im Radiren. 1812 besuchte er Paris, um die dortigen Kunstschätze kennen zu lernen und lebte dann bis an seinen, am 10. Juli 1839 erfolgten Tod in seiner Vaterstadt Nürnberg als königlicher Conservator der Gemäldegallerie und Lehrer der Perspective an der Kunstschule. Er starb unverheirathet. Scherzweise nannte man ihn den Brillen-Haller. Prinz Radzivil hat sein Bildniss radirt, C. W. Bock es gestochen, beide Bl. in 8⁰.

Haller war ausserordentlich vielseitig gebildet und darf in dieser Beziehung seinem berühmten Landsmann C. M. Tuscher an die Seite gestellt werden, er verband einen bewundrungswürdigen Reichthum von Kenntnissen auf fast allen Gebieten des Wissens mit einem ausgezeichneten Kunsttalent, dem leider nur die gründliche Durchbildung mangelt.

Als Kunstkenner hatte sein Name fast europäischen Ruf. Seine Zeichnungen und Skizzen, voll Geist, Originalität und Leben, sind so zahlreich, dass man seinen Fleiss förmlich anstaunen muss, es scheint fast, dass er kein Papier hat liegen sehen können, ohne sich mit der Feder zu versuchen. In den Jahren 1800—1803 verfertigte er allein in Berlin 284 Portraits in verschiedenen Manieren, 61 ausgeführte historische und landschaftliche Zeichnungen, 24 akademische Zeichnungen, 795 Studien und Skizzen nach der Natur und nach guten Originalen und radirte ausserdem noch 34 Kupferplatten. Man bemerkt, dass seine Figuren durchweg etwas zu lang und rank sind, es liegt das aber vorzugsweise in dem üblichen Costüm und der Auffassung der Zeit.

Seine Radirungen, zwischen 1785 und 1815 entstanden, belaufen sich mit Einschluss einiger Steinzeichnungen auf fast 200 Nummern. Die ersten reizen den Sammler wenig, es sind schwache Versuche einer im Zeichnen und Aetzen noch ganz ungeübten Hand, doch der Vollständigkeit wegen sind sie mit zu verzeichnen. Bei den meisten sind mehrfache Abdrucksverschiedenheiten aufzuführen. Ein ausführliches Verzeichniss ist bis jetzt nicht geschrieben, die in Nagler's allgemeinem Künstlerlexikon aufgeführten Blätter machen nur eine kleine Anzahl aus, eine unter diesen, die 42 Devisen für Papparbeiter in Aquatinta, ist nicht von ihm. Die Anordnung des folgenden Katalogs ist chronologisch auf Grund eines von Haller selbst verfassten kurzen Verzeichnisses. Das vollständigste Exemplar seines Werkes befindet sich in der reichen und schönen Sammlung der Königin Maria von Sachsen; auch das unsrige, ein Geschenk des sel. Börner in Nürnberg, ist nahezu vollständig mit fast allen Abdrucksverschiedenheiten. — Haller hatte einen Bruder, welcher Architekt war und in Griechenland starb. Auch dieser hat einige Blätter radirt.

DAS WERK DES C. HALLER v. HALLERSTEIN.

Radirungen.

1. Drei Genien mit dem Hallerschen Wappen.
H. 2" 1''', Br. 2" `10''' d. Pl.

Zwei von ihnen bekränzen den an einem Baumstamm befestigten Wappenschild, der dritte setzt einen Korb mit Blumen

auf eine steinerne Bank nieder. Rechts vorne steht eine Vase.
Links unten im Rand lesen wir: *meine erste Platte*, rechts:
C. J. W. C. J. v. Haller fec. 1785.

2. Die beiden tanzenden Genien.
H. 2" 1'", Br. 2" 10'". d. Pl.

Sie befinden sich vorne in einer Landschaft, in welcher wir
links im Grund auf einem Berg eine Burgruine und vor dem
Fuss dieses Berges eine Kirche erblicken. Niedriges Gesträuch,
rechts von einem jungen dünnen Baum überragt, zieht sich durch
die ganze Breite des Vordergrundes. Der eine Genius bläst
die Zinke, der andere hält eine Panpfeife mit beiden Händen.
Rechts unten steht: *C. J. W. C. v. Haller fec.* 1785.

3. Das Hallersche Wappen.
H. 1" 7½'", Br. 10½'". d. Pl.

Der Schild, ohne Helmzier, lehnt gegen das Postament einer
Säule, zu beiden Seiten desselben und rechts wächst etwas
Strauchwerk. Unten sieht man zwei Bücher, eines liegend, ein
Tintenfass, eine Feder und rechts Haller's Zeichen 1785.

4. Einfassung eines Ovals.
H. 2" 7'", Br. 3" 4'" d. Pl.

Visitenkarte. Das Oval ist weiss, um eine Schrift aufzu-
nehmen. Die Einfassung besteht aus einem mit Hohlkehlen
gezierten Sims, dessen Enden auf Pfeilern ruhen. Blumengewinde hängen von der Mitte des Sims und an der oberen Hälfte
der Pfeiler herab. Rechts unten: *C. J. W. C. J. v. Haller
fec.* 1785.

5. Martin Luther.
H. 3" 4'", Br. 2" 8'" d. Pl.

Brustbild in ovalem Rahmen, en face, ein klein wenig nach
rechts gewendet, ein Buch in den Händen haltend. Rechts

sein Wappen. Unter dem Rahmen ist ein Laubgewinde angebracht. Hierunter lesen wir: *Dr. LVTHER. Haller f.*, links
ganz unten 1786.

I. Vor Haller's Namen und der Jahreszahl.

II. Mit diesem Zusatz.

6. Matth. Merian.
H. 3″ 4‴, Br. 3″ d. Pl.

Copirt nach einem Blatt in der Sandrartschen Akademie.
Brustbild, das Gesicht en face, der Körper nach rechts gekehrt,
nach links blickend. Mit einem Pelzrock bekleidet. Im
Unterrand lesen wir : *Math. Merian, Sen. Kupferst. (in Majuskeln)
geb. zu Basel Ao.* 1593 *etc. Ch. J. W. C. J. v. Haller fec.* 1786.
cop. ex Sandr. Academ.

I. Vor verschiedenen Ueberarbeitungen und Abänderungen.
Diese haben oben links die römische Ziffer I.

Die Platte ist im Aetzen verunglückt und durch die Ueberarbeitungen eben auch nicht besser geworden.

7. Das Concert.
H. 2″ 7‴, Br. 3″ d. Pl.

An einem Clavier sitzt vor aufgeschlagenem Notenbuche
eine Dame und spielt, ein Herr, rechts neben ihrem Stuhl
stehend, begleitet sie auf der Geige. Im Unterrand links steht:
Grävenberg, rechts: *C. J. W. K. J. Haller v. H. f.* 1786.

I. Vor dem Wort „*Grävenberg*.“

8. Das Streitsche Wappen.
H. 3″ 4‴, Br. 2″ 8‴ d. Pl.

Der Schild, mit der Spitze auf dem Boden stehend, hat zur
Helmzier die Halbfigur eines geharnischten, behelmten Kriegers
mit einem Commandostab zwischen zwei Flügeln; er wird durch
einen rechts stehenden, ebenfalls geharnischten und behelmten

Krieger mit einem Spiess gehalten. Oben über der Helmzier
ein flatterndes Band mit dem Namen: „*L. W. F. v. Streit.*",
rechts: „*C. v. Haller fc.* 1786."

I. Vor dem Namen des L. W. F. v. Streit am Band.

II. Mit demselben.

9. Die Musikinstrumenten-Trophäe.
H. 1" 10'", Br. 1" 2'" d. Pl.

Aus einer Bassgeige, Flöte, einem Horn und Notenbuch gebildet. Oben ringsum liest man: „*Aurium Animique Delicium.*",
unten die Buchstaben H. v. H. 1787.

10. Das Klingsohrsche Wappen.
H. 2" 1'", Br. 1" 5'" d. Pl.

Am Schild, der elliptisch geformt und auf den Seiten mit
Blumengehängen geschmückt ist, sieht man drei Ohren. Die
Helmzier bildet ein springender Hirsch. Zu beiden Seiten des
letzteren die Buchstaben F. K. Rechts unter der Einfassungslinie des Schildes entlang: „*Haller f.* 1787."

I. Vor der Jahreszahl.

II. Mit derselben.

11—15. 5 Bl. Die Kirchenstuhlschilder.

Für Bekannte in Gräfenberg radirt, um an die Kirchenstühle
derselben in dortiger Kirche befestigt zu werden. Aeusserst
selten.

I. Vor den mit dem Grabstichel hergestellten Namen der Besitzer der Kirchenstände.

II. Mit denselben.

11) Der Schild für Johann Christoph Rossner. 1787.

In der Mitte mit einem Herzen verziert, welches von einem Pfeil,
Rechen und Haken durchbohrt ist. Links unter der Einfassung

III.　　　　　　　　　　　　　　　　18

steht: „*In Grävenberg.*", rechts: *C. J. W. C. J. Haller v. H.* 1787 *fecit.*"

H. 3" 2", Br. 2" 6'".

12) Dito für Magdalena Eyphrosina Rossnerin.

Ebenso verziert. Unter der Einfassungslinie links: „*Grävenberg Anno* 1787"., rechts: „*C. J. W. C. J. Haller v. H. sculpsit.*"

13) Dito für Heinrich Allwärter.

Verziert mit dem heiligen Lamm, das nach links gekehrt mit dem einen Vorderfuss eine Fahne mit der Jahreszahl 1787 hält. Links unter dem Boden steht: „*Haller fecit*" verkehrt geschrieben.

H. 2" 11'", Br. 3" 7'" d. Pl.

14) Dito für Anna Agatha Sonnain.

Auf einem ausgespannten und mit zwei Nägeln befestigten Tuch, dessen Zipfel auf den Seiten herabhängen, liegt in der Mitte ein Rosenstrauch. Ueber dem Tuch steht die Jahreszahl 1787, unter ihm sind zwischen den beiden Vornamen der Sonnain vier kreuzweis gestellte Geräthe angebracht, unter welchen man eine Hacke bemerkt. Rechts gegen unten Hallers Zeichen.

H. 3" 10'", Br. 3" 3'" d. Pl.

15) Dito für Thomas Sonna.

Die Verzierung ist im Wesentlichen dieselbe, aber an Stelle des Tuchs erscheint eine Schnur, deren Quasten an den Seiten herabhängen. In der Mitte der Schnur sind zwei runde Scheiben und auf den Seiten verschiedene Geräthe an ihr befestigt. Rechts gegen unten: „*von Haller fecit.*"

16. Das Seckendorfsche Wappen.

H. 1" 10'", Br. 1" 8'" d. Pl.

Der Schild ist von einer Krone überragt und führt als Wappenzeichen einen in Form der Zahl 8 gewundenen Lindenzweig mit

seitwärts stehenden Blättern, 4 auf jeder Seite. Links ganz
unten auf der Platte Haller's Name undeutlich geschrieben.

17. Das Vogelsche Wappen.
H. 2" 3'", Br. 1" 10'" d. Pl.

Wappenzeichen ist eine auf einem Dreiberg stehende Taube,
Helmzier derselbe Vogel zwischen zwei Büffelshörnern. Oben
ringsum lesen wir den Namen „*Johann Georg Vogel*" in Majuskel-
schrift. Ohne Haller's Namen.
  I. Vor Vogel's Namen.
  II. Mit demselben.

18. Der Helm neben der Steinplatte.
H. 2", Br. 2" 10'" d. Pl.

Visitenbillet. Neben einer aufgerichteten viereckigen Steinplatte, deren Fläche weiss ist, liegt rechts ein Helm auf einem
offenen Buch und einer Turnirlanze. Links oben: „*Haller inv.
& fecit* 1787."

19. Sechs Apostel nach C. Asam.
H. 9" 7'", Br. 11" 5'" d. Pl.

Lebensgrosse Figuren zu einer Gruppe vereinigt, stehend,
knieend und sitzend. Der links stehende überreicht zwei Tafeln
an zwei in der Mitte befindliche Genossen, von welchen der vor-
dere kniet. Links unten: „*Cosman Damian Assam Del.*", rechts:
Ch. J. W. C. J. Haller v. Hallerstein sculpsit Ao. 1787 *aet.* 16.
Grävenbergae."
  I. Mit der eben angegebenen Schrift.
  II. Mit: „*Die Original-Zeichnung besizet Herr J. C. Hering
Kunstliebhaber zu Bottenstein*", rechts unten an der Seite von
Haller's Namen. Einige Figuren haben verschiedene Ueber-
arbeitungen erfahren. Der rechte Arm des links stehenden
Apostels, zuvor zum Theil weiss, ist jetzt ganz mit Strichen
zugelegt.

20. Die Landschaft nach Chodowiecki.

H. 1" 3''', Br. 2" 5''' d. Pl.

Quer durch das Blatt läuft ein bretterner Zaun, dessen
rechts befindliche Pforte offen steht. Hinter ihm wächst etwas
Gebüsch. Unten am Boden gegen die Mitte steht die Jahreszahl 1788, unter der Rad. links: „*Chodow. del.*", rechts: „*v. H. f.*"

21. Der Genius neben der ovalen Steinplatte auf dem Sockel.

H. 3" 5''', Br. 2" 8''' d. Pl.

Visitenbillet. Er sitzt links auf einem Sockel und hält
einen Blumenkranz an der Seite der Steinplatte, die gegen den
Stamm eines abgebrochenen Baums gelehnt ist. Rechts auf
dem Sockel wachsen Blumen, links ein Strauch. Am Socke
ist eine viereckige weisse Tafel, unter welcher links „*Haller f.*
1790" steht.

22. Ansicht des Landgutes Schönau.

H. 9" 5''', Br. 13" 2''' d. Pl.

Das Wohnhaus, zwischen zwei Scheunen, liegt in einer
flachen, nach hinten zu sich etwas erhebenden Gegend. Hinter
den Gebäuden, im Hintergrund des Blatts, ist der Garten, links
ein Scheibenstand. Die Strasse führt vom Haus in grader
Richtung gegen vorne rechts, wo eine niedergeschlagene Chaise
mit dem Herrn und der Frau des Hauses und einem Kutscher
fährt. Gebüsch zieht sich vorne quer durch das Blatt und
rechts wächst ein hoher Baum. Rechts unter der Ansicht
steht: „*C. J. W. C. J. Haller v. H. ad Naturam del. & sculpsit
Norimb.* 1790." In der Mitte des Unterrandes zu beiden Seiten
eines runden gekrönten Wappenschilds: „*Abbildung des adelichen
Landgutes Schönau*"; hierunter eine Dedication an den Besitzer
Fr. Wilh. Carl Freih. v. Imhoff auf Mörlach.

I. Vor dem Wappen und vor aller Schrift.

II. Mit denselben.

23. Der Genius mit der Lanze neben dem behauenen Stein.

H. 2" 8''', Br. 3" 5''' d. Pl.

Visitenbillet. Neben einem behauenen viereckigen Stein
sitzt links ein Genius, der in der einen Hand eine Lanze, mit der
andern ein über die Ecke des Steins herabhängendes Blumengewinde hält. Neben dem Genius liegt am Boden ein Helm,
hinter diesem steht eine grosse Vase, rechts wächst hinter
einem kannelirten Säulenschaft ein Weidenbaum. Ohne Haller's
Namen.

24. Gottfried Vill (Will).

H. 5" 3''', Br. 3" 1''' d. Pl.

Banquier von Nürnberg. Brustbild, en face, ein wenig nach
links gewendet, ohne Bart, mit einer gestreiften Tuchhaube auf
dem Kopf und mit den Fingern seiner Linken die Zipfel seines
Halstuchs fassend. Unter der Einfassungslinie links: „*J. E.
Ihle del. ad picturam in Italia factam.*", rechts: „*C. J. W. C. J.
Haller von H. sc.* 1792.", im Unterrand: „*Goffredo Vill. Ban-
chiere da Noriberga, nat.* 31. *Jan.* 1705. *mort.* 16. *Jan.* 1755."

I. Nur mit: *J. E. Ihle del.*"
II. Mit den Namen beider Künstler.
III. Mit der vollständigen Schrift.

25. Derselbe.

H. 5" 3''', Br. 3" 2''' d. Pl.

Ohne Namen. In derselben Haltung. Links unter der
Einfassungslinie steht: „*J. E. Ihle del.*", rechts: „*C. J. W. C.
J. Haller v. H. sc.* 1791." Aeusserst selten.

26. B. von Imhoff.

H. 4"2''', Br. 2" 10''' d. Pl.

Oberforstrath. Ohne Namen. Brustbild, in Profil, nach
rechts gekehrt, in Uniform, Brustkrause und mit einem Haar-

zopf abgebildet. Oval. In der Mitte unter der Einfassungslinie: „*v. Haller del & sc.*"

H. d. Ovals 2" 4"', Br. 1" 9"'.

27. Der runde Thurm.

H. 2" 3"', Br. 1" 8"' d. Pl.

Er steht in der Mitte des Blatts und hat auf dem Dach einen
Schornstein, aus welchem Rauch aufsteigt. Der Eingang ist
auf seiner rechten Seite. Etwas Gesträuch und einige kleine
Bäume wachsen um seinen Fuss. In der Luft fliegen einige
Vögel. Links unten: „*v. Haller fec.* 1792" verkehrt geschrieben.

28. Die viereckige Steinplatte vor der abgebrochenen Säule.

H. 2" 8"', Br. 3" 5"' d. Pl.

Visitenbillet. Gegen eine abgebrochene kannelirte Säule
lehnt eine viereckige Steinplatte, deren Fläche weiss ist. Rechts
neben ihr steht ein Helm über einem Schild und einer Turnirlanze, im Grund hinter dem Fuss der Säule eine Vase. Ohne
Haller's Namen.

29. Carl Joach. Haller v. Hallerstein.

H. 6" 3"', Br. 4" 1"' d. Pl.

Der Vater des Künstlers. Brustbild, in Profil, nach rechts
gekehrt, in Rock, Brustkrause und mit einem Haarzopf abgebildet. Rundung, Durchmesser 2" 3"'. In der Mitte unter der
Einfassungslinie: „*Haller v. H. fecit* 1792." Im Unterrand:
„*Optimo Patri Carolo Joachimo . . . . A. C. MDCCLXXXXII.*"
in Majuskelschrift.

I. Vor der Dedication, die von anderer Hand gestochen ist.
II. Mit derselben.

30. Das Streitsche Wappen.
H. 2" 9"', Br. 2" 1"' d. Pl.

Ein Krieger, in vollständiger Rüstung, mit einem Schwerd
an der Seite, Federbüscheln am Helm, hält mit der Rechten
den Wappenschild, in der Linken eine Lanze. Ohne Namen.

31. Mar. Reg. Luise Therese v. Haller.
H. 2" 4"', Br. 1" 10"' d. Pl.

Schwester des Künstlers. Ohne Namen. Gürtelbild, in
Profil, nach rechts gekehrt, mit langem, gelocktem Haar. Oval
H. 2" 3"', Br. 1" 8"'. Links unter der Einfassungslinie: „v.
Haller f.", rechts 1793.

   I. Mit: „A. 1793" links und „v. Haller f." rechts unten.

   II. Mit: „v. Haller f." links und 1793 rechts unten, wie oben
    angegeben.

32. Die beiden Genien mit dem Buch.
H. 3" 1"', Br. 3" 4"' d. Pl.

Visitenbillet. Der rechts befindliche Genius ist zur Hälfte
durch das Buch verdeckt, das auf dem Rande seines Hinter-
deckels ruhend, durch die Genien gehalten wird. Links unten:
„v. Haller inv & fec. 1793."

33. Der Frauenkopf mit dunklem Kopftuch.
H. 2" 6"', Br. 1" 11"' d. Pl.

Im Profil, nach links gekehrt, aufwärtsblickend. Das
lockige Haar quillt auf der Stirn und an den Seiten unter dem
Kopftuch hervor, das unter dem Kinn zugebunden ist. Unten
steht: „v. Haller fec. 1794." Mit einem Tuschton über der
Radirung.

   I. Vor dem Tuschton.

   II. Mit demselben.

34. Der Gras mähende Mann.
H. 1″ 7‴, Br. 1″ 11‴ d. Pl.

Er steht, nach rechts gewendet, in der Mitte und handhabt seine Sense mit beiden Händen. Links im Grund sieht man ein Stück eines hölzernen Zauns, gegen die Mitte ganz hinten eine Kirche. Unten gegen rechts: *„C. J. W. C. J. Haller v. Hst. inv. & fc. 1794."*

35. Schloss Reichenschwand.
H. 8″ 6‴, Br. 10″ 2‴ d. Pl.

Das Schloss ist durch verschiedene Anbauten etwas unregelmässig gestaltet und liegt an einem Garten, in welchem vorne der Gärtner vor einem rechts spazierenden Herrn mit einer Dame am Arm den Hut zieht. Ein zweites Paar lustwandelt links weiter zurück. Links unter der Ansicht: *„C. J. W. C. J. Haller von Hallerstein"*, rechts: *„ad Nat. delin. & fec. Norimb.* 1794", im Unterrand zu beiden Seiten des Furtenbachischen Wappens: *„Ansicht des von Furtenbachischen Schlosses zu Reichenschwand"*, hierunter eine Dedication an J. W. v. Furtenbach, den Onkel und Taufpathen unsers Künstlers. Mit einem Tuschton über der Radirung.

   I. Vor dem Tuschton. Vor der Schrift im Unterrand. Oben unter der Einfassungslinie steht mit der Nadel gerissen: *„Schloss zu Reichenschwand. C. J. W. C. J. Haller v. Hallerstein ad Nat. del. & fec.* 1794." Von dieser Abdrucksgattung giebt es auch colorirte Exemplare.

  II. Die Schrift oben ist wegpolirt. Mit der mit dem Grabstichel hergestellten Schrift im Unterrand.

 III. Mit dem Tuschton.

36. Die Löwengrube.
H. 2″, Br. 2″ 11‴ d. Pl.

In einem hellbeleuchteten Felsen, an welchem drei Tafeln mit unleserlichen Inschriften angebracht sind, gewahren wir eine dunkle runde Höhlung mit einer Bank und links von der-

selben, wie es scheint, den Ansatz einer zweiten kleineren. Es
ist die sogenannte, bei Altdorf befindliche Löwengrube. Links
vorne stehen zwei Herren, der eine mit bespornten Reitstiefeln
und mit einer Reitpeitsche in der Hand, und betrachten die Grube.
In der Mitte unten im Boden die Jahreszahl 1794. Links unter
der Radirung: „C. J. W. C. J. Haller v. H.", rechts: „ad Nat.
del. et fecit"., in der Mitte : „Die Löwengrube."

37. Bei der Prethalmühle bei Altdorf.
H. 1" 11"', Br. 3" d. Pl.

Die Ansicht einer hölzernen auf Pfählen ruhenden Brücke.
Ein Mann, mit einem Stock über der Schulter, geht links auf
ihr, ein zweiter, gegen die Mitte, lehnt über dem Geländer.
Links vor der Brücke liegen einige Steine. Auf dem entgegengesetzten Ufer wachsen Bäume. · Unten im Rand in der Mitte
die obige Unterschrift, rechts: „Haller v. H. del & fec. 1794."

38. Der fünfeckige Thurm auf der Burg zu Nürnberg.
H. 5" 4"', Br. 6" 10"' d. Pl.

Der Thurm erhebt sich neben der sogenannten Kaiserstallung
und beide Gebäude sind zum Theil durch einen vorne stehenden
Baum verdeckt, von welchem sich ein Mann mit zwei Wasser-
eimern in den Händen, von einem Brunnen herkommend, entfernt. Links schauen zwei Männer über die Mauer der Freiung
in die Umgegend.

    I. Vor aller Unterschrift. Ganz oben rechts an der Luft
       lesen wir: „der Eckkigte Thurm zu Nürnberg ad nat. del.
       & fec. C. J. W. C. J. Haller v. Hallerstein Ao. 1794."
   II. Mit verschiedenen Ueberarbeitungen am Gewölk, das etwas
       lichter geworden ist. Der Hintergrund links ist verändert.
       Der Grund hinter den beiden rechts unten wachsenden
       Bäumen, zuvor weiss, ist jetzt vermittelst horizontaler
       Striche in Schatten gesetzt.
  III. Mit der Unterschrift: „Prospect des fünfeckkigten Thurms

auf der Veste zu Nürnberg." und mit: „*Haller v. H. ad Nat. del. et fecit* 1794 rechts dicht unter der Einfassungslinie. Die Schrift oben ist verschwunden.

39. Die Ruine der Heimburg.
H. 5" 3"', Br. 7" d. Pl.

Rechts vorne am Fuss von verfallenem, bewachsenem Mauerwerk sitzt ein Hirt mit einem Stab, der seinem Hund ein Stück Brod reicht, links weiden zwei Schaafe und eine Ziege. Im Grund erhebt sich ein fast ganz verfallener runder Thurm.

    I. Vor verschiedenen Ueberarbeitungen und vor der mit dem Grabstichel gestochenen Unterschrift. Links im Seitenrand ist etwas Gekritzel, links unter der Einfassungslinie steht: „*Ruinen des von den Nürnbergischen Ao.* 1501 *eroberten Schlosses Heimburg.*"

   II. Mehr ausgeführt; Luft und Gewölk sind verstärkt. Die Mauer links hinten und der vor ihr befindliche Theil des Bodens ist kräftiger beschattet. Der Hirt, zuvor zum grössten Theil noch weiss, ist jetzt beschattet.

III. Mit der Unterschrift: „*Ruinen des von den Nürnbergern Ao.* 1504 *eroberten Schlosses Heimburg*" und mit „*Haller v. H. ad Nat. del. et fecit* 1794" rechts unter der Einfassungslinie, vermittelst des Grabstichels hergestellt. Die frühere radirte Schrift ist wegpolirt.

40. Das Mädchen mit dem Blumenkorb.
H 4" 1"', Br. 2" 8"'.

Visitenbillet. Ein Mädchen in langem Kleid und mit einem runden Hut auf dem lockig herabwallenden Haar steht im Freien nach rechts gekehrt vor einer hölzernen Bank mit Rücklehne und gedrehten Füssen und hat auf die Bank einen Blumenkorb gesetzt. Ueber der Bank hängt an einem Baum ein ovaler weisser Schild.

41. Der Stein mit Guirlanden.

H. 2'' 3''', Br. 3'' 5''' d. Pl.

Visitenbillet. Altarähnlich zugehauen, oben mit einem einfach profilirten Sims, unten mit Zahnschnitten jedoch nicht in ganzer Breite verziert. An ihm hängt eine Blumenguirlande, die in der Mitte unter dem Sims mit einer Rosette, an den Seiten mit Ringen befestigt ist. Der Grund ist dunkel. Ohne Haller's Namen.

42. Fünf mathematische Figuren.

H. 6'', Br. 4'' 6''' d. Pl.

Zu einem Buch. Ohne Haller's Namen.

43. Umschlag zum Journal der bildenden Künste. 1795.

H. 7'' 7''', Br. 9'' 6''' d. Pl.

Vorder- und Rückseite des Umschlags auf einer Platte. Auf jener lesen wir auf einem weissen Oval: *„Journal der bilden-den Künste"* in Majuskelschrift und weiter unten an einer Platte die Jahreszahl 1795. Der viereckige Grund, mit verticalen Strichen hergestellt, ist ringsum mit kranzartig geflochtenem Reiswerk geziert und von einer Bordüre eingefasst. — An der ebenso verzierten und bordirten Rückseite des Umschlags hängt eine Palette mit Guirlanden, Pinseln, Reisfeder, Zirkel, Winkel-maass und anderen Instrumenten. Ohne Haller's Namen.

I. Vor der Aufschrift.

II. Mit derselben.

III. Zum Buch verwandt, mit Text, dem Prospect des Werks, auf der Kehrseite.

44. Sechs Einfassungen zu Sonnenuhren.

H. 8'' 6''', Br. 6'' d. Pl.

In drei Reihen, je zwei nebeneinander auf einer Platte und mit Bordüren eingefasst. Die Felder von dreien sind mit Blumengewinden geziert. Auf der rechts oben befindlichen

liest man oben: „*Nord*", unten: „*D. Beringer*"; auf der mittleren
oben: „*Sud*" in Majuskelschrift.   Ueber die beiden unteren
sind zwei breite weisse Schrägbalken gelegt, vor welchen zwei
Genien ein Band und ein Blumengewinde halten. Ohne Haller's
Namen.

45. Die Vignette mit dem F am Baum.
H. 2″, Br. 2″ 6‴ d. Pl.

Zu beiden Seiten eines in der Mitte stehenden Baums sitzt
links ein Genius, der in einen umgefallenen Blumenkorb greift;
rechts steht Amor, der mit seinem Pfeil ein F in den Stamm
des Baums gegraben hat.   Im Grund ist Gebüsch. Links unter
der Vignette: „*C. J. W. C. J. Haller v. H. inv. & fec.*", rechts:
„*A.* 1795."

Vignette zum Glückwunsch der Vermählung der Friederike
von Haller.   1795.

I. Vor dem Text auf der Rückseite.

46. Eine Freimaurer-Karte.
H. u. Br. 3″ 6‴ d. Pl.

An einem Stein oder Sockel mit Sims und zierlicher Einfassung lesen wir auf weisser Tafel: „*Einladung zur Johannis-*
Feier der ☐ *zu den* 3 *Pfeilen in Nürnberg den* 5. *Abends   Uhr*
im Gasthof zum goldenen Reichsadler." Auf dem Stein liegen
und stehen allerlei Freimaurer-Geräthe zu beiden Seiten eines
Symbols, das aus drei gekreuzten Pfeilen in einem Dreieck besteht, welches von einem aus einer Schlange gebildeten Kreis
umschlossen wird. Links unter dem Stein steht: „*v. Haller inv.*
et sc. 1795."

I. Vor aller Schrift.   Von der Schlange gehen Strahlen aus.
II. Die Strahlen sind weggenommen. Die Schrift ist eingestochen.

47. Ansicht des Rittergutes Hemhofen.
H. 10″ 6‴, Br. 14″ 4‴ d. Pl.

Das Gut mit der dazu gehörigen Ortschaft erstreckt sich
durch den Grund des Blatts. In der Mitte vorne reitet ein Herr,

der mit einem Fussgänger spricht, welcher ein Gefäss mit der Linken und an einem Stock über dem Rücken seinen Mantel trägt, von links treibt ein Hirt fünf Kühe herbei, gegen rechts steht ein zweiter Hirt auf seinen Stock gestützt bei drei anderen Kühen, von welchen zwei liegen. Links unter der Einfassungslinie steht: „*C. J. W. C. J. Haller v. Hallerstein ad Nat. del. & fec.* 1795".., im Unterrand zu beiden Seiten des Winklerschen Wappens: „*Winkler von Mohrenfelsisches Reichs-Freyes Ritter-guth Hemhofen, von Süd-Ost anzusehen Anno* 1795."

 I. Vor der Unterschrift und vor dem Wappen, nur mit Haller's Namen.

 II. Ebenso, aber mit dem Wappen.

III. Mit der Schrift.

48. Die beiden Mädchen mit der alten und jungen Ziege.
H. 6" 9''', Br. 5" 3''' d. Pl.

Nach Morland. Oval. H. 4" 11''' Br. 4" 4'''. Vor dem Stamm eines dicken Baums steht ein junges Mädchen, welches eine alte Ziege mit beiden Händen an den Hörnern festhält; ein zweites, links sitzend, lässt eine junge Ziege aus einem Korb fressen. Im Grund Bäume und Gebüsch und rechts ist das Gitterfenster einer Hütte sichtbar. Unten im Boden steht: „*Morland inv. et del. v. Haller fec.* 1795." In Umrissen zum Coloriren radirt.

49. Die beiden Schweizerknaben mit der Ziege.
H. 6" 11''', Br. 5" 4''' d. Pl.

Gegenstück zum vorigen Blatt. Oval. H. 5", Br. 4" 4'''. Der eine Knabe, auf dem Boden sitzend, hat seine rechte Hand um den Hals der Ziege gelegt, der andere, hinter ihr stehend und mit einem Korb auf dem Rücken, stützt seine Rechte auf ihren Rücken. Rechts eine hölzerne Planke. Unten im Boden steht: „*v. Haller del. ad Nat. in Helvetia* 1795." In Umrissen zum Coloriren radirt.

50. Peter Keym.

H. 5" 4"', Br. 3" 4"' d. Pl.

Maler in Nürnberg. Brustbild, in Profil, nach rechts gekehrt, in Rock, Weste, Halstuch, Brustkrause und mit einem
Haarzopf abgebildet. Unten am Arm steht: „*v. Haller fec.*
1795." Oval. H. 3" 11"', Br. 3". Im Unterrand liest man:
„*Seinem lieben Freund Keym gewidmet von C. J. W. C. J. Haller
von Hallerstein.*

51. Die beiden Bäume beim Stein.

H. 3" 6"', Br. 2" 7"' d. Pl.

Links an der Seite eines behauenen, aufgerichteten Steins
stehen zwei junge Bäume, von welchen der eine seine schief-
gewachsene Krone über den Stein ausbreitet; die Fläche des
Steins ist weiss, vor seiner untern Ecke ist ein Blumenkorb von
einem kleinen Stein herabgeglitten, so dass sein Inhalt zur
Hälfte am Boden liegt. Rechts erblicken wir vier Pfähle eines
Zauns, im Grund auf beiden Seiten Gebüsch. Ohne Haller's
Namen.

Die Abdrücke bei dem folgenden Blatt.

52. Die Wasserrinne vor dem Stein.

H. 3" 6"', Br. 2" 6"' d. Pl.

Vor einem grossen behauenen Stein von viereckiger Form,
der oben mit Strauchwerk bewachsen ist, ist links über einem
grossblätterigen Gewächs und anderen Pflanzen eine hölzerne
Wasserrinne angebracht; ein Knabe, an der rechten Seite des
Steins stehend, hält seinen Hut in der Hand und schaut nach
der Wasserrinne. Ohne Haller's Namen.

I. Von der unzerschnittenen Platte, die 3" 5"' h. und 5" 4"'
br. ist. Vor der Verstärkung der Einfassungslinien, vor
der Luft und anderen Arbeiten.

II. Von der zerschnittenen Platte. Mit den zuvor vermissten
Ueberarbeitungen.

53. Die beiden Schafe vor dem Stein.
H. 3" 6"', Br. 2" 8"' d. Pl.

Vor einem behauenen aufgerichteten Stein von viereckiger
Form liegen zwei Schafe, das eine mit dem Kopf nach vorne,
an der rechten Seite des Steins steht eine Ziege, die von einem
vom Stein herabhängenden Rankengewächs frisst, an der linken
Seite der Stamm eines abgebrochenen Baums mit einem andern
Rankengewächs. Am Fuss des Baums wächst eine Blume und
eine grossblätterige Pflanze. Links unten: „v. Haller inv. & fec."
verkehrt geschrieben.

54. Der Zeichner vor dem Stein.
H. 3" 6"', Br. 2" 8"' d. Pl.

Vor einem grossen behauenen Stein, der oben an der rechten
Ecke mit einem gehörnten Thierkopf verziert ist, sitzt links ein
Künstler, der ein rechts ihm gegenüberliegendes antikes Säulen-
capität abzeichnet. Vor letzterem liegt ein dicker kannelirter
Säulenschaft und vor diesem ein simsartiges winkeliges Baufrag-
ment. Rechts im Grund wachsen Bäume. Ohne Haller's Namen.
Schaupmeyer kopirte das Blatt von der Gegenseite.

55. Die beiden Genien bei dem Stein.
H. 2" 7"', Br. 3" 6"' d. Pl.

Zu beiden Seiten eines grossen behauenen Steins von viereckiger Form sind zwei Genien beschäftigt, ein Blumengewinde
vor dem Stein aufzuhängen; der eine, welcher links steht, will
das Gewinde an einen Ast befestigen, der andere, rechts sitzend,
hält in der einen Hand das andere Ende der Guirlande und in
der andern einen Thyrsusstab; sein Fuss ruht gegen eine
Wasserurne. Unten im Wasser steht: „v. Haller f."

56. Die Vignette mit der Diskusscheibe.
H. 2" 7"', Br. 3" 6"' d. Pl.

Auf einem mit Hohlkehlen verzierten Sockel steht in der
Mitte eine zur Hälfte mit einem Blumengewinde umkränzte

Diskusscheibe, ihre helle Fläche ist mit horizontalen Strichen belegt, zu beiden Seiten liegen eine Panflöte, ein Pfeilenbündel und eine Leier.   Links hinter dem Pfeilenbündel steht eine Vase, rechts hinter der Panflöte eine Schaale mit Weintrauben. Links unter dem Sockel: „*v. Haller inv. & fecit*" verkehrt geschrieben.

57. Ein ovaler Schild.
H. 3″ 11‴, Br. 5″ 6‴ d. Pl.

Von Tannenzweigen und Epheu umgeben, erstere unten am Boden.   Das Innere leer oder weiss.

58. Der Grabstein mit dem Kreuz.
H. 2″ 2‴, Br. 2″ 10‴ d. Pl.

Das Kreuz, in der Mitte des Blattes, ist weiss, es ist von Strauchwerk und Blumen umgeben. Links unten: „*v. Haller f.*"
I. Vor der Ueberarbeitung.
II. Ganz überarbeitet.   Rechts unten: *v. Haller inv. & fec.*

59. Der schlafende Amor.
H. 2″ 2‴, Br. 3″ 10‴ d. Pl.

Er liegt auf dem Bauch, seinen Pfeil in der Hand haltend, unter einem Rosen- und Epheustrauch.   Auf dem Strauch sitzen zwei mit den Flügeln schlagende Tauben, im Begriff sich zu schnäbeln.   Links unten: „*v. Haller inv. & fecit.*"

60. Zwei Einfassungen zu Briefen.
H. 5″ 10‴, Br. 8″ d. Pl.

Auf einer Platte.   Mit „*Institute Plate* No. 2." rechts unten bezeichnet.   Links im Seitenrand Einfälle, spielende, fischende und kahnfahrende Knaben, und in der Mitte des Unterrands komische Köpfe.

61. Vier Visitenbillette.

H. 4″, Br. 5″ 11‴ d. Pl.

Auf einer Platte. Rechts im Seitenrand kahnfahrende Knaben als Einfall. Das obere linke Billet zeigt einen ovalen aus Laub gebildeten Schild, auf welchem ein Helm, Schild und vier Fähnlein liegen. Die Billets selbst sind 1″ 8‴ h. und 2″ 7‴ br. nach den Durchschneidungslinien gemessen.

I. Vor der Zerschneidung der Platte.

62. Vier Einfassungen zu Briefcouverten.

H. 10″ 8‴, Br. 6″ 6‴ d. Pl.

Auf einer Platte. Verschobene Vierecke mit Bordüren, von welchen ein jedes 3″ 10‴ h. und 5″ 10‴ br. ist, über Eck gemessen. Der Raum für die Adresse ist auf zweien durch gewundenes Zweig- und belaubtes Reiswerk eingeschlossen, auf der dritten durch eine Art von Wappenmantel und auf der vierten durch die Ansicht eines Städtchens mit spitzen Thürmen angezeigt.

Unten auf der Platte ein ovaler Einfall, ein Genius leuchtet mit einer Laterne Hunden in Menschenkleidung. Satire auf Alexander und Diogenes. H. 2″ 9‴, Br. 4″. Von diesem Einfall und der kleinen Landschaft finden sich besondere Abdrücke.

63. 8 Bll. Historische Darstellungen

in Joh. Ferd. Roth's Lebensbeschreibungen und Nachrichten von merkwürdigen Nürnbergern. 1796. 8°. Jede Vorstellung ist 2″ 7‴ h. und 3″ br.

I. Von der unzerschnittenen Platte, die 13″ h. und 7″ 9‴ br. ist. Vor den Chiffern und Seitenzahlen über den Vorstellungen.

II. Ebenso, mit der Veränderung der Darstellung.

III. Mit den Chiffern und Seitenzahlen.

III. Zerschnitten, im Buch, je 2 Vorstellungen auf 1 Blatt.

III.   19

a. b. Zwei Vorstellungen zu Hieron. Paumgärtner's Leben.

Mit I. S. 124, S. 126 signirt.

a. Die Gefangennehmung dieses nürnbergischen Staatsmannes durch Albr. v. Rosenberg. Drei nach rechts reitende Reiter, der mit verbundenen Augen ist Paumgärtner.

b. Paumgärtner's feierliche Bewillkommnung in Nürnberg. Man sieht ihn im Fenster seines Hauses sich dem Volke zeigen.

I. An der Wand des Hauses ist links ein in Holz geschnittenes springendes Ross unter einem hölzernen Dach angebracht.

II. Dieses Ross ist weggenommen und links neben Paumgärtner's Haus ein zweites Haus radirt.

c. d. Zwei Vorstellungen zum Leben der Elisabeth Kraus.

Mit II. S. 166 S. 174 signirt. Die Elisabeth Kraus machte sich besonders durch Stipendien an die Armen verdient. Noch jetzt feiert man alljährlich um Johannis in der Waisenschule ihr Andenken.

c. Sie verlässt ihr elterliches Haus; man sieht sie mit einem Bündel unter dem Arm gegen vorne rechts gehen, ihre Eltern, arme Bauersleute, stehen links vor ihrer Hütte.

d. Sie pflegt auf öffentlicher Gasse Arme und Krüppel; eine schöne Nürnbergerin, mit einem Korb unter dem Arm, steht hinter ihr.

e. f. Zwei Vorstellungen zu Kupetzky's Leben.

Mit III. S. 188, S. 193 signirt.

e. Kupetzky auf der Wanderschaft, er steht vor der Thür einer Bauernhütte, die Bäuerin wirft ihm eine Gabe in den hingehaltenen Hut.

f. Er malt in einem Prachtzimmer eine fürstliche Dame.

g. h. Zwei Vorstellungen zu Marc. Tuscher's Leben.

Mit IV. S. 208, S. 209 signirt.

g. Der kleine Tuscher, noch Knabe und im Findelhaus, zeichnet seine Spielkameraden mit Kohle an die Wand. Rechts stehen der Findelpfleger B. Gender und der Maler Joh. Dan. Preisler.

h. Tuscher in seinem Atelier, er sitzt links an der Staffelei und malt einen rechts an seinem Schreibtisch sitzenden, mit Zeichnen beschäftigten Herrn, wohl den bekannten Alterthumsforscher Baron von Stosch.

64. Zu Waldshut.

H. 6″ 9‴, Br. 5″ 8‴ d. Pl.

Erste Ansicht. Rechts auf einer ganz bewachsenen Anhöhe ein viereckiger Thurm mit einem Satteldach neben dem Chor einer gothischen Kirche, zwei Häuser und ein Thor; zum Thor führt links im Mittelgrund eine steinerne Brücke mit einem Bogen und einem hölzernen bedeckten Ueberbau. Rechts unten im Winkel steht: „*v. Haller f.*", in der Mitte des Unter-randes: „*Zu Waldshut.*"

I. Vor der Schrift im Unterrand. Vor der Verstärkung des Gewölks und den verticalen Strichen an der Brücke links vom Bogen.

II. Mit der Schrift, der Verstärkung des Gewölks und den verticalen Strichen an der Brücke; die durch verticale Striche ausgedrückte Bläue der Luft hört links dicht unter dem Gewölk auf.

III. Letztere ist weiter gegen den Horizont hinabgeführt.

65. Zu Waldshut.

H. 7″, Br. 5″ 8‴ d. Pl.

Zweite Ansicht. Ueber Bäume hinter einer steinernen Mauer erheben sich, die rechte Hälfte des Grundes ausfüllend, zwei Gebäude, von welchen das eine von einem viereckigen

19*

Thurm mit einem Satteldach überragt wird. Vorn ein Bauer, der die eine Hand gegen seinen Stock stützt und mit der andern sich an einem Busch festhält. Links ganz oben an der Luft: „*Haller v. H. ad Nat. del. & fecit,*" in der Mitte des Unterrands: „*Zu Waldshut.*"

   I. Vor der Schrift im Unterrand. Weniger ausgeführt, in allen Partien noch ziemlich hell.

   II. Mit der Schrift und überarbeitet.

   III. Nochmals überarbeitet und in kräftigere Beschattung gesetzt. Oben links hinter dem Namen sah man in den früheren Abdrücken einen hellen Flecken in der Luft. Dieser Flecken ist jetzt zugelegt.

66. Ch. Gottl. Jac. Carl Fürer.
H. 6" 11''', Br. 5" 7''' d. Pl.

Beamter im Leihhaus zu Nürnberg. Ohne Namen. Eine Pfeife rauchend und auf einem Erdhügel, mit dem Rücken gegen einen Baum sitzend, in Profil, nach rechts gekehrt, er stützt den Kopf gegen seine Linke und hält mit der Rechten die Pfeife. Links unten im Rand: „*v. Haller ad Nat. del. & fec. Jun.* 1796."

   I. Vor den diagonalen Strichen rechts auf dem Gebüsch.

   II. Mit denselben.

67. Chr. Rebourceau.
H. 2" 5''', Br. 1" 6''' d. Pl.

Französischer Emigrant, Kunstdilettant. Ohne Namen. Brustbild, nach rechts gewendet. Flüchtig radirt. Die Bekleidung, in Rock mit umgeklapptem Brustkragen, Weste und geknotetem Halstuch bestehend, ist nicht ganz ausgeführt. Ohne Haller's Namen.

   I. Mit dem folgenden Blatt auf einer Platte, die 2" 5''' h., 3" 4''' br. ist.

   II. Zerschnitten.

68. Die beiden Männer am Feuer.
H. 1" 10''', Br. 2" 5''' d. Pl.

Wenig ausgeführtes Blatt. Zwei Männer, mit Zipfelhauben auf dem Kopf, knieen links an einem in der Mitte brennenden Feuer; der hintere, auf das eine Knie niedergelassen, hält ein Bündel Reisig über der Schulter. Hinter ihm erhebt sich ein abgebrochener Baum. Links unter dem Boden: „*v. Haller fec.*"

I. Mit dem vorigen Blatt auf einer Platte.

II. Zerschnitten.

69. Helene v. Haller.
H. 2" 6''', Br. 1" 9''' d. Pl.

Ohne Namen. Die Schwester des Künstlers. Brustbild, in Profil, nach rechts gekehrt, mit einem mit Blumen und Schleifen geschmückten Hütchen auf dem frisirten Haar. Oval. H. 2", Br. 1" 6'''. Links unter dem Oval: „*v. Haller fec. ad viv.*" verkehrt geschrieben.

70. Ein kaiserlicher Bagagewagen.
H. 3" 6''', B. 5" 8''' d. Pl.

Erste Platte. Der Wagen, ein Leiterwagen mit Korb, ist mit einem Tuch überspannt und beladen; man sieht ihn, wie die beiden Pferde, von der Seite; der Fuhrknecht, links stehend, reicht dem einen ausgespannten Pferde eine Handvoll Gras. In der Mitte ein Baum. Links unten: „*Nach d. Natur gezeichnet*" — rechts: „*und gestochen von C. J. W. C. J. Haller v. Hallerstein* 1796.", in der Mitte: „*Ein kaiserl. Bagage-Wagen.*"

I. Vor verschiedenen Ueberarbeitungen. Vor der durch horizontale Striche ausgedrückten Bläue der Luft, deren Gewölk nur durch leichte Umrisse angedeutet ist.

II. Mit der Bläue.

71. Derselbe.

Zweite Platte. Wenig verändert. Die Unterschrift lautet, links: „*C. J. W. C. J. Haller v. H. ad Nat. del. & fec.*", in der Mitte: „*Ein kaiserl. Bagage-Wagen.*"

72—79. 8 Bll. Vignetten.

Zu Witschel's Hermolaus 1796.

I. Nicht im Buch. Vor dem Text auf der Rückseite. Höhe 5″ 8—9‴, Breite 3″ 6‴ der Platten.

II. Im Buch.

III. Neuere Abdrücke. Die Platten sind beschnitten und nur 3″ hoch.

72) Der Kopf des Alexander.

Von einer Rundung eingeschlossen, die zur Hälfte mit einem Lorbeergewinde umkränzt ist, in Profil nach links gekehrt, mit gelocktem Haar und Helm. Unten dicht unter der Rundung: „v. Haller f."

73) Der Krieger auf dem Pflug.

Er sitzt nach rechts gekehrt, stützt beide Hände auf sein Schwert und auf diese sein Kinn, eine lange Lanze lehnt gegen seine Schulter. Links unter dem Boden: „v. Haller fec."

74) Amor zerbricht ein Schwert.

Links unter dem Boden: „v. Haller fec."

75) Ostracismus.

An einem Pfeilerfragment, über dessen Sims eine Epheuranke hängt, lesen wir das Wort OSTRACISMUS. Vor der Ecke des Fragments liegt bei einer grossblätterigen Blume eine Maske. Links unter dem Boden: „v. Haller fec."

Es giebt auch Drucke wo das Wort Ostracismus zugelegt ist.

76) Der Genius des Todes.

Ovale Darstellung. H. 2″ 2‴, Br. 1″ 9‴. Er steht bei rechts wachsendem Gebüsch, hat das eine Bein vor das andere geschlagen und hält mit beiden Händen seine gegen den Boden gesenkte Fackel. Unten unter der Einfassungslinie: „*v. Haller f.*"

77) Perennitas.

An einem antiken Triumphbogen mit drei Eingängen lesen wir oben am Fries das Wort PERENNITAS. Links dicht unter dem Boden: „*Haller fec.*"

78) Psyche.

Eine in der Mitte zwischen einigen Gebüschgruppen und einem Rosenstrauch stehende Vase mit der Inschrift: PSYCHE.

Wir kennen Abdrücke, wo das Wort PSYCHE zugelegt ist vermittelst eines auf die Kupferplatte gelegten Papierstreifens während des Druckes.

79) Vollendung.

Zwischen Thränenweiden ein Grabmonument mit dem Wort VOLLENDUNG an einer Tafel und zwei Thränenflaschen zu beiden Seiten der Tafel. Links unter dem Boden: „*v. Haller f.*"

Schauppmeyer copirte dieses Blatt 1797 in kleinerem Maassstab.

80. Siegel der nürnbergischen Freimaurerloge.
H. 2" 8''', B. 3" 2''' d. Pl.

Runde Darstellung, von einem Lorbeergewinde bis über die Hälfte hinaus umkränzt. Auf einem Postament stehen drei Säulen; ein Schild mit drei gekreuzten Pfeilen lehnt gegen das Postament. Links liegt auf einem behauenen Stein ein Winkelmaass. Ein Band, in der Mitte oben vor einer strahlenden Sonne, welches an den Seiten Verschlingungen in Form der 8 bildet, schlängelt sich ringsum an der Luft. Links aussen der Einfassung entlang: „*Br. C. v. Haller fec.* 1797." Das Siegel ist von dem Medailleur P. P. Werner geschnitten, dessen Zeichen W. rechts unten in der Radirung steht.

81—86. 6 Bll. Die Schweizer-Ansichten.
H. 2″ 9‴, B. 3″ 5‴ d. Pl.

Zu Lang's Almanach für romantische Lektüre.   Heilbronn 1798.

    I. Mit den Nummern rechts unten und mit den radirten Namen der Ansichten links unten im Rand.

   II. Ohne die Nummern.   Die Schrift ist in der Mitte des Unterrandes mit dem Grabstichel eingestochen.   Die radirte Unterschrift ist wegpolirt.

81) Titelblatt.

Auf dem Deckel einer Zeichnungsmappe liest man: „6 *Vues de Suisse dessinées d'après Nature et gravées à l'eau forte par C. J. W. C. J. Haller de Hallerstein A. 1795 & 97*", im Unterrand: „*Dediées a Mr le Conseiller intime Baron d' Uxkull á Stuttgart par son très humble Serviteur C. J. W. C. J. Haller de Hallerstein.*" Ausserdem bemerkt man noch links neben der Mappe einen Tubus, vor dem bewachsenen Felsenhügel auf welchem die Mappe unter Baumzweigen steht, einen Hut, Säbel und eine Reisetasche.

82) Zu Lauterbrunn.

Rechts vorne sitzt ein Hirt bei drei ruhenden Schafen.   Links eine Schweizerhütte.   Im Grund ein Wasserfall von einem Felsen herab.

83) Schloss zu Nidau.

Vorne auf einem Wasser setzen zwei Fischer einen Kahn in Bewegung.

84) Zu Altstetten.

Links hinter einer Mauer ein Kloster oder eine Kirche.   Vor der Ecke der Mauer stehen zwei Männer in Gespräch bei einander.

85) Zu Meiringen.

Gegen die Mitte ein Glockenthurm.

86) Der Rheinfall.

Rechts auf der Höhe das Schloss Laufen. Vorne in der Mitte sitzt ein Angler.

87. Hemhofen von Südwest.
H. 6" 9''', Br. 10" 6'''.

Schloss und Ortschaft, ersteres gegen die Mitte, liegen im Mittelgrund. Durch den Vorgrund zieht sich ein Kornfeld, welches links von einer Strasse durchschnitten wird. Ein mit Tonnen beladener Leiterwagen fährt auf der Strasse. Rechts vorne stehen zwei Bäume. Links unter der Ansicht steht: „*C. J. W. C. J. Haller v. H. ad Nat. del & fec.* 1796 *& 97.*" im Unterrand zu beiden Seiten des Winkler'schen Wappens: „*Winkler von Mohrenfelsisches Reichs - Freyes Ritterguth Hemhofen von Süd-West anzusehen Anno* 1797."

I. Vor der Unterschrift.

II. Mit derselben.

Die Aetzdrücke sind vor verschiedenen Arbeiten auf dem Terrain.

88. Der Genius mit dem Füllhorn und Lorbeerreis.
H. 3" 7''', Br. 3" 11''' d. Pl.

Er sitzt in der Mitte auf dem Absatz einer Mauer, hält in der Rechten ein Lorbeerreis, im linken Arm ein Füllhorn, aus welchem er Blumen schüttet. An der Mauer ist unten eine weisse viereckige Tafel für eine Inschrift. Links unten im Rand: „*v. Haller del. & fec.*"

89. Kupferstecher Wiedmann.
H. 3", Br. 1" 11''' d. Pl.

Ohne Namen. Brustbild, in Profil, nach rechts gekehrt, in Rock, gestreifter Weste, Halstuch mit Schleife und mit einem Haarzopf abgebildet. Ohne Haller's Namen.

I. Vor der Retouche.   Die Platte höher, H. 3" 11'''.
II. Mit der Retouche, die Platte verkleinert.

90. Runde Vignette mit den drei Genien.
H. u. Br. 3" 5''' d. Pl.

Vignette auf den Friedensschluss zwischen Frankreich und
Oesterreich 1797.   Links unten: „*Keim del.*" rechts: „*v. Haller
fc.* 1797." Der mittlere Genius, en face, beredet die beiden
anderen, sich die Hände zu reichen und hat, um sie zu einander
zu führen, seine Hände, in welchen er ein Lorbeerreis hält, um
ihren Rücken gelegt.

91. Die Schlossruine Unspunnen.
H. 6" 11''', Br. 5" 8''' d. Pl.

Ohne Namen.   Auf dem Vorberg eines mit Bäumen bewachsenen Gebirgstocks gewahren wir gegen die Mitte eine
verfallene Schlossruine mit drei runden Eck-Thürmen.   Links
vor dem Fusse des Berges unter Bäumen zwei Gebirgshütten.
Rechts vorne steht ein Bauer in Gespräch mit einem Künstler,
der eine Zeichnungsmappe unter dem Arm hält, beide zeigen
nach der Ruine.   Gegen die Mitte gehen, von einem Hund gefolgt, zwei andere Bauern.   Links unter der Radirung: „*Haller
v. H. ad. Nat. del & fec.*"

92. Schloss Scharnhausen.
H. 10" 2''', Br. 16" 2''' d. Pl.

Lustschloss des Herzogs von Würtemberg, bei Hohenheim.
Das Schloss, in der Mitte, und zwei Pavillons, seitwärts von demselben hinter Terrassen, liegen im Grunde des Blatts.   Auf
dem freien, ringsum mit Pappeln bepflanzten Vorplatz hütet
ein Hirt eine Schafheerde.   Durch den Vorgrund strömt ein
Wasser mit einem Springbrunnen in der Mitte und zwei hölzernen Brücken auf den Seiten. In der Mitte vorne am Wasser
stehen zwei Herren in der Nähe von zwei Schwänen, links

unterhält sich ein dritter Herr mit einer Dame. Auf dem
Wasser zwei Kähne mit Lustfahrenden. In Umrissen zum Colo-
riren radirt. Im Unterrand in besonderer Linieneinfassung lesen
wir: „*Vue de Scharnhausen* (in Majuskeln) *près de Hohenheim.
Chateau de Plaisance appartenant à S. A. S. Monseigneur Frédéric
II. Duc regt de Würtemberg &.*"

 I. Vor der Schrift.
 II. Mit derselben.

93. Die Gänsehüterin.
H. 6" 2‴, Br. 4" 1‴ d. Pl.

In einer bergigen Landschaft sitzt links ein kleines Mädchen,
das beide Hände in ihrem Schooss gefaltet hat und nach drei
Gänsen sieht, welche aus einem Napf trinken. Drei andere
Gänse befinden sich in der Mitte des Grundes bei dem Ueberrest einer bretternen Verkleidung. In der Mitte des Unterrandes: „*C. J. W. C. J. Haller v. H. ad Nat. del & fec. a fort
1798.*"

94. Der Satyr mit der Eule.
H. 3" 6‴, Br. 5" 7‴ d. Pl.

Titelvignette zu einer Schrift von Witschel 1799. Auf
einem mit Gras bewachsenen Fels sitzt, nach rechts gewendet,
ein Satyr, der eine auf einem Ast sitzende Eule streichelt. Ohne
Haller's Namen.

 I. Vor dem Titel.
 II. Mit dem Tittel.

95. Freimaurersche Vignette.
H. 1" 10‴, Br. 2" 11‴ d. Pl.

Vor dem Fuss einer colossalen Säule und gegen ihn gelehnt
stehen hintereinander zwei Tafeln mit den Zahlen 5789, 5799.
Auf der vorderen ist ein auf Säulen ruhender runder Tempel

mit Kuppeldach abgebildet. Vor und neben diesen Tafeln stehen und liegen allerlei Maurergeräthe. Rechts oben aus dem Winkel schiessen Strahlen hervor. Rechts unten: „*C. J. W. C. J. Haller fec.*"

96. Ruhende Schafe.

H. 1" 4"', Br. 3" 7"' d. Pl.

Fünf Schafe und ein Widder, von mässiger Zeichnung, vor zwei Baumstämmen und einem Felsen, welche die linke Hälfte des Grundes sperren. Rechts wie es scheint ihre Hürde. Im Pelz des Widders ist ein menschliches Gesicht angebracht. Ohne Haller's Namen.

97. Das Mädchen nach Greuze und die grosse Brücke zu Dresden.

H. 5" 3"', Br. 3" 7"' d. Pl.

Brustbild, mit einem Tuch um das lange, lockige, auf die Brust herabwallende Haar. Am Kleid steckt vor der Brust eine Rose. Oben auf der Platte sieht man in einer besonderen Darstellung die grosse Brücke zu Dresden. Rechts vor der Brücke ist ein Segelfahrzeug.

Höhe des Mädchens 3" 1"'
Höhe der Brücke 1" 2"', Br. 3" 1"'.

98. Kupferstecher H. Guttenberg.

H. 4" 2"', Br. 3" 6"' d. Pl.

Ohne Namen. Er sitzt nach rechts gekehrt, mit dem Rücken gegen eine links befindliche Mauer, auf einer steinernen Bank, über deren Rand er das eine Bein gelegt hat, und hält in der Rechten einen Stock. Im Grund sieht man hinter Gebüsch ein Thor mit einem runden Thurm. Rechts unten im Boden: „*v. Haller fec.* 99."

99. Neumann's Gartenhaus.
H. 5" 6''', Br. 6" 11''' d. Pl.

Mit Randfiguren ringsum. An der geöffneten Thür des mit Weinlaub bewachsenen und von dichtbelaubten Bäumen überragten Hauses lesen wir den horazischen Spruch: *Quod petes HIC est etc.* Rechts sitzt eine Frau welche zeichnet, vor ihr steht ein kleines Mädchen. Unter den Randfiguren bemerken wir links unten eine Taube auf einem Käfig, rechts Kühe und ein Schaf vor Bäumen. Links unter der Ansicht steht: *„Haller v. H. del. & fec. Dresdae* 1799", in der Mitte des Rands: *„Seinem geliebten Freunde Neumann gewiedmet von C. J. W. C. J. Haller v. Hallerstein."*

100. Dasselbe.
H. 4" 11''', Br. 6" 2''' d. Pl.

Ganz dieselbe Zeichnung, aber kleiner und ohne die Randfiguren. Die Unterschrift ist die gleiche.

I. Vor der Verstärkung der Schattirung am Laub der Bäume am Boden und vor anderen Ueberarbeitungen.

101. Dasselbe.
Ebenso. Verworfene Platte, zu matt geätzt.
H. 5" 7''', Br. 7" d. Pl.

102. Neumann's Visitenbillet.
H. 2", Br. 2" 11''' d. Pl.

Eine Rundung mit dem oben beschriebenen Gartenhaus. Unten innerhalb der Rundung steht der oben angezogene Horazische Spruch, rechts ausserhalb: *„v. Haller f."*

103. Dasselbe.
H. 2" 3''', Br. 3" 5''' d. Pl.

Viereckige Darstellung. Links das Gartenhaus, an dessen Thür innerhalb eines Kranzes der Name *Neumann* steht.

Ein Genius, der zwei Kränze an einem Stock über der Schulter trägt, schreitet in der Mitte vorn gegen rechts. Im Grund dieser Seite sieht man zwei andere Häuser. Ohne Haller's Namen.

104. Dasselbe Billet.
H. 2″ 3‴, Br. 3″ 5‴ d. Pl.

Verätzte und verworfene Platte. Im Ganzen mit der vorigen Darstellung übereinstimmend, nur in Nebendingen sind Unterschiede bemerkbar. Man sieht rechts hinten nicht zwei Häuser, sondern ein einfensteriges Gartenhäuschen in einer Mauer und in der Nähe ein Thürmchen; an der Wand neben der zweiten Thür des Gartenhauses von Neumann ist eine Sonnenuhr angebracht. Die Luft ist rechts fast ganz weiss etc.

105. Der Engel nach Raphael.
H. 3″ 6‴, Br. 2″ 10‴ d. Pl.

Aus Raphaels berühmter Madonna del Sisto in Dresden copirt. Er befindet sich hinter einer Brüstung, blickt aufwärts und stützt den Kopf auf die Linke. Oval.

Oben auf der Platte ist als besondere Darstellung ein Einfall angebracht, welcher einen Bauerwagen vorstellt, um welchen mehrere Figuren beschäftigt sind.

106. Der Türke.
H. 3″ 7‴, Br. 2″ 9‴ d. Pl.

Er steht an der links befindlichen See in der Mitte des Blattes an einem Monument oder Piedestal, auf welches er seinen linken Arm stützt, während er mit der Rechten seine lange Pfeife hält. Am Monument ist der Mercurstab angebracht. Rechts sieht man einen Waarenballen, eine Tonne, ein halbgeöffnetes Kästchen, ein Ruder und einen Anker, links hinten auf der Seite zwei Segelfahrzeuge. Links unten im Rande:

„Haller del. & fec. Berol. 1800.“ Etikette der Harlan'schen Tabackshandlung.

Die Abdrücke dieser Handlung tragen oben die Inschrift: *„Besten Kanaster“*, unten den Namen *L. H. Harlan.*

107. Eine Apotheker-Signatur.

H. 3″ 1‴, Br. 8″ 11‴ d. Pl.

Für die königl. Hofapotheke in Berlin radirt. In der Form der Signaturen, wie sie gewöhnlich an Medizingläser angebunden werden.

108. Kalender für Kranke.

H. 5″ 11‴, Br. 2″ 3‴ d. Pl.

Oben die Inschrift: KRANKE und dann die Planetenzeichen, welche über Strichrubriken stehen. Ohne Zeichen.

109. Claviaturen.

H. 8″ 3‴, Br. 6″ 4‴ d. Pl.

Vier Claviaturen und vier leere Doppelnoten-Reihen. Ohne alle Schrift.

110. Der Altar im Kranz.

H. 3″ 9‴, Br. 2″ 11‴ d. Pl.

Vignette. Auf dem Altar brennt Weihrauch in einer Schaale; an ihm lesen wir: *„Opfer der Hochachtung und Liebe“* in Majuskelschrift. Er steht vorne in einer Landschaft. Das Ganze ist von einem Kranz umschlossen. Unten am Sockel: *„De Haller f.* 1800.“

Vignette zu „Taschenbuch für gute Menschen“, Berlin bei Friedrich Franke.

I. Vor dem eingestochenen Buchtitel.

II. Mit demselben.

111—112. Zwei Vorstellungen zu Müchler's Taschenbuch.

Auf einer Platte, die 3″ 10‴ h. und 5″ 4‴ br. ist. Links
unter einer jeden liest man: „*De Haller fec.* 1800." Ein Strich
in der Mitte deutet an, wo die Platte zerschnitten werden soll.
Jede Vorstellung ist 3″ 7‴ h. und 2″ 3″ br.

    I. Die Platte hat links einen breiteren Rand als rechts und
       ist 6″ 4‴ br.

    II. Sie ist links beschnitten und 5″ 4‴ br.

    111) Vor einem Felsen, auf welchem oben zwei Bäume
wachsen, sitzt links ein junger Herr neben einer jungen Dame
auf einer steinernen Bank, er hat mit der Linken die Hand der
Dame erfasst und legt seine Rechte gegen die Brust, wie um
seine Liebe zu betheuern.

    112) Dieselben als glückliche Gatten. Er sitzt in seinem
Zimmer an einem runden Tisch und liest aus einem Buche vor,
ihm gegenüber sitzt seine zuhörende Frau, die einen kleinen
Knaben bei sich stehen hat. An der Wand des Zimmers hangen
eine Landschaft und ein weibliches Bildniss.

113. Zwei Genien mit einer Tafel.

H. 3″ 5‴, Br. 5″ 11‴ d. Pl.

Adresskarte des Künstlers. Ein Genius hält eine Tafel,
auf welche ein anderer schreibt. Letzterer sitzt mit unter-
geschlagenem Bein. Vor der Ecke der Tafel liegt eine Reisfeder auf einer Papierrolle. Rechts am Boden: „*De Haller fec.*"

    I. Vor der Schrift.

    II. Mit der Schrift an der Tafel: „*De Haller Peintre Dessina-*
       teur. En Portraits & Paysages etc.

Es giebt eine Copie von Irmisch 1837.

114. Filles de Berne.

H. 9'' 2''', Br. 12'' 6''' d. Pl.

Drei Berner Mädchen, in der Mitte gegen rechts schreitend, kokettiren mit zwei rechts stehenden Herren, von welchen einer ein Offizier ist. Zwei von ihnen, die eine mit einem Körbchen unter dem Arm, die andere mit zwei runden Flaschen in Weiden-geflechten, sind bernerisch, die dritte ist modisch gekleidet. Links steht vom Rücken gesehen vor einem Pfahl mit einer Tafel ein Bauer, mit einer Peitsche in der Hand und einem Kalkpfeifchen im Mund, und liest folgendes, an der Tafel an-geschriebene Polizeimandat: „Wer hier spannen will der soll Schleif Trog unterlegen bey doppelter Haushafft etc. Links unten im Rand: *„Dessiné d'après Nature par un Amateur Suisse,"* in der Mitte: *„Filles de Berne."*

115—120. 6 Bl. Die Ansichten bei Berlin.

H. 3'' 9''', Br. 6'' 3''' d. Pl.

Der Name der Ansicht steht in der Mitte des Unterrandes, Haller's Name bald links, bald rechts.

I. Mit Nadelschrift.

II. Mit gestochener Schrift.

115) Titelblatt.

An einer durch zwei viereckige Steinpfeiler eingefassten Mauer lesen wir: *„SITES PITTORESQUES choisis dans les ENVI-RONS DE BERLIN, Dessinés & gravés par De Haller."* Im Unterrand: *„Se trouve à Berlin, au Bureau des Arts. Sous les tilleuls No. 34 & chez. S. Schropp & C."* Bäume und Buschwerk bilden hinten und auf den Seiten die Umgebung der Mauer. Rechts hinten sieht man auf einem Fluss ein Segelfahrzeug.

116) Belle Vue.

Das Schloss liegt im Hintergrund hinter der Spree, die von bedeutender Breite fast den ganzen Vor- und Mittelgrund ein-

III.   20

nimmt. Links auf einer Terrasse mehrere Figuren, in der
Mitte auf dem Wasser zwei Kähne mit Pavillons.

117) La Metairie de Mr. Itzig.

Gegen die Mitte des Vorgrunds sind drei Figuren mit Zusammen-
harken von Heu beschäftigt.

118) Au Parc.

Erste Ansicht.   Links Wiesengrund und zwei Segelfahrzeuge
uebeneinander, rechts eine Reihe von fünf grossen Bäumen, in
der Mitte ganz hinten das Schloss Bellevue.

119) Au Parc.

Zweite Ansicht.   Gegen links auf der Spree drei kleine Fahrzeuge mit Pavillons nebeneinander, rechts hölzernes Bollwerk
hinter welchem Bäume wachsen und im Mittelgrund ein Haus
steht.   Links hinten Schloss Bellevue.

120) A Lichtenberg.

Ein Buchengehölz nimmt die rechte Hälfte des Grundes ein; an
ihm liegen, von einem Kirchthurm überragt, einige Häuser
zwischen anderen Bäumen.   Eine hölzerne, quer durch das
Blatt laufende Planke, trennt das Gehölz vom Vorgrund.

121. Die schreibende Clio.
H. 6" 3''', Br. 3" 8''' d. Pl.

Sie hat sich, nach rechts gekehrt, auf das eine Knie an
einem Hügel niedergelassen, auf welchem ein dicker Baum
wächst, und hält vor sich auf dem Hügel ein grosses Buch, in
welches sie mit der Rechten Folgendes schreibt: *Europa con-
flictante impetur etc.* An einem Ast des Baums hängt ein Schild
und Schwert.   Am Boden liegt eine Tuba; rechts sitzt neben

einem schneckenartig gewundenen Füllhorn und vor anderen
Gegenständen ein Adler. Rechts unter der Radirung: „*De
Haller del. & fec*. 1801.“

    I. Vor der Ueberarbeitung, vor den wagerechten Linien an der
Luft etc.

    II. Mit derselben.

122—133. 12 Bl. Die Spielkarten.

Komische und groteske Figuren mit dem Titel: BOVTRI-
MES PITTORESQUES. Ursprünglich je 5 auf 1 Pl. und 2
auf besondere Platten radirt. Eine jede ist 3" 3''' h. und 2"
2''' br.

    In Falks Taschenbuch für Freunde des Scherzes und der
Satyre 1803.

    I. Von den beiden unzerschnittenen Platten, die 3" 5''' h.
und 11" 4''' br. sind. Mit Einfassungslinien. Im Unterrand der ersten Platte ist eine grosse Anzahl Köpfe radirt,
die wir später beschreiben, weil sie auch besonders abgedruckt worden sind.

    II. Zerschnitten, so dass jede Karte eine besondere Platte
bildet.

**122) Zwei nackte Knaben mit einer grossen Maske,
vor welcher der eine flieht, während der andere
durch die Augenöffnung derselben schaut.**

Oben steht der oben angegebene Titel. Rechts unten: „*De
Haller fec*. 1802. *Berol.*“

    Geringe Copie von Brandenstein ohne den Titel. Links
unten: *De Br. fec.* 1815, rechts: *de Haller inv.*

123) Der Kopf eines rauchenden Bauers.

Links im Blatt, im Profil, nach rechts gekehrt, fast in Lebensgrösse, mit einem aufgekrämten Hut auf dem Kopf, einer Pfeife

im Mund, deren meerschaumenen Kopf er mit der Hand hält.
Ohne Haller's Namen.

124) Der Mann mit der Laute.

Er sitzt, von vorne gesehen und im Spiel begriffen, auf einer
hölzernen Bank und hebt das eine Bein. Ein sitzender Hund
der seinen Kopf gegen das andere Bein lehnt, wird von einem
zweiten, unter der Bank stehenden berochen. Links eine zuhörende Frau. Rechts unten: „*De Haller fec.*"

125) Der Soldat mit der Hellebarde, die er mit der Linken hält.

Er spreizt die Beine; hinter ihm steht in der Mitte ein runder
Krug.

126) Der tanzende Bauer.

Er hebt das linke Bein und hält in der rechten Hand ein Glas.
Rechts am Boden liegt ein Buch, links ist eine Flasche im Um-
fallen begriffen, während eine zweite schon umgefallen ist.
Unten: „*De Haller f.*" verkehrt geschrieben.

127) Der vom Hund gebissene Mann.

Mit einer Perrücke und einem Pelzrock, in dessen Tasche zwei
Bröte stecken, bekleidet. Seine Zipfelhaube schwebt, im
Herunterfallen begriffen, über seinem Rücken. Er hält mit
beiden Händen einen Speer, um sich gegen einen Hund zu vertheidigen, der ihn in die Wade beisst. Ohne Haller's Namen.

128) Der Landsknecht.

Er sitzt, von vorne gesehen, auf einer hölzernen Bank und hält
in beiden Händen zwei runde Flaschen. Rechts oben ein Wirths-
hausschild mit dem Vollmondsgesicht. Unten Haller's Zeichen
1802.

129) Der sich rasirende Mann.

Er steht, von vorne gesehen, hinter einem Tisch, auf welchem links ein Spiegel und rechts ein Rasirbeutel stehen. Ausserdem bemerkt man noch einen Kamm und ein Rasirmesser auf dem Tisch. Rechts oben hängt ein Käfich mit einem Papagei, links ist ein grosses Fenster. Unten gegen links: „*De Haller fec.*"

130) Der betende Mönch.

Er kniet vor einem links befindlichen Madonnenbild an einem Pfahl; rechts oben an einer Mauer ist eine Glocke angebracht, auf einem Absatz der Mauer liegt ein Buch. Ohne Haller's Namen.

131) Der Abbé auf dem Schwein.

Er sitzt verkehrt auf dem gegen rechts rennenden Schwein und streckt hülferufend die Hände in die Höhe, ein zweiter Abbé, der das Schwein am Schwanz hält, liegt rücklings am Boden. Rechts oben fliegt eine Eule.

132) Ein altes Weib mit einem grossen Korb auf dem Rücken.

Auf dem Korb sitzen zwei Tauben, auf Stöcken zwei junge Hähne vor Schlupflöchern im Korb. Das Weib, welches sich in verschränkter Stellung auf das eine Knie nieder gelassen hat, hält mit der rechten Hand einen Topf, aus welchem eine Flüssigkeit auf ihr Kleid herabfliesst.

133) Die Briefbötin.

Ein junges Mädchen, Kniestück, nach rechts gekehrt, das Gesicht gegen den Beschauer, mit Flügeln auf dem Kopf, hält in der Linken einen Brief und zeigt mit der Rechten auf ein rechts befindliches Gebäude, welches die königliche Bibliothek in

Berlin vorstellt. Im Grunde andere Gebäude aus Berlin. Oben
hängt eine Strassenlaterne. Rechts unten: *„De Haller fec.* 1802."

134. Die Briefbötin nochmals.
H. 3" 5''' Br. 2" 3''' d. Pl.

Von der Gegenseite und nach links gekehrt. Weniger aus-
führt. Rechts oben unter der Einfassungslinie steht: *„De
Haller fec.* 1802."

135. Verschiedene Köpfe.
H. 8", Br. 11" 7''' d. Pl.

Von Genien, Männern, Frauen und Mädchen in einer Reihe,
wie bereits bemerkt, ursprünglich auf den Unterrand der ersten
Spielkarten-Platte radirt und dann, als die Platte zerschnitten
wurde, besonders abgedruckt. Links Genien, in der Mitte
Männer, rechts Mädchen.

I. Von der unzerschnittenen Platte.

II. In zwei Stücke zerschnitten, die 4" h. und 7" br. sind.

III. Neue Drücke. Die Platte links in zwei Stücke zerschnitten,
   1. kleineres Stück, die Genien allein und rechts drei Männer-
      köpfe mit Zöpfen, Br. 4" 6'''; 2. grösseres Stück, man
      sieht nur Mädchen und links vier Männer, von welchen
      einer auf einer Rohrpfeife bläst. Br. 7".

136—140. 5 Blätter zu den Tablettes d'un Amateur.

*Conten. la Gravure au trait des princip. Ouvrages de Peinture
et de Sculpture . . . en Allemagne, avec la description par le Chev.
de St. Palerne. à Berlin* 1803 — 5. 7 Lieferungen, jede mit 3 bis
4 in Umriss radirten Kupfern von verschiedenen Meistern. — Es
giebt auch colorirte Ausgaben.

136) Das Conversationsstück nach Metzu.
H. 5" 2''', Br. 4" 2''' d. Pl.

Ein Herr bietet einer jungen Frau ein Glas Wein an; beide
stehen hinter einem Tisch auf einer Gartenterrasse, die oben mit

Weinlaub bewachsen ist. Auf dem Tisch liegen Notenbücher, auf einer flachen Schaale steht eine Kanne. Auf einem Stuhl vor dem Tisch liegt auf Büchern eine Laute und eine Bassgeige lehnt gegen den Stuhl. Vorne auf dem Söller der Veranda liegt ein grosses Schwert in einem Teppich mit zwei Medaillons. Im Grund der Garten. Unten gegen rechts am Söller der Name „*G. METZ V.*", links im Rand: „*Haller de Hallerstein del & fec.* 1802."

137) Komata nach Weitsch.

H. 6" 6"', Br. 4" 7"' d. Pl.

Scene aus Ossian. Eine junge Frau, die Komata, liegt todt ausgestreckt am Boden, mit der einen Hand einen abgebrochenen Pfeil haltend. Rechts bei ihrem Kopf sitzen zwei grosse Jagdhunde; ein alter, bekränzter Harfner, links hinter einem Jüngling mit einer Keule stehend, greift in die Saiten; ausserdem sieht man noch ein junges, neben der Todten knieendes Mädchen und mehrere Krieger, von welchen einer mit einem grossen Flug auf seinem Helm, von Schmerz gefoltert, sich über den Absatz eines sich rechts erhebenden Felsens stützt. Rechts über den Hunden steht: „*KOMATA nach Ossian von F. G. Weitsch gemalt.*", unten im Rand links: „*F. G. Weitsch pinx.*", rechts: „*C. W. Haller v. Hallerstein del & fec.* 1803."

138) Die Grablegung Christi.

H. 5" 7"', Br. 4" 4"' d. Pl.

Nach *Dominichino*. Das Grab ist rechts. Zwei Männer tragen den todten Heiland, von welchem die weinende Maria Abschied nimmt, nach demselben. Neben Maria steht Johannes. Ein dritter Mann legt das Grabtuch zurecht. Links unten im Rand: „*Dominichino pinx.*" rechts: „*C. W. de Haller del. & fec.* 1804."

139) Die Klage um den Leichnam Christi.
H. 6''', Br. 4'' 11''' d. Pl.

Nach *A. v. Dyck*. Der Leichnam ruht in der Mitte auf einem
Stein mit dem Kopf gegen die Brust des links sitzenden Johannes. Maria streckt die Arme nach dem todten Sohn aus,
ein kleiner Engel erfasst dessen Hand. Links unten im Rand
„*van Dyck pinx.*", rechts: „*C. W. Haller von Hallerstein d & f.*"

140) Amor und der junge Bacchus an der Weinkelter.
H. 7'' 2''', Br. 5'' 6''' d. Pl.

Nach *Rehberg*. Sie halten sich mit der einen Hand umschlungen
und Bacchus mit der andern einen Thyrsusstab. Ein Tiger
frisst von den Trauben. Der Wein fliesst aus der Kelter, die
mit Basreliefs geziert ist, durch Löwenköpfe in zwei Schaalen.
Ein Knabe trägt von rechts Weintrauben in einem Korb über
dem Rücken herbei. Links an der Kelter stehen zwei antike
Weinflaschen. Im Mittelgrund dieser Seite sind Frauen mit
Weinlesen beschäftigt. Links unten im Rand: „*F. Rehberg
pinx Romae*", rechts: „*C. W. de Haller del & sculps.*"

I. Mit einer Anzahl weiblicher Köpfe im Unterrand.

II. Ohne diese Köpfe.

141. 142. 2 Bl. Marter in der Bastille.
H. 8'' 3''', Br. 4'' 4''' d. Pl.

In Aquatinta und ohne Haller's Namen. Zu einem Buch.

I. Vor der Unterschrift und Aquatinta.

141) In einem hangenden Käfich sitzt ein Mann. Rechts
oben in der Kerkerwand eine Fensteröffnung und über der Ecke
des Blatts die Bezeichnung S. 15.

142) In dem runden, unten spitz zulaufenden Loch eines
grossen Steins steht ein Mann, dessen Hände oben angekettet
sind. Links an der Kerkerwand ein Fenster. Oben rechts mit
S. 12 signirt.

143. Mr. Beresford.
H. 3" 7''', Br. 2" 5''' d. Pl.

Ohne Namen. Brustbild, in Profil, nach rechts gekehrt, in zugeknöpftem Rock mit zurückgeschlagenen Brustklappen vorgestellt. Unter seinem Arm steht: „de Haller ad viv. fec. Berol."

144. Mr. Schramm.
H. 2" 10''', Br. 4" 11''' d. Pl.

Ohne Namen. Mit ausgestrecktem Bein im Gras sitzend, eine lange Kalkpfeife rauchend, die er mit der Linken hält. Oben links liest man: „von Haller ad Nat fecit 1803. Zum Andenken der Pichelswerder Reise."

145. Mr. Garnerin und Frau.
H. 4" 11''', Br. 5" 11''' d. Pl.

Luftschiffer. Brustbilder in zwei Ovalen, gegeneinander gekehrt. Unter den Ovalen ihre Namen, oben in der Mitte ein fliegender Ballon, weiter unten ein zweiter kleinerer. Unten sieht man eine grosse Anzahl zuschauende Figuren, ein Mann ist in der Mitte auf einen Weidenbaum-Stumpf gestiegen, ein Reiter setzt links über eine Planke, eine mit vier Pferden bespannte Kutsche kommt in Galopp ebenfalls von dieser Seite herbei. Im Hintergrund die Stadt Paris. Ohne Haller's Namen.

146. Ein Mädchenkopf.
H. 4" 3''', Br. 3" d. Pl.

Versuch in Kreidemanier. In Profil, nach rechts gekehrt. Die Haare sind in einen Zopf geflochten, der vom Nacken auf den Kopf gelegt ist. Ohne Haller's Namen.

147. Rechnungsformular der königlichen Hof-Buchhandlung in Berlin.

H. 14" 9''', Br. 9" 5''' d. Pl.

Oben auf dem Formular einer Note oder Rechnung dieser Handlung sieht man auf einem Sockel allerlei Bücher, zwei aufgeschlagen mit Ankündigungen verschiedener Verlagsartikel, ferner ein Gemälde, einen Globus, eine Statuette und dahinter auf einem Bücherschrank den die Flügel ausbreitenden Adler. Unter dem Sockel liest man: *„Königliche Hof- Buch- und Kunsthandlung unter den Linden No. 34 in Berlin."*, links: *„de Haller del & fec.* 1804." Es ist die Etikette der einstigen Mettraischen Handlung.

I. Vor der Unterschrift, nur mit Haller's Namen. Vor den Titelinschriften der beiden offenen Bücher.

II. Ebenso, aber mit diesen Titeln die mit der Nadel gerissen.

III. Diese Titel sind andere und mit dem Grabstichel gezogen, und die Schrift ist hinzugefügt. Als Formular für Rechnungen verwendet.

148. Fürst Ant. Heinr. Radzivil.

H. 3" 1''', Br. 3" 6''' d. Pl.

Preussischer Statthalter in Polen, Componist, Kunstdilettant, Schüler unseres Künstlers. Ohne Namen. Brustbild, in Profil, nach links gekehrt, in Halstuch und Rock mit einem Orden. Oval. H. 2" 6''', Br. 2" 1'''. Links unten der Einfassungslinie entlang: *„de Haller del. ad viv & fec."* Mit einem Tuschton über der Radirung.

I. Vor dem Tuschton.

II. Derselbe ist am Rock angewendet.

III. Er ist über den Grund ausgedehnt, aber nicht kräftig genug; in der Nähe des Kinns sind einige weisse Flecken und die Platte ist im Rand schmutzig.

IV. Ueberarbeitet. Die weissen Flecken sind zugedeckt. Das Haar ist kräftig beschattet,

V. Nochmals überarbeitet und zwar mit der Roulette, bei welcher Gelegenheit der Tuschton links ganz bis zur Einfassungslinie geführt ist, während derselbe zuvor sie nicht ganz erreichte.

149. Derselbe.

H. 3″ 3‴, Br. 3″ 8‴ d. Pl.

Ebenfalls ohne Namen. Ganz ähnlich, in derselben Haltung und Kleidung. Oval. Zu beiden Seiten des Ovals erblickt man rechts eine Laute, Bassgeige und ein Notenbuch, links zwei Bücher, ein Gemälde, eine Reisfeder auf einer auf einem offenen Buch liegenden Papierrolle. Rechts unten: „*Haller de Hallerstein fec.*"

    I. Die Umgebung ist vollendet, das Bildniss aber noch nicht. · Der Rock ist sehr hell, das Gesicht weiss.

    II. Die Schattirung des Gesichts hat begonnen, über den Rock ist ein dunkler, tuschähnlicher Ton gelegt, der jedoch nicht gleichmässig ausgefallen ist.

    III. Dieser Ton ist rectificirt, auch die Schattirung des Gesichts ist weiter vorgeschritten.

    IV. Nochmals überarbeitet; das Gesicht ist ganz mit Punkten bedeckt. Der Orden ist vergrössert.

150. Manara.

H. 10‴, Br. 7″ 11‴ d. Pl.

Berühmter Lautenspieler. Ganze Figur, in Profil, nach rechts gekehrt, die Laute spielend, die er mit der Linken hält auf einem Stuhl an einem Tisch sitzend, auf welchem auf einem Notenbuch eine zweite Laute liegt. Am Tisch steht: „*de Haller fec.* 1804", in der Mitte unten: „*Sig*ᵉʳ. *Manara nell' Età di* 69 *Anni.*"

    I. Vor der Ueberarbeitung, d. h. vor den wagerechten Strichen, mit welchen die Oberfläche der Laute in den vollendeten Abdrücken ganz bedeckt ist.

151. Professor Bourguet.

H. 8" 5"', Br. 6" 4"' d. Pl.

Luftschiffer. Brustbild, in Profil, nach rechts gekehrt. Oval auf Gewölk. H. 3" 1"', Br. 2" 7"'. Oben links fliegt ein runder Luftballon, rechts steigt ein kleinerer zweiter. Unten rechts sieht man allerlei Luftschifferapparate, links im Grunde das Brandenburger Thor in Berlin. Links ganz unten im Boden steht: „*de Haller fec.* 1804." verkehrt geschrieben, im Unterrand: „*Luftfahrt des Herrn Professors Bourguet zu Berlin den 23. May Ao.* 1804."

152. Der Pastetenhändler.

H. 6" 3"', Br. 4" 3"' d. Pl.   ·

Ein alter Mann, stehend in Profil, nach rechts gekehrt, mit seinem Stock unter dem Arm; er hält in der Rechten eine Dose und die Linke auf dem Henkel seines auf einem Stein stehenden Pastetenkorbs. In der Mitte unten die Worte: „*Batterie! Batterie!*" weiter gegen rechts: „*de. H. f.*"

I. Vor der Ueberarbeitung, vor den feinen kalten Nadelstrichen vorn links und rechts auf dem Gras; die Platte, auf welcher die Pasteten liegen, ist noch nicht vollständig schattirt, sondern zum Theil, namentlich am vordern Rand, noch weiss etc.

153. Die junge Wäscherin.

H. 6" 3"', Br. 4" 4"' d. Pl.

Sie steht in der Mitte, nach rechts gekehrt und über ein hölzernes, auf einer Bank stehendes Schaff geneigt, in welchem sie ein Tuch wäscht; den mit einer Haube bekleideten Kopf wendet sie gegen den Beschauer. In der Mitte unten steht: „*La Blanchisseuse*" rechts: „*de Haller del & fee.*

I. Vor den feinen Querstrichen der kalten Nadel rechts unter dem Schemel; das Gesicht der Wäscherin zu dunkel gehalten etc.

154. Bildhauer Rauch.

H. 3" 5''', Br. 2" 3''' d. Pl.

Ohne Namen. Brustbild, nach rechts gekehrt, etwas vom Rücken gesehen. Oval. H. 3'', Br. 2" 2'''. Ohne Haller's Namen.

I. Vor den Arbeiten der Roulette, das Bild nicht in Oval.

II. Ebenso, aber mit den Arbeiten der Roulette.

III. In Oval gefasst, die Roulettearbeiten verstärkt, das Gesicht früher fast ganz weiss, jetzt stark beschattet und fast ganz mit Punkten zugelegt.

Es giebt neue Drücke. Börner in Nürnberg besass das Plättchen.

155. Die Carricatur auf die grossen Frauenhüte.

H. 7" 3''', Br. 10" 8''' d. Pl.

Geistreiches Blatt. In niederströmendem Regen bewegen sich mehrere Damen, eine Reiterin, ein Cabriolet und eine Schafheerde gegen rechts. Die Damen tragen riesige Hüte, die gewissermassen als Regenschirme dienen. Zwei gehen in der Mitte vorne, zwei andere rechts, von welchen die eine sich umwendet, um sich vor einer daherstürmenden Schafheerde zu sichern, während ein Hund in die lange Schleppe des Kleides der anderen beisst; links geht eine fünfte, die einen Kübel als Regenschirm benutzt. Hinter der Heerde fährt ein Cabriolet mit einem Herrn und einer Dame und hinter diesem reitet eine Dame, deren Hut fast bis über den Kopf des Pferdes hinwegreicht. In der Luft fliegen rechts Fledermäuse, gegen links schwebt ein Luftballon und eine Dame in ihrem Hut. Rechts gegen unten Haller's Name auf Griechisch und die Jahreszahl 1804.

Antiquar Pickert in Nürnberg besitzt die Platte.

156. Bourguet's Luftballon.

H. 3" 2''', Br. 2" 1''' d. Pl.

Visitenbillet dieses Luftschiffers. Am Ballon liest man: „*Entree Billet zur Luftfahrt des Prof. Bourguet.*", rechts unten dessen Namens-Facsimile. Ohne Haller's Namen.

I. Vor der Schrift.

II. Mit derselben.

157. Christian von Mechel.

H. 6'' 10''', Br. 4'' 8''' d. Pl.

Kupferstecher zu Basel. Brustbild, in Profil, nach rechts gekehrt. Oval. H. 3'', Br. 2'' 4'''. Dicht unter dem Oval liest man: „*Bar. de Haller del. ad Viv. & fec. Dresdae* 1805.", hierunter: „*Cristianus a Mechel Chalcogr. Basils nat. Ao.* 1737 *d.* 4*t. April.*"

I. Nur mit Haller's Namen. Der Hintergrund zum grössten Theil weiss.

II. Mit dem Namen Mechel's, der Hintergrund ganz schattirt und dunkel.

III. Schiller's Verse hinzugefügt, aber vor der Kreuzschraffirung rechts am Grund.

IV. Mit dieser bis zur Höhe der Augen reichenden Schraffirung.

158. Der Leyermann.

H. 6'' 3''', Br. 4'' 1''' d. Pl.

Er steht in der Mitte, gegen den Beschauer gekehrt und trägt sein Instrument, dessen Tasten er mit der einen Hand berührt, während er mit der andern dreht, an einem Band über der Schulter. Ohne Haller's Namen.

Der Dilletant G. Irmisch hat dieses Blatt 1829 copirt und einen Neujahrswunsch darunter geschrieben.

159. Val. Hauy.

H. 6'' 4''', Br. 4'' 2''' d. Pl.

Blindenlehrer in Paris und St. Petersburg. Brustbild, in Profil, nach rechts gekehrt. Oval. H. 2'' 11''', Br. 2'' 4'''. Unten auf der Platte ist der heil. Bischof Valentin vorgestellt, wie er seine blinde, vor ihm kniende Tochter sehend macht. Unter dieser Vorstellung liest man: „*S. Valentin Eveque rendant la Vue d sa fille.*", unter dem Bildniss: „*Valentin Hauy, Auteur de la Maniere d' instruire les Aveugles*", und an der Einfassungslinie entlang: „*Dessiné & gravé dl'eau forte par le B*on *de Haller,* Berlin 1806."

I. Das Gesicht noch fast weiss.

II. Dasselbe mit Punkten vollendet, aber vor der Ueberarbeitung des Rocks mit der Roulette.

III. Mit dieser Ueberarbeitung.

160. v. Lewetzow.
H. 3″ 10‴, Br. 2″ 10‴ d. Pl.

Ohne Namen. Königl. Dänischer *Chargé d'affaires* in
Hamburg. Brustbild, in Profil, nach rechts gekehrt. Am
Grund hinter dem Rücken steht: „*B. de Haller fec.*" Oval.
H. 3″, Br. 2″ 4‴.

I. Vor der Ueberarbeitung des Rocks mit der Roulette. Die
Einfassungslinie ist unterhalb der Knöpfe unterbrochen.

II. Ueber den Rock ist ein dunkler tuschähnlicher Ton gelegt,
der aber nicht gleichmässig ausgefallen ist.

III. Dieser Ton ist rectificirt, die Einfassungslinie fortgezogen
und der Grund links vermittelst Punkte zwischen den
Nadelstrichen kräftiger beschattet.

161. Elise Radzivil als Kind.
H. 3″ 8‴, Br. 2″ 11‴ d. Pl.

Im Grase sitzend, nach rechts gekehrt, mit einer Puppe in
den Armen. Oval. H. 3″, Br. 2″ 4‴. Links in der Mitte innerhalb der Einfassungslinie steht: „*Bon de Haller fec.*"`

I. Vor dem Namen. Das Gesicht ist nicht beschattet. Oben
links im Rand ist als Einfall ein Mädchenkopf radirt,
unten rechts zwei Knaben, welche einen von zwei Mädchen
geschobenen Kinderwagen ziehen.

II. Das Gesicht ist beschattet. Der Mädchenkopf oben links
ist wegpolirt, unten links aber der Radzivil'sche Palast
radirt.

III. Alle Randeinfälle sind weggeschliffen.

IV. In der Mitte unten steht der von anderer Hand gestochene
Name ELISA.

162. Graf Hacke.

H. 6″ 3‴, Br. 3″ 8‴ d. Pl.

Ohne Namen. Brustbild, in Profil, nach rechts. Oval auf einer Mauer. Ringsum Randverzierungen: oben links eine Anzahl Gemälde des gräflichen Cabinets, auf der Mauer eine Mütze, rechts oben ein schiessender Amor, auf der Mauer die Statuette eines liegenden Pferdes neben einer Vase, unten auf einer Console an der Mauer eine Vase, Schaale mit Blumen, Bücher, Notenhefte und ein Clarinet. Rechts ganz unten: „*B*ⁿ. *Haller fecit* 1808 *Berolin.*"

Es giebt Abdrücke wo die Umgebung zugelegt ist.

163. Die Büste der Venus.

H. 4″ 6‴, Br. 3″ 11‴ d. Pl.

Liegend, mit dem Gesicht aufwärts, auf zwei Büchern. Rechts im Grund: „*de Haller inv & fec.* 1806." Oben links im Rand und unten rechts sind zwei weibliche Köpfe schwach radirt.

164. Joh. Wilh. Roth.

H. 5″ 4‴, Br. 3″ 11‴ d. Pl.

Wirth zum rothen Ross. Brustbild, in Profil, nach rechts gekehrt. Mit Perrücke und Haarzopf. Oval. H. 3″, Br. 2″ 4‴. Unter dem Oval: „*C. W. Haller v. H. ad viv. del. & fec*". im Unterrand: „*Johann Wilhelm Roth* — in Majuskeln — *Gastgeber zum rothen Ross in Nürnberg.*"

I. Vor der Schrift. Mit Einfällen ringsum, die aber schwach geätzt und zum Theil nicht gekommen sind, z. B. oben links zwei Frauenköpfe etc.

II. Diese Einfälle wegpolirt, aber noch vor der Schrift.

III. Mit der Schrift.

165. Madame Naser.

H. 2″ 11‴ Br. 2″ 2‴ d. Pl.

Ohne Namen. Gürtelbild, in Profil, nach links gekehrt; mit goldener Kette um den entblössten Hals und einer Rose am

Kleid vor der Brust. Rechts im Grund: „*de Haller fecit.*" Oval.
H. 2" 6''', Br. 1" 11'''.

I. Der Grund zwischen der Einfassungslinie und Brust ist
weiss.

II. Er ist mit punktirten Strichen leicht beschattet.

166. Fräulein Renner.
H. 4" 8''', Br. 4" 6''' d. Pl.

Ohne Namen. Kniestück, nach rechts gewendet, im Grase
sitzend, mit einem Taschentuch in den im Schooss aufeinander-
gelegten Händen. Links unten: „*de Haller ad. Nat. del & fec.*"

167. Ein Mädchenkopf. 1810.
H. 3" 2''', Br. 2" 2''' d. Pl.

In Profil, nach rechts gekehrt; die Haare sind hinten in
einen starken Zopf geflochten, der vom Nacken auf den Kopf
gelegt ist. Oben rechts: „*de Haller fec. 1810.*"

I. Der Grund ist links oben nicht ganz bis zum Seitenrand
der Platte fortgeführt.

II. Er ist fortgeführt.

168. Loulou Radzivil.
H. 5" 5''', Br. 3" 8''' d. Pl.

Halbfigur, in Profil, nach rechts gekehrt, in weissem Kleid
mit dunklem Gürtel. Oval. H. 2" 11''', Br. 2" 4'''. In der
Mitte unten auf der Platte eine Rose. Unter dem Oval: „*B^on
Haller de H. dess. & gr.* 1810", weiter unten der Name „*Loulou*',
in zierlichen Zügen.

I. Vor der gestochenen Schrift.

II. Mit der Schrift. Rechts unten auf der Platte ist ein
weinendes, junges Mädchen radirt.

III. Dieses Mädchen ist weggeschliffen.

III.   21

169. Dieselbe.

H. 5″ 6‴, Br. 3″ 8‴ d. Pl.

Ganz ähnlich und in derselben Haltung.   Oval.   H. 3″, Br. 2″ 4‴. Unten liegt ebenfalls eine Rose, die jedoch, strauch-artig, etwas länger und anders gestaltet ist.   Unter dem Bild Haller's Name undeutlich geschrieben und der Name Loulou in radirter Schrift.

I. Vor Ueberarbeitungen; das Gesicht noch sehr weiss, der Umriss der Nase fehlt etc.   Am linken Seitenrand der Platte sieht man Gekritzel und zwei Köpfe neben einander.

II. Ohne diese Köpfe.   Gesicht, Haare und Kleid sind über-arbeitet, Name und Rosenstrauch sind geblieben.

III. Auch der Name Loulou zugelegt.   Haller's Name: „Bon de Haller del & fecit‟ unter dem Oval von Neuem radirt.

170. Dieselbe.

H. 4″ 10‴, Br. 3″ 4‴ d. Pl.

Ganz ähnlich und in derselben Haltung.   Ohne Namen. Oval.   H. 3″, Br. 2″ 4‴.   Auch ohne Haller's Namen.

I. Oben links und rechts auf der Platte sind als Einfälle zwei Mädchenköpfe radirt, unten schwach ein Rosenstrauch, links unter dem Oval: „B. de Haller del. & fecit.‟

II. Mit vielen Ueberarbeitungen.   Die Köpfe sind geblieben, Rosenstrauch und Name aber wegpolirt.

III. Die Schatten am Kleid verstärkt, so dass die vorn vor dem Bauch befindlichen jetzt bis an den punktirten Umriss des Armes reichen.

IV. Die Köpfe wegpolirt.

171. Dieselbe.

H. 4″ 3‴, Br. 3″ 2‴ d. Pl.

Anders und als Kind abgebildet.   Kniestück, sitzend und nach rechts gekehrt, der Oberkörper zur Hälfte entblösst.

Ohne alle Bezeichnung. Unten ist eine ovale Einfassungslinie gezogen.

172. Dieselbe.
H. 4″ 3‴, Br. 3″ 2‴ d. Pl.

Ebenso und in derselben Haltung, aber von etwas kleineren Proportionen. Das Bein ist hier nicht, wie auf dem vorigen Blatt, sichtbar, der Arm reicht nur bis zum Handgelenk. Die ovale Einfassungslinie unten ist nur von links bis zur Mitte gezogen. Ohne alle Bezeichnung.

173. Luise Königin von Preussen.
H. 8″ 9‴, Br. 5″ 5‴ d. Pl.

Halbe Figur, in Profil, nach rechts gekehrt. Ohne Namen. Oval. H. 3″ 5‴, Br. 2″ 11‴. Unten auf der Platte kniet eine junge Frau bei einem umkränzten Monument, das aus einem runden Postament und einer Vase besteht. Am Postament steht der Name LOUISE. Vor den Knien der Frau liegt eine Palette mit Pinseln und ein hölzerner Hammer. Ohne Haller's Namen.

   I. Vor verschiedenen Ueberarbeitungen am Grund und Kleid. Links unten am Seitenrand der Platte ist als Einfall ein Frauenkopf angebracht.
   II. Dieser Kopf ist ausgeschliffen. Der Grund, links zuvor noch fast ganz weiss, ist mit Punkten beschattet; der Gürtel, welcher zuvor nicht ganz das Kleid umspannte, ist jetzt fortgeführt, das Kleid ist unterhalb des Gürtels stärker beschattet, indem die Falten desselben angedeutet sind etc.

174. Franz Carl Freiherr v. Münster.
H. 5″ 7‴, Br. 4″ 5‴ d. Pl.

Brustbild in ovalem Rahmen, in Profil, nach rechts gekehrt. Vor einem Sockel angebracht, auf welchem links ein Globus,

21*

rechts zwei Bücher stehen. Unter dem Bildniss hangen vom Sockel herab eine Karte und ein Prospect der Ortschaft Euerbach. Rechts unter der Ansicht von Euerbach steht: „C. W. *Haller von H del* & *fec.*" Am Rahmen ringsum der Name des Abgebildeten.

I. Vor dem Namen des Abgebildeten, vor verschiedenen Abänderungen. Unten steht: *„de Haller fecit Nürnb.* 1811. *Les Chainoines"* etc. Auf dem Sockel steht links eine Vase mit Rosen.

II. Diese radirte Schrift unten ist wegpolirt.

III. Mit dem Namen des Dargestellten. Rechts unter der Ansicht von Euerbach Haller's Name. Auf dem Sockel steht links oben ein Globus etc.

IV. Die Einfülle ringsum auspolirt. Ohne Haller's Namen.

175. Neujahrskarte für 1812.
H. 3" 9"', Br. 5" 8"' d. Pl.

Ein schwebender Genius hält einen Thyrsusstab, an welchem eine Sichel mit Weinlaub, eine Aehrengarbe, ein Strauch mit Maske und musikalischen Instrumenten, zwei Kränze mit einem Taubennest hangen. Der Genius sieht nach den Tauben. Unten steht: *„Zum Neuen Jahre. C J W C J Haller v H"*, rechts höher: *„C J W C J Haller inv & fec.* 1812."

176. Das Nürnberger Bürgermädchen.
H. 4" 2"', Br. 2" 9"' d. Pl.

Brustbild, in Profil, nach rechts gekehrt. Um das Haar ist hinten ein dunkles, breites und gestreiftes Band gewunden, dessen Ende, schleifenartig aufgenommen, hinter dem Rücken herabhängt.

Das Kleid ist geblümt, im Ohr hängt eine Glasperle. Unten links steht: *„de Haller ad viv fe* 1812." Oben links sieht man Liniengekritzel und rechts einen Mädchenkopf.

177. Haller's Visitenbillet. 1812.
H. 2″ 9‴, Br. 4″ 2‴ d. Pl.

Ein junges Mädchen, nach rechts gekehrt, sitzt an einem Erdhügel und hält vor sich eine Tafel mit dem Namen „de Haller". Unten vor dem Hügel liegt unter einer Papierrolle mit der Jahreszahl 1812 eine Reisfeder.

I. Vor dem gestochenen Namen de Haller.

II. Mit demselben.

178. Dieselbe Darstellung.
H. 2″ 9‴, Br. 4″ 2‴ d. Pl.

Nur in Einzelheiten etwas verändert. Die Tafel ist etwas grösser, indem sie 7‴ in die Höhe misst, während sie zuvor nur 6‴ hoch war. Statt „de Haller" lesen wir an ihr: „Le Baron Haller de Hallerstein".

I. Vor diesem gestochenen Namen.

II. Mit demselben.

179. Porto Ferrajo.
H. 7″ 4‴, Br. 10″ 3‴ d. Pl.

Zu beiden Seiten der Ansicht, über welcher wir: „Porto Ferrajo auf der Insel Elba" lesen, sind links allerlei Kriegsembleme mit der Ueberschrift „Sonst", rechts Friedensembleme mit der Ueberschrift „Jetzt" angebracht. Am Sockel hängen Ketten und in der Mitte unten ein ovales Medaillon mit dem Bildniss Napoleons. Unter dem Sockel gegen die Mitte steht: „de Haller inv & fecit", im Unterrand zu beiden Seiten des Medaillons: „Die Ketten so er uns geschmiedet" etc., unterhalb desselben; „Nürnberg bei Friedrich Campe."

I. Nur mit „Porto Ferrajo auf Elba" im Unterrand zu beiden Seiten des Medaillons.

II. Mit der oben angegebenen vollständigen Schrift.
Es giebt auch in Farben ausgemalte Exemplare.

180. P. W. Merkel's Bücherzeichen.
H. 5'' 2''', Br. 4'' 2''' d. Pl.

In der Mitte eines Bibliothekzimmers steht auf einem viereckigen Postament die Büste des Mercur, vor welcher dessen
Schlangenstab liegt.   Ein links zurückgezogener Vorhang verhüllt die Bibliothek, deren Bücher sich durch prächtige Ein-
bände auszeichnen. Zwischen dem Postament und einem Globus
stehen auf der rechten Seite zwei Bände mit Dürer's Kupferstichen und Holzschnitten, hinter dem Globus ein Münzschrank
und auf demselben zwei Apostelfiguren.   Links unten: „B^on
de Haller inv & fec. 1815.''

181. Das Mädchen mit der Tafel.
H. 4'' 7''', Br. 4'' 5''' d. Pl.

Visitenkarte.   Ein junges Mädchen, in der Mitte des Blatts
und auf das eine Knie niedergelassen, hält mit der Linken auf
ihrem Bein eine weisse Tafel, auf welche sie mit der Rechten
zeigt.   Links gegen oben ist ein zeigender Arm radirt.   Ohne
Haller's Namen.

Ich kenne von dieser Vorstellung einen unvollendeten
Probedruck, der aber von einer zweiten, misrathenen Platte
abgezogen zu sein scheint.   H. 6'' 11'''.   Die Umrisse der
Figur sind nicht deutlich, Schattenandeutungen findet man nur
am Haar, am Gewand über und unter dem Gürtel sowie unter
der Tafel.   Ohne Haller's Namen.

182. Verschiedenes Griffonage.
H. 3'' 11''', Br. 4'' 6''' d. Pl.

Versuch in Aquatinta, ohne Haller's Namen.   Links oben
zwischen Dürer's Monogramm und der verkehrt geschriebenen
Jahreszahl 1809 ein Mädchenkopf, hierunter etwas Astwerk,
unten ein Pferdekopf, der Kopf eines Greifes und ein halbge-
sehener nackter Mann mit einem Stab in der ausgestreckten
Hand.   Rechts einige schwarze Flecke.

Ich fand das Blatt nicht in Haller's eigenhändigem Verzeich-

niss aufgeführt, glaube aber dessen ungeachtet, dass es von
seiner Hand ist, weil ich eine Zeichnung von ihm mit ähnlichem
Griffonage besitze.

183. Versuche in Aquatinta.

H. 5″ 3‴, Br. 3″ 2‴ d. Pl

Nur schwarze breite Streifen von verschiedener Stärke des
Tones, mit den Nummern 3, 6, 9, 12, von unten auf gezählt.
Oben links zwei Köpfe, deren Lichter weiss und halbweiss er-
scheinen. Der Aetzgrund reicht nicht ganz an den Plattenrand.
Ohne Namen.

Lithographien.

184. Neujahrskarte für 1814.

Eine nach rechts schwebende Frau, über deren Kopf ein
langer Schleier in entgegengesetzter Richtung flattert, schüttet
aus einem Füllhorn Blumen auf ein Band mit der Jahreszahl
1814, welches durch zwei Genien gehalten wird.   Links steht:
„1ʳ. *Lithogr. Versuch*", rechts: „*de Haller inv & del.* 1814." Fol.

Den weissen Unterrand benutzte Haller zu eigenhändigen
Widmungen an ihm befreundete Personen.

185. Toast

auf die Vermählung des Jobst Christoph Carl v. Harsdorf mit
Sus. Maria Cathar. Wilhelm. Carol. v. Wölckern, am 18. July
1815.   Fol.   Oben und unten die Wappenschilde beider Fa-
milien.

186. Glückwunsch

zu derselben Feier.   Oben der Vers: „*Stolz steht des Mannes
Glück etc.*", unter demselben der vereinigte Harsdörfersche und
Wölckersche Wappenschild und hierunter steht: „*Dem beglückten*

18. *July* 1815 *C J W C J Frhr Haller v H."* Der Schild ist
bekränzt, hinter ihm stecken zwei gekreuzte Fackeln, ein
hängendes Rosengewinde umgiebt die untere Hälfte.   Fol.

187. Gedenkblatt

auf die goldene Hochzeit des Georg Christoph Wilhelm Kress
von Kressenstein und der Barbara Johanna gebornen Munkert.
Ein Bogen in Fol. mit einem lithographirten Gedicht, welches
beginnt: Fünfzig Jahre sind entflohen, lasst uns dieser Erinnerung etc. An der Spitze steht vor Gebüsch neben einem
runden Altar eine weibliche Figur, die in der Hand einen
Blumenstengel hält und den andorn Arm auf einen Anker stützt.
Auf dem Altar brennt ein kleines Feuer.

188. Gedenkblatt

auf die von Praunsche und Löffelholzische goldene Hochzeit
am 13. Mai 1816. *„Einige BLUMEN zum JUBELKRANZE"* etc.
Ein Bogen in Fol. mit einem lithographirten Gedicht, welches
beginnt: Gütige Mutter Natur! O reiche uns freundlich die
Gaben etc.

189. Neujahrskarte für 1816.

Um eine in der Mitte stehende Janussäule tanzen vier antik
gekleidete Mädchen, die sich an den Händen halten. An der
Säule lesen wir: „1816 *CAL JANUAR HALLER v. H."*

INHALT
des Werkes des C. Haller von Hallerstein.

Radirungen.

AUGUST GRAF v. SEINSHEIM.

August Graf von Seinsheim, königl. bayerischer
Kämmerer, Reichsrath und Maltheser-Ordensritter, ist
der jüngste Sohn des Maximilian, Grafen von Seinsheim,
churpfälzisch-bayerischen wirklichen geheimen Raths
und Kirchen-Administrations-Präsidenten und der Ma-
rianna, Gräfin von Seinsheim, geb. Freiin von Franken-
stein-Ulstadt. Er wurde in München den 11. Februar
1789 geboren. Neigung zur Kunst offenbarte sich
schon frühzeitig in seiner Seele, durch seinen Erzieher
Johann Auranger, Jugendfreund und Studiengenosse
des Gallerieinspectors G. von Dillis, erhielt diese
Neigung neue Nahrung und bestimmte Entwickelung.
Aber Stand und Vermögen machten Ansprüche geltend,
die der junge Graf nicht vernachlässigen durfte, er
hatte Anfangs weniger in der Ausbildung für die Kunst,
als in der staatmännischen Carriere die Aufgabe seines
Lebens zu erkennen. In den Jahren 1809 bis 1811
widmete er sich mit Eifer dem Studium der Rechtswissenschaft; nachdem er diese Studien vollendet und
das Absolutorium erhalten hatte, trat er die gesetzlich
vorgeschriebene Praxis bei dem königlichen Landgericht
Au bei München an und absolvirte im Sommer 1812
den allgemeinen Staatsconcurs. Hatte er so alle Bedingungen zum Anspruch auf eine Anstellung im Staats-

.

dienste erfüllt, so durfte er sich von nun an auch als Dilettant mit mehr Ausschliessung dem Studium der Kunst hingeben.

Unter der Leitung des verdienstvollen Professors Simon Klotz hatte er schon früher die Technik der Oelmalerei erlernt, in den Jahren 1813 bis 1816 besuchte er die Akademie der bildenden Künste, wo er unter der Aufsicht und Leitung der beiden Langer Gelegenheit fand sich in der Zeichnung, Composition und Farbenbehandlung weiter auszubilden. Schon im Jahre 1814 konnte er mit einigen gelungenen Proben seines Fleisses auf der akademischen Ausstellung auftreten, der Katalog nennt drei Bilder: eine Madonna mit dem Kinde, einen Eremiten und das Portrait seines Bruders Carl.

In Italien suchte er die Vollendung seiner Ausbildung; im Frühjahr 1816 reiste er mit seinem Bruder Carl ab, Rom war das Endziel der Reise und hier hielt er sich am längsten auf. Das Studium der Werke Raphael's lag ihm am meisten am Herzen und in diesem Studium hatte er einen ebenso eifrigen als kunsterfahrenen Genossen, den Professor Clem. v. Zimmermann, späteren Central-Gallerie-Director. Doch nicht blos die alten Meister, auch die Neudeutschen, die um jene Zeit einen neuen Aufschwung der deutschen Malerei in Rom begründeten, wirkten mannigfach bildend und fördernd auf seine Entwickelung ein. Die bedeutendste Frucht dieses römischen Aufenthalts war ein grosser Carton mit der Madonna in Engelglorie umgeben von den vierzehn Nothhelfern; Seinsheim hat die Composition später (1820—1822) in Oel ausgeführt und sie in der Dorfkirche zu Grünbach, dem Landgut seines Bruders, auf einem neuerbauten Altar aufstellen lassen. Auch in der Freskomalerei, die damals in Rom durch die deutschen Werke der Villa Massimi neue

Belebung erhielt, hat sich der Graf versucht, er malte unter Anderm an die Wand seines Studienzimmers eine Frau mit einem Kinde, Neigung aber wie seine eigenthümliche Stellung zur Kunst überhaupt wiesen ihn auf die leichtere und bequemere Oelmalerei als sein eigentliches Feld hin.

Gegen Ende des Jahres 1817 kehrte Seinsheim aus Italien nach München zurück. Es galt nun zunächst die in Rom und anderen Städten Italiens gemachten Studien für seine Kunst zu verwerthen, und die ersten Früchte dieser Arbeit waren eine heilige Jungfrau als Kind umgeben von Engeln, eine heilige Jungfrau mit dem Kinde und die Skizze zu jenem oben erwähnten Madonnenbild mit den vierzehn Nothhelfern; alle drei Bilder waren nebst einem Portrait und dem Studium eines Kopfes auf der akademischen Ausstellung 1820 zu sehen. Die Skizzen zu einer Anbetung der Hirten so wie zu jenem Altarbild Christus wie er Petrus die Schlüssel übergiebt, das Seinsheim für die Pfarrkirche des Städtchens Vohburg an der Donau ausführte, waren auf der Ausstellung 1833; zwei Genrebilder: eine Frau mit dem Kind auf dem Arm in einer Landschaft, und ein Starnberger Bauernmädchen sah man ebenfalls auf dieser Ausstellung.

Bei Gelegenheit der Jubelfeier des Königs Maximilian I. im Jahre 1824 war Seinsheim auch an den allegorischen Transparentgemälden thätig, welche für diese Feier von verschiedenen Künstlern unter der Leitung des P. Hess auf dem Rathshause gemalt und im Circus vor dem Maxthor ausgestellt wurden. Diese Gemälde sind in einem grossen Prachtwerke durch lithographische Umrisse der Vergessenheit entrissen worden. — Am 16. Februar 1824 ernannte ihn die Akademie der Künste zu ihrem Ehrenmitgliede.

Seinsheim hat die Kunst nur aus Neigung geübt,

aber mit solchem Eifer, solcher Hingabe und solchem
Geschick, dass, obschon Stand und Vermögen ihn nur
in die Reihe der Dilettanten setzen, er in Wirklichkeit
dennoch in der Künstlerwelt Münchens eine achtungs-
werthe und verdienstliche Stellung einnimmt. Seine
Bilder sind wenig in die Oeffentlichkeit gelangt, er
arbeitete nicht für akademische Ausstellungen und
Kunstvereine, sondern meistens nur für fromme Zwecke,
für arme Kirchen, für seine Familie und für Freunde.
Unter solchen Verhältnissen mehr wohlthätiger Art
konnte Seinsheim auch fast nur die beiden Gebiete der
religiösen oder kirchlichen Malerei und des Portraits
als sein eigentliches Feld betrachten und bebauen. Er
hat es bis in die Gegenwart hinein gethan mit seltener
Ausdauer und Begeisterung.

Geben wir ein Verzeichniss sämmtlicher Gemälde,
welche der Graf für verschiedene Kirchen ausführte und
zwar nach den eigenen Aufzeichnungen desselben:

1. Grosses Altarblatt, 12 bayersch. Fuss hoch, nebst Altar-
tisch. Auf demselben befindet sich die Mutter Gottes auf
einem Thron mit dem stehenden Jesuskinde auf Wolken, von
vier Engeln und den vierzehn heiligen Nothhelfern umgeben.
Eigene Composition; Studien und Carton hiezu in Rom im Jahr
1816 und 1817 gemacht.

Das Bild ist in der Dorfkirche zu Grünbach, dem Landgut
meines Bruders Carl, welcher am untern rechten Ende des
Bildes mit mir, dem Maler, als Donataire betend angebracht ist.
Die Einweihung fand am 2. August 1822 statt. .

2. Grosses Altarblatt, 10 Fuss 11 Zoll hoch und 6 Fuss
9 1/2 Zoll breit. Angefangen im November 1823, vollendet im Juni
1824. Es stellt vor, wie Christus dem heil. Petrus die Schlüssel
des Himmelreiches übergiebt. Eigene Composition; gemalt auf
Ersuchen des damaligen Stadtpfarrers Lettner. — Dieses Bild
wurde in der Pfarrkirche St. Peter in Vohburg an der Donau
nach seiner Vollendung am 25. Juni 1824 geweiht und aufgestellt.

3. Lebensgrosse Madonna mit dem Jesuskinde auf dem Schooss, in einer Landschaft sitzend, Höhe 3 Fuss 8 Zoll, Breite 2 Fuss 9 Zoll, vollendet im Jahre 1826; im Jahr 1847 der katholischen Kirche in Hochhausen am Neckar im Grossherzogthum Baden geschenkt.

4. Altarbilder in der Ottokapelle in Kiefersfelden (erbaut auf dem Platze, wo König Otto von Griechenland von seinem Vaterlande Abschied genommen), bestehend aus drei Hauptbildern, nämlich in der Mitte der heilige Bischof Otto von Bamberg, als Namenspatron des Königs Otto, links König Ludwig der Heilige von Frankreich als Namenspatron des Königs Ludwig I. und rechts die heilige Theresia, Namenspatronin der Königin Therese. Auf dem Thürchen des Tabernakels das heil. Schweisstuch mit dem dornengekrönten Bildniss von Christus, daneben zwei anbetende, kniende Engel auf Goldgrund. Diese Gemälde wurden den 18. Juni 1836 in der Kapelle aufgestellt und den 19. Juni mit der Kapelle feierlich von dem Erzbischof eingeweiht.

5. Altarbild in der Schlosskapelle von Greifenstein in Oberfranken, den heiligen Sebastian vorstellend, als Sieger nach überstandenem Martertod. Dem Freiherrn Schenk von Staufenberg geschenkt und abgeschickt im Jahr 1840.

6. Altarbild für die neuerbaute Schlosskapelle in Grünbach bei Erding, vorstellend die unbefleckte Muttergottes auf der Weltkugel stehend, die Schlange zertretend, mit strahlenden Händen, in einer Glorie unten von betenden Engeln umgeben, angefangen den 11. Mai 1849, vollendet den 5. April 1850. Eingeweiht und aufgestellt den 20. April 1850.

7. Altarbild für die katholische Kirche in der Colonie Grosscarolinenfeld, Pfarrei Pfaffenhofen, Landgerichts Rosenheim. 6' 9" hoch und 4' 3" breit, vorstellend die Muttergottes als unbefleckte Maria-Empfängniss in betender Stellung auf der Erdkugel und Halbmond, der Schlange den Kopf zertretend, in der Glorie. Vollendet den 17. November 1851, an die Gemeindeverwaltung überschickt den 13. März 1852.

III.   22

8. Altarbild in der Mauritius Filial-Kirche in Sünching in der Nähe von Regensburg, wo mein Neffe Max Erbinger von Seinsheim ein kleines Spital gestiftet, vorstellend den heiligen Vincenz von Paula umgeben von Repräsentanten aller seiner wohlthätigen Stiftungen, deren Begründer er war, nämlich des Ordens der Lazaristen, welche Missionen zu halten, Christen-sclaven loszukaufen haben, dann der barmherzigen Schwestern für Krankenpflege, Stifter des ersten Waisenhauses und Spitales für alte, gebrechliche Leute in Paris, von zwei schwebenden Engeln mit einer Sternenkrone gekrönt. Höhe 6 Fuss 4 ½ Zoll, Breite 3 Fuss 11 ½ Zoll, den 26. September 1855 feierlich ein-geweiht.

9. Kleines Altarbild, 4' 11" hoch, 3'3' breit. Die Krönung der heiligen Maria Muttergottes durch Christus im Beisein des Gottvaters und des heiligen Geistes, in Engel-Glorie ge-malt für eine kleine Kirche in dem Dorf Eberschwang bei St. Martin in Oesterreich. Angefangen 8. April 1863 und im April 1864 vollendet und an den Bestimmungsort abgeschickt.

10. Kleines Altarbild, vorstellend die Muttergottes wie Nr. 6. mit Hinweglassung der Engel und mit anderer Farbenwirkung; 5' 5" hoch und 3' breit, dem Bischof von Eichstädt, Reichsrath von Oettel geschenkt und gemalt in der zweiten Hälfte des Jahres 1862. Der Bischof erblindete und hat es nicht mehr gesehen, es soll sich in der Schlosskapelle vom Schloss Hirschberg bei Eichstädt befinden.

11. Kleines Altarbild, 4 Fuss 3 Zoll 3 Linien hoch und 2 Fuss 8 ½ Zoll breit, vorstellend die Muttergottes auf einem Thron sitzend in einer Glorie. Auf ihrem rechten Knie steht das Christuskind die Beschauer segnend, die Weltkugel in der linken Hand; die Muttergottes hat als Himmelskönigin eine Krone auf dem Haupt und in der linken Hand als Scepter einen blühenden Lilienstängel. — Es befindet sich in der durch milde Beiträge erbauten katholischen Kirche in Bilderweitschen in Ostpreussen. Angefangen am 4. März 1865 und den 26. Juli 1865 abgeschickt.

12. Kleines Kirchenbild, Höhe 2' 3 ½'', Breite 1' 7'', vorstellend den heiligen Joseph, wie er als Zimmermann früh morgens zur Arbeit geht, den Christusknaben an der Hand führend, mit einem Beil auf der Schulter, in einer Landschaft mit südlicher Vegetation. Befindet sich in Darmstadt in der kleinen Kapelle der Schwestern des göttlichen Erlösers von Niederbronn, welche sich mit Krankenpflege beschäftigen. Angefangen den 3. April 1867, vollendet den 12. Juni 1867. Erfüllung eines Versprechens was ich schon im Jahr 1865 der Frau Oberin gemacht. — In der Kapelle aufgehangen den 21. Juni 1867.

13. Altarbild, Höhe 4 Fuss 17 ½ Zoll, Breite 3 Fuss ½ Zoll. Die nämliche Composition der Muttergottes wie Nr. 6 ohne die Engel und wieder in einer ganz anderen Farbenstimmung auf Wunsch meiner Cousine Gräfin von Spaur geb. Giraud abermals gemalt, bestimmt für die Kapelle von Gellwiese, ihrer Besitzung bei Innsbruck. Angefangen den 23. Mai 1869 und jetzt (September 1869) vollendet, wird im nächsten Monat nach seinem Bestimmungsort abgesendet.

Blätter nach Seinsheim.

1. Halbfigur einer jungen Dachauerin. Radirung des C. Theodori 1826. H. 6'' 5''', Br. 5''.
2. Halbfigur eines bayerischen Mädchens mit grossem runden Hut, von demselben radirt 1825. H. 7'' 2''', Br. 5'' 7'''.
3. Bischof Sailer von Regensburg. Hanfstängl lith. fol.

DAS WERK DES GRAFEN A. v. SEINSHEIM.

Radirungen.

1. Maria mit dem Kinde.

H. 4'' 9''', Br. 3'' 10'''.

Die heil. Jungfrau, als Kniestück und von der Seite gesehen, sitzt nach links gewendet vor einem Vorhang und drückt das

22*

Kind das den Hals der Mutter umfasst, gegen ihre Brust. Links
über eine Mauerbrüstung hinweg blicken wir in eine Landschaft,
auf der Brüstung steht neben einem aufgeschlagenen Buch ein
Blumentopf, an ihr weiter nach unten ist das Zeichen, 1820.

2. Maria mit dem Kinde.
H. 5″, Br. 4″ d. Pl.

Sie sitzt, in Profil gesehen und nach links gekehrt, auf dem
Rasen vor einer leicht skizzirten, eine Säule tragenden steiner-
nen Mauer, von ihrem Kopf hängt hinter dem Rücken ein langes
Tuch oder Schleier herab, sie hält das nackte Kind auf dem
Schooss, das nach einer Frucht langt, welche die Mutter in der
Linken hält. Ganz unten rechts der Name *Seinsheim* 1815.

3. Die betende Bäuerin.
H. 7″ 3‴, Br. 5″ 7‴ d. Pl.

In einer Landschaft steht in der Mitte vorn eine Bäuerin
mit zwei Kindern und verrichtet ihre Andacht vor einer rechts
stehenden steinernen Mariensäule, sie trägt an einem Strick
über dem Arm einen Topf und hinter dem Rücken in einem
Tuch ihr jüngstes Kind, das mit seinem Fuss spielt; das zweite
Kind, ein halberwachsenes Mädchen, steht dicht vor der Mutter
und betet wie diese. Hinter der Säule ist etwas Gebüsch und
eine Verzäunung, links im Mittelgrund liegt auf dem Ufer eines
Flusses ein Kirchdorf. Ein kahles Gebirge schliesst den Hintergrund. Unten links in der Ecke an einem Stein das Zeichen,
1825. — Das Blatt hat mit Ausnahme der rechten Seite keine
Einfassungslinien und die Ecken der Radirung sind nicht ganz
ausgefüllt.

4. Die an der Mauer ruhende Mutter.
H. 4″ 9‴, Br. 3″ 9‴,

Eine junge Römerin, mit einem schlafenden Kind auf dem
Schooss, sitzt, von vorn gesehen, unter einer Weinlaube auf einer

steinernen Bank und lehnt ihren Kopf gegen eine rechts befindliche Quadermauer. Unten vor der Mauer steht ihr Wasserkrug und in halber Höhe der Mauer hängt ein Zettel mit dem
Zeichen Seinsheim's und der Jahrzahl 1820. Im Mittelgrund
erblicken wir den Thurm der Villa Malta in Rom, und die linke
Ferne ist durch kahle Berge geschlossen.

5. Die Schafschur.
H. 4" 8"', Br. 3" 9"'.

In einem Zimmer hocken zwei Frauen, welche mit dem
Scheeren eines Widders beschäftigt sind, ein zuschauendes
zehnzähriges Mädchen, mit beiden Händen unter ihrer Schürze,
steht rechts und vorn in der Ecke ein runder Korb mit der ab-
geschnittenen Wolle und einer Scheere. Links im Grund des
Zimmers hinter dem Rücken der vorderen Bäuerin eine Tonne.
Unterhalb des Wollkorbes der Name *Seinsheim* 1815.

6. Das schlafende Kind.
H. 4" 3"', Br. 3" 5"' d. Pl.

Ein Kind, in weissem Gewande, mit lockigem schwarzen
Haar, liegt aufgerichtet und nach rechts gekehrt gegen eine
Bretterverkleidung gelehnt, es hat den Kopf auf beide Hände
gelegt und ist in Schlaf gesunken. Oben links an der weissen
Luft das Zeichen, 1812. Ohne Einfassungslinien.

7. Männliches Brustbild.
H. 3" 6"', Br. 2" 8"' d. Pl.

Der Verwalter der gräflichen Familie. Von vorn gesehenes
Brustbild eines bejahrten Mannes mit dünnem langen und
lockigen Haar, ohne Bart. Er ist mit dunkelem Rock, weisser
Weste und dunkelem Halstuch bekleidet. Unten links am
Rock das Zeichen, rechts gegenüber die Jahrzahl 1809 verkehrt.
Ohne Einfassungslinien.

8. Derselbe.

H. 3″ 11‴, Br. 2″ 10‴.

Aehulich dem vorigen Blatt. Brustbild eines bejahrten, von
vorn gesehenen Mannes ohne Bart, mit lockigem Haar, er ist
mit dunkelem Rock, weisser Weste und dunkelem Halstuch bekleidet. Rechts unter dem Arm das Zeichen und rechts unten
im Rand die Jahrzahl 1813.

9. Die alte lesende Frau.

H. 4″ 2‴, Br. 2″ 11‴ d. Pl.

Die Amme der gräflichen Familie. Sie sitzt vor den Vor-
hängen ihres Bettes in einem Lehnsessel nach links gekehrt
und liest in einem Andachtsbuch, das sie mit beiden Händen
hält; sie trägt eine weisse Haube mit Spitzen und über ihrem
Rock ein mit Bändern vor der Brust zugeknüpftes Kamisol.
Oben rechts in der Ecke das Zeichen, 1813 (?). Ohne Einfassungslinien.

10. Hofmarkt Grünbach.

H. 2″ 10‴, Br. 5″ 3‴.
H. d. Pl. 4″ 4‴, Br. 6″ 3‴

Ansicht dieser im Mittelgrund gelegenen, aus einer Kirche,
einem Herrenhaus und mehreren Bauernhäusern bestehenden,
dem Bruder des Grafen gehörigen Besitzung. Rechts oben in
Gewölk ist die Stigmatisation des h. Franciscus vorgestellt.
Links vorn an einem Stein das Zeichen, 1821. Im Unterrand
die vorstehende, mit dem Grabstichel gestochene Inschrift.
Seinsheim ätzte das Blatt als Titelblatt zu einem Ablassbüchlein.

Lithographien.

11. Die Anbetung der Hirten.

H. 8″ 3‴, Br. 10″ 5‴.

Federzeichnung. — Maria, in langem Mantel, mit dem ge-
wickelten Kind auf dem Schooss, sitzt von vorn gesehen in der

Mitte der offenen Scheune, Joseph, hinter ihr stehend, nimmt
einen Korb mit Eiern entgegen von einer Frau, welche von zwei
Kindern begleitet ist, in der Thür rechts steht eine zweite Frau
mit einem kleinen Kind auf dem Arm und zwischen Joseph und
der ersten Frau ein Jüngling mit langem Stab in der Hand.
Links musiciren drei Hirten auf der Sackpfeife und dem Dudel-
sack, die beiden vorderen haben sich auf das eine Knie niedergelassen, hinter ihnen steht eine alte Hirtin, die einen Korb
mit Früchten auf dem Kopf trägt. Unten links am Fuss des
hölzernen Pfeilers, der das Dach stützt, ist das Zeichen und die
Jahrzahl 1820.

12. Der Kopf eines Apostels.
H. 6" 6''', Br. 8" 6'''.

Flüchtige Federzeichnung, ein Gelegenheitsproduct auf dem
Lande bei einem Pfarrer entstanden der sich eine lithographische
Presse angeschafft hatte und vom Grafen eine Zeichnung mit
lithographischer Tinte auf Papier wünschte, um seine Presse zu
versuchen. — Der Kopf ist in Profil nach links vorgestellt, er
ist bärtig, hat aber geringen Haarwuchs, da der ganze Scheitel
mit Ausnahme vereinzelter Haare kahl ist. Um den Hals ist
eine flüchtige Andeutung des Gewandes gegeben. Ohne Bezeichnung.

13. Männliches Portrait mit Harnisch.
H. 15" 7''', Br. 10" 9'''.

Kreidezeichnung. Brustbild, nach rechts gewendet, mit
lockigem kurzen Haar, etwas Backenbart und Bart auf der
Oberlippe, er wendet die Augen gegen den Beschauer, trägt
einen Brustharnisch und der aufstehende Kragen seines Hemdes
ist umgestülpt. Unten links am Arm das Zeichen, 1820.

14. Die Frau mit dem Kinde.
H. 12" 3''', Br. 7" 5'''.

Kreidezeichnung, nach *Salvator Rosa*. Eine Bäuerin, mit
einem Kind in den Armen, das an der entblössten Brust saugt,

schreitet nach links, sie hat den Kopf, den sie auf die linke
Seite neigt, in ein Tuch und den Körper in ein Gewand gehüllt,
das die Beine frei lässt.   Unten rechts S. Rosa's Zeichen, links
jenes des Grafen und die Jahrzahl 1806.

INHALT
des Werkes des Grafen v. Seinsheim.

Radirungen.

Lithographien.

Inhalt

des dritten Bandes.
